普通高等院校经济管理类规划教材

"十二五" 江苏省高等学校重点教材

编号：2015-

U0497757

KUAIJIXUE

JICHU JIAOCHENG

会计学

基础教程（第四版）

主　编　姚正海　苗连琦

副主编　孙建华　胡亚敏　吴冬梅　潘善启　李刚

西南财经大学出版社

图书在版编目(CIP)数据

会计学基础教程/姚正海,苗连琦主编;孙建华等副主编.—4 版.
—成都:西南财经大学出版社,2024.2
ISBN 978-7-5504-6081-2

Ⅰ.①会⋯　Ⅱ.①姚⋯②苗⋯③孙⋯　Ⅲ.①会计学—教材
Ⅳ.①F230

中国国家版本馆 CIP 数据核字(2024)第 018031 号

会计学基础教程(第四版)

主　编　姚正海　苗连琦

副主编　孙建华　胡亚敏　吴冬梅　潘善启　李　刚

责任编辑:石晓东
责任校对:陈何真璐
封面设计:墨创文化
责任印制:朱曼丽

出版发行	西南财经大学出版社(四川省成都市光华村街 55 号)
网　　址	http://cbs.swufe.edu.cn
电子邮件	bookcj@ swufe.edu.cn
邮政编码	610074
电　　话	028-87353785
照　　排	四川胜翔数码印务设计有限公司
印　　刷	郫县犀浦印刷厂
成品尺寸	185mm×260mm
印　　张	19.375
字　　数	555 千字
版　　次	2024 年 2 月第 4 版
印　　次	2024 年 2 月第 1 次印刷
印　　数	1— 2000 册
书　　号	ISBN 978-7-5504-6081-2
定　　价	48.00 元

第四版前言

党的十九大报告指出"要全面贯彻党的教育方针，落实立德树人根本任务"，党的二十大报告再次明确提出"落实立德树人根本任务，培养德智体美劳全面发展的社会主义建设者和接班人"。本书修订时结合会计学基础知识教育特点，结合该教材的专业知识点，将思政元素有机地融入到教材中。

根据我国企业会计准则和相关法规的最新变化，修订的主要内容包括：课程思政的要求；会计科目和收入的相关变化；增值税变化产生的影响；会计凭证的保管要求；最新财务报表格式对财务报告的影响；等等。同时，本书借鉴国内外教材建设的先进经验，吸收最新会计实务成果，兼顾信息技术的进步，对部分内容做了相应调整。

本书经江苏省教育厅评审确定为2015年江苏省高等学校重点教材立项建设（修订教材）项目，也是"十二五"江苏省高等学校重点专业建设的成果之一。

本书在《会计学基础教程》（第三版）的基础上进行修订，修订工作由姚正海教授、苗连琦博士主持。具体分工如下：第一章、第三章、附录和参考文献由姚正海修订；第二章、第五章由苗连琦修订；第四章、第六章由吴冬梅修订；第七章、第九章由孙建华修订；第八章由潘善启修订；第十章、第十一章由胡亚敏修订；第十二章由李刚修订。

虽然我们努力想编写出高质量的教材，但由于现代社会经济活动的复杂化、多样化，新的经济事项不断出现，书中难免尚存部分纰漏之处，恳请广大读者予以批评指正。

编者

2023 年 11 月

第三版前言

近年来，财政部和其他相关部门陆续颁布和修订了多种会计、税收等方面的法规。2014年财政部陆续制定了《企业会计准则第39号——公允价值计量》等4项准则，修订了《企业会计准则第2号——长期股权投资》等5项准则，这些准则自2014年7月1日起陆续实施；此外，财政部还颁布了若干企业会计准则解释。财政部于2013年8月16日颁布的《企业产品成本制度核算制度（试行）》自2014年1月1日起实施。财政部和国家档案局联合发布的新《会计档案管理办法》自2016年1月1日起施行。财政部和国家税务总局发布《关于全面推开营业税改征增值税试点的通知》，自2016年5月1日起，在全国范围内全面推开营业税改征增值税试点，建筑业、房地产业、金融业、生活服务业等全部营业税纳税人，纳入试点范围，由缴纳营业税改为缴纳增值税。所有这些变化对会计理论和实务都会产生较大影响，同样对会计类教材的影响也比较大。

本书经江苏省教育厅评审确定为2015年江苏省高等学校重点教材立项建设（修订教材）项目，也是"十二五"江苏省高等学校重点专业建设的成果之一。

本书是在《会计学基础教程》（第二版）的基础上修订而成的。主要变化有：第一章总论中新增会计准则体系；第四章调整为制造企业主要经济业务核算与成本计算；新增第五章账户的分类；第十二章调整为会计电算化与会计信息化基础。与第二版相比，在编写体例上也力求有所突破，每一章增加了"结构框架"和"阅读材料"版块，以提高读者的学习效果。在本书的修改过程中，以现行会计准则及其指南和解释为基础，借鉴了国内外教材的先进经验，吸收了最新会计实务成果，系统地介绍了基础会计学的基本理论和方法。

本次修订工作由姚正海教授主持。具体分工如下：第一章、第二章、第三章、第五章、第七章第四节和附录由姚正海修订；第四章、第六章由吴冬梅修订；第七章第

一、二、三、五节和第九章由孙建华修订；第八章由潘善启修订；第十章由姚正海、胡亚敏修订；第十一章由胡亚敏修订；第十二章由李刚修订。

由于编者水平有限，加之时间仓促，本书在体例安排和内容表述等方面可能存在疏漏之处，恳请读者给予批评指正，以便进一步修改和完善。

编者

2017 年 5 月

第二版前言

　　本书是在《会计学基础教程》的基础上修订而成的。为体现会计学科的全貌，本版增加了第十一章会计电算化基础，对第三章和第九章的结构和内容进行了修改，并更正了第一版中的错误之处。与第一版相比，在编写体例上也力求有所突破，在每一章的开头增加了"学习目标"，在结尾增加了"本章小结"，以帮助读者更好地理解重点内容，提高学习效果。本书得到江苏师范大学重点专业（类）建设经费资助，为"十二五"江苏省高等学校重点专业建设成果之一。

　　本书的修订工作由姚正海教授主持。具体分工如下：第一章、第二章、第三章、第六章第四节和附录由姚正海修订；第四章、第五章由吴冬梅修订；第六章第一、二、三、五节和第八章由孙建华修订；第七章由潘善启修订；第九章由姚正海、胡亚敏修订；第十章由胡亚敏修订；第十一章由李刚编写。

　　虽然我们尽力想编写出高质量的教材，使其既具有一定的理论深度，又具有很强的实践性和可操作性，但由于编者水平有限，书中难免尚存部分纰漏之处，恳请读者给予批评指正（电子邮箱：yzh985@126.com），以便进一步修改和完善。

编者

2013 年 1 月

第一版前言

　　会计学是经济与管理类专业的基础课程。在现代社会，不懂会计知识、不善于利用会计信息的人，是很难从事经济管理工作的。随着科学技术与经济的快速发展，会计学的理论与实践需要不断地进行总结和完善。自 2006 年财政部颁布新的会计准则后，我国陆续出台了一些会计政策及相关法律法规。本书在借鉴国内外先进经验的基础上，以新颁布的会计准则和应用指南为依据，讲述了会计学的基本概念、基本原理和基本方法。

　　本书在阐述借贷记账法原理的基础上，以产品制造企业为例，系统介绍了企业生产经营过程的会计处理方法，以及填制和审核凭证、登记账簿、编制财务报表的完整过程。本书既注重理论性，又注重可操作性，还注重实例的运用和知识的更新，内容丰富，结构合理，逻辑性强。本书不仅可以作为会计学、财务管理等经济管理类专业本科生的教材，以及经济管理工作人员的培训教材，还可以作为参加相关专业技术资格考试人员的复习参考用书。

　　本书由姚正海教授主编。为保证书稿质量，初稿完成后，在主编审阅的基础上，参编人员进行了交叉审稿，以尽量减少书中的错误。本书的编写分工如下：第一章、第二章、第三章、第六章第四节和附录由姚正海编写；第四章、第五章由吴冬梅编写；第六章第一、二、三、五节和第八章由孙建华编写；第七章由潘善启编写；第九章、第十章由胡亚敏编写。

　　由于编者水平有限，书中难免存在不足之处，恳请读者批评指正。

编者

2010 年 8 月

CONTENTS

目 录

第一章　总论／1

　　第一节　会计的产生与发展／3

　　第二节　会计目标与会计信息使用者／6

　　第三节　会计职能与会计对象／9

　　第四节　会计假设与会计一般原则／12

　　第五节　会计基本程序与会计方法／17

　　第六节　会计学的分类以及与其他学科的关系／20

　　第七节　会计准则体系／22

第二章　会计要素与会计等式／25

　　第一节　会计要素／26

　　第二节　会计等式／31

第三章　账户与复式记账／41

　　第一节　会计科目／42

　　第二节　会计账户／45

　　第三节　复式记账原理／47

　　第四节　借贷记账法／49

　　第五节　总分类账户和明细分类账户／57

　　第六节　会计循环／60

第四章　制造企业主要经济业务核算与成本计算 / 65

　　第一节　制造企业主要经济业务的内容和成本计算概述 / 66

　　第二节　筹集资金业务的会计核算 / 69

　　第三节　采购业务的会计核算 / 73

　　第四节　产品生产业务的会计核算 / 82

　　第五节　产品销售业务的会计核算 / 92

　　第六节　利润及利润分配业务的会计核算 / 99

第五章　账户的分类 / 109

　　第一节　账户分类概述 / 110

　　第二节　账户按经济内容的分类 / 111

　　第三节　账户按用途和结构的分类 / 112

第六章　会计凭证 / 121

　　第一节　会计凭证的意义与种类 / 122

　　第二节　原始凭证的填制与审核 / 130

　　第三节　记账凭证的填制与审核 / 135

　　第四节　会计凭证的传递与保管 / 141

第七章　会计账簿 / 147

　　第一节　会计账簿概述 / 148

　　第二节　日记账 / 154

　　第三节　分类账 / 156

　　第四节　对账和结账 / 160

　　第五节　错账更正 / 162

第八章　财产清查 / 169

　　第一节　财产清查概述 / 170

　　第二节　财产清查的方法 / 174

　　第三节　财产清查结果的处理 / 178

第九章 账务处理程序 / 185

第一节 账务处理程序概述 / 186

第二节 记账凭证账务处理程序 / 187

第三节 科目汇总表账务处理程序 / 205

第四节 汇总记账凭证账务处理程序 / 209

第五节 日记总账账务处理程序 / 213

第十章 财务报告 / 217

第一节 财务报告概述 / 218

第二节 资产负债表 / 221

第三节 利润表 / 227

第四节 现金流量表 / 233

第五节 所有者权益变动表 / 236

第六节 财务报表表外信息 / 238

第十一章 会计工作的组织 / 243

第一节 会计工作的组织形式 / 244

第二节 会计机构 / 246

第三节 会计人员 / 248

第四节 会计法规 / 252

第十二章 会计电算化与会计信息化基础 / 257

第一节 会计电算化概述 / 258

第二节 会计电算化的内容 / 265

第三节 会计电算化的实施 / 267

第四节 会计信息化 / 276

第五节 新兴信息技术与智能会计 / 280

附录 / 285

基本词汇英汉对照表 / 286

参考文献 / 295

第一章

总论

【结构框架】

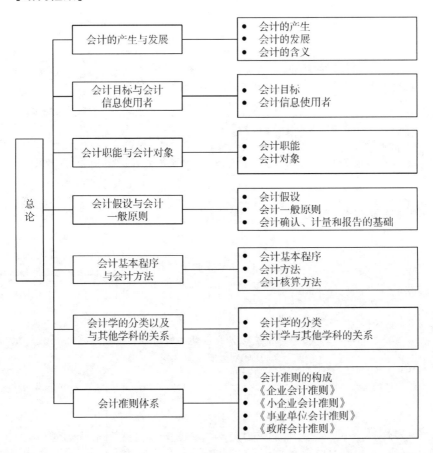

【学习目标】

通过本章的学习，学生需要理解会计的产生与发展过程、会计的含义；了解会计目标、"受托责任论""决策有用论"以及会计信息使用者的含义；掌握会计职能与会计对象的基本内容；理解会计假设与会计一般原则；对会计基本程序和方法有一个初步的认识；了解会计学科体系的构成以及与其他学科的相互关系；了解会计准则体系的构成。

【课程思政】

知识点	思政元素挖掘	思政元素浅析	综合能力提升引导
会计的产生与发展	（1）学史明理； （2）生产力和生产关系的辩证关系； （3）文化自信	（1）以史为鉴知兴替； （2）会计属于生产关系的范畴，势必由生产力决定； （3）辉煌的中国会计发展史	（1）培养学生通过微观（会计核算和监督的是微观主体）看世界的能力； （2）增强学生受托责任和担当意识，培育学生经世济民、热爱祖国的情怀； （3）使学生树立在实现中国式现代化征程中的文化自信
会计目标与会计信息使用者	（1）受托经济责任； （2）决策有用； （3）会计服务目标多元化	（1）两权分离，确保资产保值增值的受托责任； （2）为中国式现代化服务； （3）信息使用者多样化预示会计地位高	
会计职能与会计对象	（1）再生产理论； （2）控制论； （3）使用价值和价值的辩证统一	（1）企业运营过程越规模化，会计越重要； （2）监督就是对过程的控制； （3）企业运营过程就是再生产过程，也就是使用价值生产过程和价值的流转过程	
会计假设与会计一般原则	（1）经济活动不确定性和确定性的统一； （2）高质量发展要求	（1）企业经济活动的不确定性会计核算需要确定的前提； （2）会计信息的高质量	
会计基本程序与会计方法	（1）过程论； （2）认识论和方法论：系统观	（1）会计核算过程必须遵循特定程序； （2）认识事物需要特定方法，这些方法形成一个完整的系统	
会计学分类及与其他学科的关系	（1）认识论； （2）哲学与一般科学的关系，事物联系的普遍性	（1）认识事物必须循序渐进，由浅入深，由点到面，由古到今； （2）哲学是科学的科学，会计学受其驾驭，同时又与数学、经济学、管理学有千丝万缕的联系	
会计准则体系	（1）事物发展具有规律性； （2）市场有形的手和无形的手	（1）任何事物都有其内在规律性，都必须遵循一定的规则运行； （2）中国特色社会主义市场经济运行中政府管控的目的在于矫正或者弥补	

第一节 🔖 会计的产生与发展

一、会计的产生

会计（Accounting）是在一定环境中存在和发展的，客观环境及其变化对会计有着直接的影响。环境是个综合概念，其中包括诸多要素，在诸多环境要素中，政治环境、经济环境、法律环境和文化教育环境对会计的影响最为直接，其中经济环境的影响更甚。

物质财富的生产是人类社会生存发展的基础，其生产过程包括生产、交换、分配、消费四个环节。这一过程既是人力、物力和财力的耗用过程，又是新的物质财富的创造过程。生产过程不仅要消耗一定量的活劳动，而且还要消耗一定量的劳动对象和劳动资料，才能生产出满足人们某种需要的劳动产品。任何生产者，总是希望以较少的耗费生产出较多的物质资料。为了达到这样的目的，就必须有一个专门的职能，对物质财富生产过程的占用、消耗及成果进行记录、计算、分析和考核，实现以最少的占用、最小的消耗取得最满意的成果，这一专门职能就是会计。会计的记录和计算是数字和文字的结合，它计量经济过程中占用的财产物资及劳动耗费，通过价值量的变化来描述经济过程，度量经济上的损益。

二、会计的发展

（一）会计在中国的发展

在人类社会初期，"结绳记事""刻木求日""垒石计数"等都是为计量记录采集食品或物品的数量服务的最初会计手段，标志着会计的萌芽。在古代会计阶段，会计所具有的专门的方法、对象、职能等还远远未形成，会计只是作为生产的一个附带部分而存在。马克思在《资本论》中所提到的印度公社的记账员在生产之余所从事的简单的刻画、记录行为就是对古代会计特点的生动描绘。当生产力发展到一定水平，出现剩余产品之后，就需要由专职人员采用专门的方法进行核算活动，于是会计从生产的职能中分离出来，成为一种独立职能。

在我国，"会"和"计"组成"会计"一词，最早出现于战国时代的《周礼》一书。《孟子》一书中曾经出现"会计"一词："孔子尝为委吏矣，曰'会计当而已矣'。"何谓"会计当而已矣"？其有四层含义：一是账务核算要"得当"（明晰）；二是会计结果要"恰当"（公允）；三是事项行为要"正当"（合规）；四是会计人员要"适当"（专业胜任能力适当）。这是关于会计最早、最精辟的定义，蕴涵了会计的本质属性。清代学者焦循在《孟子正义》一书中，对"会"和"计"两个字的含义作过这样的解释："零星算之为计，总合算之为会。"西周时期已建立起一套比较完整的会计工作组织系统，设有"司书""司会"等官职，专管王朝的钱粮和赋税。在我国漫长的奴隶社会和封建社会时期，各级官府为了管理它们所占有的钱、粮等物，逐步建立和完善了官厅政府的收付会计，通常称为"官厅会计"。官厅会计是我国古代会计的主体部分，是古代会计的显著特征。

在结算方法上,从秦汉到唐宋,在生产力发展的基础上,逐步形成了一套记账、算账的古代会计的基本模式,即"四柱清册法"。四柱即"旧管""新收""开除""实在"四个要素。每届期末,按"旧管"(上期结存)+新收(本期收入)-开除(本期支出)=实在(本期结存)的公式进行试算和平衡,以表示财产物资的增减变动和结余情况。这是我国会计先辈对会计学术的杰出贡献,它对世界上许多国家的会计核算都曾产生过重要影响。

在我国,明末清初,随着手工业、商业的发展和资本主义经济关系的萌芽,山西商人设计了一套"龙门账",将全部账目划分为"进、缴、存、该"四大类,分别表示全部收入、全部支出、全部资产和全部负债,其结算关系为:"进-缴=存-该"。这实际上是双轨计算盈亏(从等式两边分别计算)和核对账目的方法,若计算结果是等式两边的值相等,就叫"合龙门"。在清代,产生了"四脚账",使用"收、来"和"付、去"四个记账符号,对每一项经济业务既登记"来账",又登记"去账",以反映该项经济业务的来龙去脉。"龙门账"和"四脚账"都是我国固有的复式记账方法,已经运用了复式记账原理,形成了中式簿记。

我国的会计虽然有过辉煌的历史,但在经济不发达的封建社会发展缓慢,逐渐与世界先进水平拉大了距离。自19世纪中叶起,我国逐渐沦为半殖民地半封建社会,与这种社会经济状况相适应,会计上出现了"中式会计"和"西式会计"并存的情况,在由外国人把持的海关、铁路和邮政等部门采用西式会计,官厅会计和民间会计则仍采用传统的中式会计。中华人民共和国成立以后,国家在财政部设置了主管全国会计事务的机构,称为会计制度处(以后扩大改为会计事务管理司)。会计制度处以及后来的会计事务管理司基于有计划地进行大规模社会主义经济建设的需要,先后制定出多种统一的会计制度,强化了对会计工作的组织和指导。改革开放以来,1985年公布了《中华人民共和国会计法》(1993年、1999年分别进行了修订),这是我国第一部会计法规。1992年,为了适应社会主义市场经济发展的需要,公布了《企业会计准则》和《企业财务通则》,于1993年7月1日起施行。这是引导我国会计工作与国际流行的会计实务接轨的一个重要里程碑。2001年开始施行的新的不分行业的《企业会计制度》,摆脱了原有计划经济对我国会计核算制度的束缚,并朝着适应社会主义市场经济对会计核算要求的方向迈进。2006年2月15日,财政部发布了以一项基本准则、三十八项具体准则、若干应用指南为核心的企业会计准则体系,基本建立了以基本准则为主导、具体准则和应用指南为具体规范的企业会计标准体系,搭建了我国统一的会计核算平台,使我国的会计工作和会计理论建设进入一个新的发展阶段。

(二)会计在国外的发展

在国外,古巴比伦、古希腊和古罗马都留存有商业合同、"农庄庄园的不动产账目"等有关会计的记录。在原始的印度公社里,已经有了专门的记账员,负责登记农业账目,登记和记录与此有关的一切事项。

一般认为,近代会计始于复式簿记形成前后,即14世纪前后。会计为适应商业时代的到来,产生了"复式簿记"。复式簿记的最大优点就在于它能正确提供有关资产与负债的信息,并且能全面反映每一项经济业务的来龙去脉。1494年,卢卡·帕乔利(Luca Pacioli)出版了《算术、几何、比及比例概要》一书,第一次从理论上系统地阐述了借贷复式记账法。这被会计界公认为会计发展史上一个光辉的里程碑。德国诗人歌德（Goethe）曾赞誉复式簿记为"人类智慧的绝妙创造之一"；数学家凯利（Cayley）赞誉"复式簿记原理像欧几里得的比率理论一样是绝对完善的"；经济史学家索穆巴特（Sombart）认为"创造复式簿记的精神也就是创造伽利略与牛顿系统的精神"。

15世纪末到18世纪，随着商业在欧洲其他城市的发展，意大利记账法不断地传播并继续得到完善。18世纪末和19世纪初的产业革命，产生了大机器生产的资本主义工厂制度，出现了股份有限公司这种新的经济组织形式，其主要特点是资本的所有权和经营权分离，这对会计提出了新的要求，即要求公司的会计报告必须经过独立第三方的审计，以核查管理层履行职责的情况。为适应这一要求，出现了以查账为职业的注册会计师，其后英国的注册会计师职业得到了迅速发展。1853年，英国苏格兰的注册会计师成立了第一个会计师协会——爱丁堡会计师公会，标志着注册会计师从此成为一门专门的职业，这扩大了会计的服务对象范围，扩展了会计的内容。

资本主义的机器大工业代替了家庭手工业，促使会计成为工业企业管理的一个重要工具。在这一时期，欧美的工业企业对固定资产普遍开始计提折旧，产生了折旧会计。另外，工业制造过程日益复杂，大型设备增加，也促进了成本会计的产生和发展。

随着社会经济的发展和管理要求的不断提高，会计所计算和考核的内容、范围，以及所要达到的目的，都在不断发展和变化。进入20世纪，企业组织形式实现了革命性变革，股份公司数量激增，投资者和债权人迫切要求公司公开财务报表，政府公布了有关法规，会计职业界为此制定了公开会计信息的基本规范——会计准则，于是形成了以提供对外财务信息为主要任务的财务会计，而得到长足发展的服务于内部管理的那一部分会计则被称为管理会计。此外，科学技术水平的提高也对会计的发展起到了很大的促进作用。现代数学、现代管理科学与会计的结合，特别是电子计算机技术被引入会计领域，使会计在操作方法上有了根本性的变化，促进了现代会计的发展。一般认为，现代会计从20世纪30年代开始，更确切地讲，是从1939年第一份代表美国的"公认会计原则"（Generally Accepted Accounting Principles，GAAP）的《会计研究公报》（*Accounting Research Bulletins*）的出现为起点。在这一会计发展阶段，会计理论与实务都取得了长足的发展，标志着会计的发展进入成熟时期。

综观会计的发展历史，可以看到，会计的产生是社会发展到一定历史阶段的产物，会计的发展是反应性的。会计是经济管理的重要组成部分，并随着经济社会的发展而不断完善。经济越发展，会计越重要。经济的发展促进了会计理论、方法和技术的进步，而会计理论、方法和技术的进步又推动了社会经济的发展。

三、会计的含义

对会计进行考察的角度不同，对会计的含义也就有不同的认识。目前主要有两种观点，一是管理活动论，二是信息系统论。

管理活动论认为，"会计是指对各单位的经济业务进行核算与分析，作出预测，参与决策，实行监督，旨在提高经济效益的一项具有反映和控制职能的经济管理活动"。会计除了提供财务会计报告信息以外，还应当为企业管理当局提供经营决策的依据，合理配置和有效利用各种物质资源和人力资源，确保资本保值增值，即发挥管理的职能。

信息系统论认为，"会计是为提高微观经济效益，加强经济管理，而在企业（单位）范围内建立的一个以提供财务信息为主的经济信息系统"。会计作为一个信息系统，通过会计数据的收集、加工、存储、输送及利用，对企业经济活动进行有效的控制；通过计量、分类和汇总，将多种多样的、大量重复的经济数据浓缩为比较集中的、高度重要的和相互联系的指标体系，以供各方面人员使用。

会计从本质上说，既是一种经济管理活动，又是一个信息系统。它是以货币为主要计量单位，采用专门的方法和程序，收集、处理和利用经济信息，对经济活动进行计量、记录、汇总、分析和检查，实行监督，旨在实现最佳经济效益的一个经济信息系统。

第二节　会计目标与会计信息使用者

一、会计目标

会计目标（Accounting Objective）是指在一定时空条件下，会计信息系统在运行过程中应达到的境界和标准。它是会计理论的最高层次，是会计准则赖以产生的前提；它是会计信息系统发挥作用的依据，决定着会计信息系统的内部结构以及系统要素间的关系。在会计实践中，人们选择了某些程序和方法，而摒弃了另一些程序和方法，总是基于一定的动机和理由，由此追溯下去直至最终的理由，就是会计的目标。

西方国家早在20世纪20年代就已经提出"会计的目的"和"会计师的目的"等概念。美国注册会计师协会1938年的一份研究报告认为，会计的目标是"有助于企业的运行，以达到其既定的目的"。1953年利特尔顿在《会计理论结构》一书中就将会计目标区分为前提目标、中间目标和最高目标。从20世纪70年代起，各国普遍开展以目标为出发点的会计理论体系研究，但至今仍未形成一致性的观点，其中最具代表性的是受托责任论和决策有用论。

受托责任论从受托责任论的角度，认为会计目标就是提供受托资源经管责任的信息。这一理论是适应资源经营权与所有权的分离而产生的，管理人员受股东和债权人的委托，承担了有效合理利用和经营资源并使其保值增值的责任。在这个前提下，会计目标主要是为资源所有者提供借以评估管理人员职能履行情况的依据，这种信息应当是公允的，强调其客观性。受托责任是一个比较宽泛的概念，既包括对受托资源或财产的经营和管理，实现经营目标等的经济责任，又包括对企业提供给职工的就业机会与报酬、提供给消费者的产品或服务的质量及政府的税收以及生态环境保护等具有的测算与监督的社会责任。它要求把企业的经济资源、义务以及引起资源与义务变化的交易与事项加以记录、反映，管理者不仅要向股东，而且要向政府、职工、顾客等报告资源的经济责任和社会责任的履行情况和结果，以满足信息需要者的需求。

决策有用论是从信息系统论的角度，认为会计目标就是提供对信息使用者决策有用的信息，强调信息的相关性和有用性，并面向未来关注"潜在的"信息使用者。它要求管理者提供以下三个方面的信息：①提供对现在的和潜在的投资者、债权人以及其他使用者作出合理的投资、信贷决策有用的信息；②提供有助于评估来自销售、偿付到期证券或借款等的金额、时间分布和不确定性的信息；③提供使企业对经济资源要求权发生变动的交易、事项和影响情况的信息。决策有用论的出现是对所有权特征和概念变化的合理反映，是证券市场高速发展、投资可以随时转换的必然要求。证券市场是一个信息的聚集地，投资者、债权人以及与企业有方方面面利益关系的个人或集团，均需要了解企业的财务状况和经营成果，据此作出投资和信贷决策，因此会计的目标就是要为决策者提供对决策有用的信息。美国财务会计准则委员会在其财务会计概念框架中明确提出："财务报告的首要目标是提供投资和信贷决策有用的信息。"美国财务会计准则委员会要求会计信息必须做到：保证信息的真实性、公允性，并在不同程度上与所有使用者都有一定的相关性。

我国会计理论和实务界缺乏对会计目标的深入研究，迄今为止，还没有形成一个权威的、被人们普遍认同的观点。但我国一直重视对会计职能和任务的讨论，与西方的"会计目标"有相似之处，它们都是外界对会计信息系统所提出的要求。葛家澍教授在 1988 年提出，会计是一个以提供信息为主的经济信息系统。既然是一个人造的信息系统，会计信息系统就必然有一个目标，以起到指引系统运行方向的作用。

会计的最终目标就是满足"会计信息需求"。首先，满足会计信息需求是会计信息系统的价值所在。会计作为一种信息系统，它通过与环境的物质、能量和信息等的交换，不断对系统要素的运行进行控制，最终产生出符合需要的会计信息。因此，会计信息的需求是会计信息系统运行的前提条件和基本依据。其次，会计信息的供给取决于会计信息的需求。为了达到满足会计信息需求的目的，尽可能地发挥会计信息系统的作用，在信息需求主体比较少、所需信息内容比较简单的情况下，这是比较容易实现的。但随着企业生产经营活动的日益社会化，资本市场日益发达，信息使用者很多、很不固定，并且需求多样化，此种情况下若要随时满足这样的需求，就有可能造成资源的巨大浪费。因此，会计信息要完全满足使用者的需求是不现实的。

概括起来讲，会计目标包括：谁是会计信息的使用者、会计信息使用者需要什么样的会计信息、会计如何提供这些信息。我国《企业会计准则——基本准则》第四条规定："财务会计报告的目标是向财务会计报告使用者提供与企业财务状况、经营成果和现金流量等有关的会计信息，反映企业管理层受托责任履行情况，有助于财务会计报告使用者作出经济决策。"

二、会计信息使用者

会计信息是为各种信息使用者提供的。会计信息使用者既包括外部信息使用者，又包括内部信息使用者，主要包括以下几种使用者：

1. 投资者

投资者包括现在的和潜在的投资者，是会计信息最主要的使用者。一般来说，投资者为企业经营提供承担经营风险的资本，同时对企业偿还债务后的剩余资源拥有所有权，提供满足他们需要的信息，亦可满足其他使用者的大部分需要。需要指出的是，履行所有者职能的国家与其他投资者在会计信息需求上的权利应是平等的。投资者可以通过对财务报告的阅读和分析，重点了解其投资的预期报酬、资本结构的变化以及企业未来的获利能力和利润分配政策等。上市公司的股东还会关心自己持有的公司股票的市场价值和走向，以及企业现金流入和流出规模与质量等方面的信息。潜在的投资者根据上市公司对外披露的会计信息进行分析与预测，决定是否对该公司进行投资。

2. 债权人

债权人是指那些向企业贷款或持有企业债券的个人或组织。企业常常出于投资策略或经营上的需要，向债权人借入资金，这是一种重要的筹资途径。满足债权人对会计信息的需求，是企业取得信贷资金的前提。债权人主要关注的是企业的长期经营能力、商业信用和偿债能力等，其主要目标是评价一个企业承担与当期或未来债务或其他金融工具有关的义务的能力。

3. 政府及其有关部门

在我国，由于实行社会主义市场经济，政府在社会与经济活动中都扮演着十分重要的角色，政府管理社会，进行宏观经济调控，制定税收政策，以及实行对某些特定行业的管制等，都需要掌握企业的会计信息。具体有以下几个部门：①财政部门。了解企业会计准则和其他会计制度的遵守执行情况，便于制定补充规定或采取监督措施，加大准则、制度的执行力度；通过分析企业的财务报告，掌握资金的流向，为国有企业进行资产和财务管理提供制定财政政策的参考。②证券监管部门。中国证券监督管理委员会作为中国证券市场的直接监管机构，其重要职责之一就是监管上市公司的会计信息披露，维持资本经营秩序的公正与稳定。它不仅要求上市公司定期提交财务报告，而且还有权要求其补充提供其他应予披露的相关信息。③国有资产管理部门。其代表国家直接管理各级各类国有控股公司、投资公司等国家股权以及国家出资形式的其他产权，它以投资者的身份直接使用国有企业的会计信息，通过参与投资，分配利益。④税务部门。它们需要根据企业的财务报告在经过必要的调整后作为税务征收、调整或退税的依据。因为无论是流转税、所得税或其他税种，其计税依据无不源于企业所提供的销售收入、利润等会计信息。

4. 供应商与顾客

采取赊销方式的供应商需要了解客户的有关经营稳定性、信用状况以及支付能力等方面的信息，以便决定提供给客户的信用额度。顾客是指企业产品（劳务）的购买者，他们对于信息的需求，包括有关企业及其产品的信息，如价格、性能、企业信誉、企业商业信用方面的政策、支付的到期日以及协议条款中规定的折扣等。

5. 企业管理者

企业管理者受投资者的委托，对投资者投入企业的资本的保值和增值负有责任。正如美国会计学家利特尔顿所说："会计产生于向业主——投资者提供信息，即在长期的演进之后，它仍然坚持这种用途。然而，这种对业主——投资者的服务，虽然是重要和必不可少的，但它不会比下列目标——帮助企业发挥经济职能更为重要。"企业管理者对所有会计信息都需要了解，并据以作出决策，从而提高企业的经济效益。

6. 职工

职工依赖企业发放工资，因而会关注企业是否能够生存下去，并关注与自身利益密切相关的信息。他们需要根据会计信息进行企业长期盈利性和资产流动性的分析；评估企业未来的生存能力；与其他企业的财务状况和经营业绩进行比较；与企业管理当局商议工资和福利待遇。

第三节 会计职能与会计对象

一、会计职能

职能是指客观事物本身所固有的功能，它具有客观性、普遍适用性和相对稳定性的特点。会计的职能则是指会计作为经济管理工作所具有的功能或能够发挥的作用。随着科学技术的进步和经济社会的发展以及经济管理水平的提高，会计职能的内涵和外延会不断变化。马克思在《资本论》中指出，过程越是按社会的规模进行，越是失去纯粹个人的性质，作为对过程的控制和观念总结的簿记就越是有必要的。这里讲的"过程"指的是再生产过程；"簿记"指的是会计。所谓观念总结，是指用观念的货币来总括核算生产过程中价值的耗费、形成、交换、补偿和分配。所谓控制，是指在观念总结基础上，运用已经获取的会计信息对生产过程进行有效的监督。我国会计界一般认为会计包括核算和监督两项基本职能。

（一）会计核算

会计核算是会计的首要职能，也是全部会计管理工作的基础。任何经济实体从事经济活动，都要求会计提供准确、完整的会计信息。这就需要对经济活动进行记录、计算、分类、汇总，将经济活动的内容转换成会计信息，使之成为能够在会计报告中概括并综合反映各单位经济活动状况的会计资料。因此，会计核算是利用价值形式对经济活动进行确认、计量、记录，并进行客观报告的工作。会计核算职能的基本特点如下：

（1）会计核算主要从价值量上反映各单位的经济活动状况。从数量方面反映经济活动，会计核算可以采用三种量度：货币量度、实物量度和劳动量度。在市场经济条件下，只有把千差万别的具体经济活动，统一转化为可汇总的价值形式，并通过一定程序进行加工处理后定期公开，才能使人们对经济活动的全过程及其结果有一个清晰、完整的认识。因此，会计核算从数量上反映各单位的经济活动状况，是以货币量度为主，以实物量度和劳动量度为辅。

（2）会计核算具有完整性、连续性和系统性。会计核算的完整性、连续性和系统性，是会计资料完整性、连续性和系统性的保证。完整性是指对所有的会计对象都要进行计量、记录、报告，不能有任何遗漏；连续性是指对会计对象的计量、记录、报告要连续进行，不能中断；系统性是指要采用科学的核算方法对会计信息进行加工处理，保证所提供的会计数据资料能够成为一个有序的整体，从而可以揭示客观经济活动的规律。

（3）会计核算不仅要记录已发生的经济业务，还应面向未来，为各单位的经营决策和管理控制提供依据。会计核算对已经发生的经济活动进行事后的记录、核算、分析，通过加工处理后提供大量的信息资料，反映经济活动的现实状况及历史状况，这是会计核算的基础工作。随着社会经济的发展、市场规模的扩大和社会经济活动的日趋复杂，经营管理者需要提高预见性。为此，会计要在事后、事中核算的同时进一步发展到事前核算，分析和预测经济前景，为经营管理决策提供更多的经济信息，这样才能更好地发挥会计的管理功能。

（二）会计监督

任何经济活动都有既定的目的，都要按一定的目的来运行。会计监督就是通过预测、决策、控制、分析、考评等具体方法，促使经济活动按照规定运行，以达到预期的目的。会计监督职能的基本特点如下：

（1）会计监督主要是通过价值指标来进行的。会计监督借助于会计核算提供的价值指标，及时、客观地引导并控制经济活动的过程及其结果。会计为了便于监督，有时还需要事先制定一些可供检查、分析的价值指标，来控制和监督有关经济活动，以避免出现大的偏差。会计监督运用价值指标，可以全面、及时、有效地控制各个单位的经济活动。

（2）会计监督既有事后监督，又有事中监督和事前监督。会计的事后监督是对已经发生或已经完成的经济业务和核算资料进行合规性、合法性检查，这是会计监督最基本的内容。事中监督是对正在发生的经济活动过程及取得的核算资料进行审查，并以此纠正经济活动进程中的偏差及失误，使其按照预定的目的及规定进行，发挥控制经济活动进程的作用。事前监督是在经济活动开始前进行的监督，即审查未来的经济活动是否符合有关法令、政策的规定，是否符合市场经济规律的要求，在经济上是否可行。

会计的核算职能和监督职能不可分割，两者的关系是辩证统一的。会计核算是会计监督的基础，没有会计核算提供的经济信息，会计监督就没有真实可靠的依据；会计监督是会计核算的延伸，如果只有核算而不进行严格的监督，那么所提供的经济信息也不能在经济管理中发挥应有的作用。在实际工作中，核算和监督往往是结合在一起进行的。

二、会计对象

（一）会计对象概述

会计对象是指会计所反映和监督的具体内容，即会计的客体。在市场经济条件下，会计的对象是社会再生产过程中以货币表现的经济活动，即企业、政府与非营利组织中以货币表现的经济活动，在会计工作中通常以经济业务的形式表现出来。

物质资料的再生产过程包括生产、分配、交换和消费四个环节。在这四个环节中要发生一系列经济活动，而经济活动又总是以财产的保值和增值为目的。因此，从价值角度来考察，再生产过程不仅是各种使用价值的再生产过程，而且是价值的耗用、形成、实现、分配和补偿的过程。这一整个过程都必须用会计来加以反映和控制，所以一般来说，会计的对象就是再生产过程中能以货币表现的经济运动。当然，各企业、政府与非营利组织的工作性质和任务不同，具体的会计对象也会表现出一定的差异性。

（二）企业的会计对象

企业是以盈利为目的的经济组织，包括工业企业、商业企业、交通运输企业等。其会计对象是企业再生产过程中的资金运动，包括资金的投入、周转和退出。

工业企业的经济活动在各类企业中最为典型，现以其为例来说明企业会计的具体对象。工业企业生产经营过程可以划分为采购过程、生产过程和销售过程，企业的资金运动依次表现为资金筹集、资金使用和资金退出等环节。产品制造企业资金的具体运动过程如图 1-1 所示。

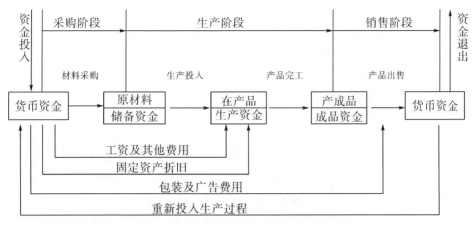

图 1-1　产品制造企业资金的具体运动过程

1. 资金筹集

企业资金，既可以通过投资者投入的方式（吸收投资、发行股票）筹集，又可以通过向债权人借入的方式（向银行借款、发行债券）筹集。企业可以通过资金筹集使资金总量、资产和权益增加。

2. 资金使用

企业筹集到的资金，一般使用到以下两个方面：

（1）用于生产过程。用于生产过程的资金叫作生产资金。它是劳动资料和劳动对象占用的资金，包括固定资产（固定资金）、原材料（储备资金）和在产品（生产资金）等。

（2）用于流通过程。用于流通过程的资金叫作流通资金。它是劳动产品等占用的资金，包括产成品（成品资金）、库存现金和银行存款（货币资金）、结算过程中的各种应收和暂付款项（结算资金）等。

3. 资金退出

资金退出是指由于偿还各种债务，企业部分资金将不再参与周转而流出企业。例如，企业用银行存款等资产偿还各种应付款、缴纳各种税金、分派股利或利润、归还银行借款等，从而使企业的资产和权益同时减少。

企业资金的筹集、使用和退出表现为资金的循环与周转，在企业生产经营过程的不同阶段表现为不同的形态。在供应过程中，企业用货币资金购买各种材料，形成生产储备，这样资金就从货币资金形态转化为储备资金形态。生产过程既是产品的制造过程，又是产品的消耗过程。在生产过程中，一方面，劳动者借助于劳动资料对劳动对象进行加工，制造出各种劳动产品；另一方面，还要发生各种劳动耗费，包括物化劳动和活劳动的耗费，主要有材料耗费、人工耗费、固定资产折旧和其他各项费用等。生产过程中一般先制造出未完工的在产品（其所占用的资金称为生产资金），这样资金就从储备资金形态转化为生产资金形态。随着生产过程的结束，在产品进一步加工成产成品，这样资金又从生产资金形态转化为成品资金形态。在销售过程中，将产成品销售出去，收回货币资金，这样资金又从成品资金形态转化为货币资金形态。资金形态从货币资金开始，经过供、产、销三个过程，依次由货币资金转化为储备资金、生产资金和成品资金，又回到货币资金，这个过程称为资金循环。随着企业生产经营过程的不断进行，资金周而复始地循环称为资金周转。

上述过程中，资金的筹集、使用和退出等经济过程所引起的各项财产和资源的增减变化情况，在经营过程中各项生产费用的支出和产品成本形成的情况，以及企业销售收入的取得和企业利润的实现、分配情况，构成了工业企业会计核算的具体对象。

（三）政府与非营利组织的会计对象

从宏观角度来看，为了进行社会再生产，社会总资金也要不断地循环与周转，即由货币到商品，再由商品到货币的转化。社会总资金的这种转化，也就是社会产品经历的生产、分配、流通、消费诸多经济过程以及与其相适应的价值运动，政府与非营利组织的资金运动可以看成社会总资金运动的一个环节。

政府与非营利组织为完成自身的任务，同样需要一定的资源，需要进行货币交换。经费收入和经费支出形成的经济活动构成其会计对象。

第四节　会计假设与会计一般原则

一、会计假设

企业经济活动具有不确定性，而会计的重要目标之一就是通过连续、系统、全面的记录、计算和反映，为各方面提供有关经济活动的会计信息。为此，我们必须对存在不确定性的经济活动作出基本规定，确定会计假设或基本前提。会计假设（Accounting Assumptions），是指对未被确切认识的、存在不确定性的会计业务，根据客观的正常情况或趋势所作的合乎事理的判断，形成的一系列构成会计思想基础的公理。会计假设是建立会计基本概念、会计原则和会计程序的必要条件。按照国际会计惯例，会计假设主要包括会计主体假设、持续经营假设、会计分期假设和货币计量假设。

（一）会计主体假设

会计主体假设（Accounting Entity Assumption）是指从事经济活动并需要对此进行核算和定期报告的特定单位。明确会计主体实质上等于界定了会计核算的空间范围。因此，会计主体是指会计工作为其服务的特定单位或组织，其一般应同时具备以下三个条件：①独立组织会计核算工作；②独立计算盈亏；③独立编制财务报表。我国《企业会计准则——基本准则》第五条规定，"企业应当对其发生的交易或者事项进行会计确认、计量和报告"，明确了企业会计工作的空间范围。会计主体假设要求每个会计主体在处理会计事项时都应与其他会计主体的会计事项相分离，与其所有者相分离，独立地反映企业本身的财务状况、经营成果和现金流转情况，而不能反映与本企业无关的投资者本人的经济业务或其他单位的经营活动。

"会计主体"与"企业法人"不是同一个概念。法人是指在政府部门注册登记、有独立的财产、能够承担民事责任的法律实体，它强调企业与各方面的经济法律关系。法人必然同时满足上述会计主体的三个条件。因此，法人一般应该是会计主体，但是构成会计主体的不一定都是法人。例如，从法律上看，独资企业和合伙企业所有的财产和债务，在法律上应视为所有者个人财产延伸的一部分，在业务上的种种行为仍视为个人行为，企业的利益与行为和个人的利益与行为是一致的，独资企业和合伙企业因此都不具备法人资格。但是，独资企业和合伙企业都是会计主体，在会计处理上都要把企业的财务活动与所有者个人的财务活动截然分开。企业在经营中得到的收入不应记为其所有者的收入，发生的支出和损失也不应记为其所有者的支出和损失。

（二）持续经营假设

持续经营假设（Going Concern Assumption）是指会计核算应当以企业持续、正常的生产经营为前提。因此，企业所拥有的资产，将在正常的经营过程中被耗用或出售，所承担的债务将在正常的经营中偿还。持续经营假设明确了会计工作的时间范围。一方面，持续经营假设为企业会计核算程序和方法的稳定性提供了前提；另一方面，企业在持续经营状态下和处于清算状态时所采用的会计处理方法是不同的，如固定资产在持续经营下可以采用历史成本法计价，而在清算状态下则只能够采取公允价值计价。

（三）会计分期假设

会计分期假设（Accounting Period Assumption）是指会计核算应当划分会计期间、分期结算账目并定期编制财务报表。它是对会计工作时间、范围的具体划分。在一般情况下，会计主体的经济活动连续不断在进行着，会计对经济活动的核算和监督同样也是连续进行的。但是，为了观察资金运动过程，考核、分析经营成果，正确处理会计事项，我们必须人为地将连续不断的经济活动过程划分为固定的时间单位，以便结算一定时期的收入、支出，确定财务成果并编制财务报表。

在会计分期假设下，企业一般将一年作为一个会计期间，称为会计年度。会计年度的起讫期一般与日历年度一致，但也可按一个营业周期或财政年度作为会计年度。我国的会计年度采用日历年度，即公历每年的 1 月 1 日至 12 月 31 日。企业一般按年编制决算财务报表。我国规定，上市公司要提供中期财务报告。

会计期间的划分对会计核算有着重要的影响。有了会计期间，才产生了本期与非本期的区别，从而有了权责发生制与收付实现制的区别，进而又需要在会计的处理方法上运用预收、预付、应收、应付等一些特殊的会计方法。

（四）货币计量假设

货币计量假设（Monetary Unit Assumption）是指会计主体在会计核算过程中以货币作为综合的计量单位，反映企业的财务状况、经营成果和现金流转情况。企业在日常的经营活动中，有大量错综复杂的经济业务，各种劳动占用和耗用的形态不同、性质各异，可采用的计量方式也多种多样，实物量度以不同质的实物数量为单位，劳动量度以时间为单位。会计要想连续、系统、全面、综合地反映企业的经济业务，就不能运用各种实物或劳动量度进行计量。由于货币是商品的一般等价形式，企业的生产要素在价值形式上具有同质性，采用货币计量单位可以有效地解决其综合汇总问题。

会计核算应以人民币为记账本位币。业务收支以外币为主的企业，也可以选定某种外币作为记账本位币，但编制的财务报表应当折算为人民币反映。对于境外企业，其日常经营业务自然以外币为主，其会计核算是以某种外币作为记账本位币。但是，当这些境外企业向国内有关部门编报财务报表时，应当折算为人民币反映。

以货币作为统一计量单位，包含着币值稳定的假设，即用作计量单位的货币的购买力是固定不变的。需要说明的是，币值稳定假设，虽然对降低会计信息的主观随意性有积极作用，但在物价变动较大的情况下，会计信息就难以准确反映一个会计主体的资产、权益和经营成果，此时应改为物价变动会计。

二、会计一般原则

会计一般原则是对会计核算提供信息的基本要求，是处理具体会计业务的基本依据，是在会计核算前提条件制约下进行会计核算的标准和质量要求。

1. 客观性原则

客观性原则，又称真实性原则，是指企业应当以实际发生的交易或者事项为依据进行会计确认、计量和报告，如实反映符合确认和计量要求的各项会计要素及其相关信息，保证会计信息真实可靠、内容完整。

客观性是对会计核算工作的基本要求。会计首先作为一个信息系统，其提供的信息是企业利益相关者进行决策的依据。如果会计数据不能真实客观地反映企业经济活动的实际情况，势必无法满足有关各方了解企业情况、进行决策的需要，甚至可能导致错误的决策。客观性原则要求在会计核算的各个阶段必须符合会计真实客观的要求，会计确认必须以实际经济活动为依据；会计计量、记录的对象必须是真实的经济业务；会计报告必须如实反映企业情况。

2. 相关性原则

相关性原则，又称有用性原则，是指企业提供的会计信息应当与财务会计报告使用者的经济决策需要相关，有助于财务会计报告使用者对企业过去、现在或者未来的情况作出评价、预测。

会计的目标就是为决策者提供有用的经济信息，而要充分发挥会计信息的作用，就必须使提供的信息与会计信息使用者的要求相协调。这就要求会计在搜集、处理、传递信息的过程中，考虑有关方面对会计信息的要求，以确保提供的信息与信息使用者的要求相关。相关性原则以客观性原则为基础，会计信息在可靠的前提下，要尽可能保证相关性，以满足财务会计报告使用者的决策需要。相关性原则与客观性原则并不矛盾。

3. 明晰性原则

明晰性原则，又称可理解性原则，是指企业提供的会计信息应当清晰明了，便于财务会计报告使用者理解和使用。

提供会计信息的主要目的是帮助信息使用者进行决策，那么企业所披露的会计信息就应该具备简明、易理解的特征，使具备一定知识而且也愿意花费一定时间与精力分析会计信息的使用者能够了解企业的财务状况、经营成果和现金流动情况。

明晰性是决策者与决策有用性的连接点。如果信息不能被决策者所理解，那么这种信息就不会发挥应有的作用。因此，明晰性不仅是信息的质量标准，也是与信息使用者有关的质量标准。会计工作者应当在会计核算工作中坚持明晰性原则，会计记录应当准确、清晰；填制会计凭证、登记会计账簿时必须做到依据合法、账户对应关系清楚、文字摘要完整；在编制财务报表时，项目钩稽关系清楚，项目完整，数字准确。

4. 可比性原则

我国《企业会计准则——基本准则》第十五条规定："企业提供的会计信息应当具有可比性。"可比性原则具体包括以下两个方面的含义：

（1）同一企业不同时期发生的相同或者相似的交易或者事项，应当采用一致的会计政策，不得随意变更；确需变更的，应当在附注中说明。这是从纵向方面要求会计信息具有可比性。2007年1月1日开始实施的《企业会计准则——会计政策、会计估计变更和会计差错的更正》中，针对可以变更企业会计处理方法的情况作了规定：①法律、行政法规或者国家统一的会计制度等要求变更；②会计政策变更能够提供更可靠、更相关的会计信息。

（2）不同企业发生的相同或者相似的交易或者事项，应当采用规定的会计政策，确保会计信息口径一致、相互可比。这是从横向方面要求会计信息具有可比性。

5. 实质重于形式原则

实质重于形式原则，是指企业应当按照交易或者事项的经济实质进行会计确认、计量和报告，不应仅以交易或者事项的法律形式为依据。会计信息要想反映其所拟反映的交易或事项，就必须根据交易或事项的实质和经济现实进行核算和反映。

例如，以融资租赁方式租入的固定资产，虽然从法律形式来讲承租企业并不拥有其所有权，但是由于租赁合同中规定的租赁期相当长，接近于该资产的使用寿命，租赁期结束时承租企业有优先购买该资产的选择权，在租赁期内承租企业有权支配资产并从中受益，从其经济实质来看，企业能够控制其创造的未来经济利益，因此在会计核算上应把它作为企业的资产。

6. 重要性原则

重要性原则，是指企业提供的会计信息应当反映与企业财务状况、经营成果和现金流量等有关的所有重要交易或者事项。会计核算过程中对经济业务或会计事项应区别其重要程度，采用不同的会计处理方法和程序。具体来说，对资产、负债、损益等有较大影响，并进而影响会计报告使用者据以作出合理判断的重要会计事项，必须单独反映，并在会计报告中进行充分、准确的披露；对于次要的会计事项，在不影响会计信息真实性和不至于误导信息使用者作出正确判断的前提下，可适当简化处理。

会计人员会根据自己的职业判断在评价某些项目的重要性。一般来说，会计人员应当从质和量两个方面进行综合分析。从性质方面来说，某一事项有可能对决策产生一定影响，就属于重要项目；从数量方面来说，某一项目的数量达到一定规模，就可能对决策产生影响。

7. 谨慎性原则

谨慎性原则，又称稳健性原则，是指企业对交易或者事项进行会计确认、计量和报告应当保持应有的谨慎，不应高估资产或者收益而低估负债或者费用。它要求对于企业经济活动中的不确定性因素，在进行会计处理时要保持谨慎小心的态度，要充分估计到可能发生的风险和损失；要求会计人员对某些经济业务或会计事项存在不同的会计处理方法和程序可供选择时，在不影响合理选择的前提下，尽可能选用一种不虚增利润和夸大所有者权益的会计处理方法和程序进行会计处理。

从谨慎性原则的应用来看，会计在一定程度上核算经营风险，提供反映经济风险的信息，有利于企业作出正确的经营决策，有利于保护债权人利益，有利于提高企业在市场上的竞争能力。谨慎性原则在会计上的应用是多方面的，如应收账款计提减值准备、期末存货计价采用成本与市价孰低法、固定资产采用加速折旧法等。但是，企业不能滥用谨慎性原则，任意设置各种秘密准备，人为调节利润。

8. 及时性原则

及时性原则，是指企业对于已经发生的交易或者事项，应当及时进行会计确认、计量和报告，不得提前或者延后。失去时效的会计信息会影响会计信息的质量，使得依据其作出的决策失去效用。随着科技与经济的快速发展，信息使用者对会计信息的及时性要求越来越高。这具体表现在：首先，及时搜集会计信息；其次，及时对所搜集到的会计信息进行加工、处理；最后，及时将会计信息传递给信息使用者，以便供其决策所用。

三、会计确认、计量和报告的基础

会计确认、计量和报告的基础是指确认一定会计期间的收入和费用，从而确定损益的标准。由于会计分期的存在，必然会涉及发生的交易或事项应确认为哪一个会计期间的问题。在确定过程中，会计人员需要注意区别收入和费用的收支期间与应归属期间。收入和费用的收支期间，是指收到现款收入（现金或银行存款）和支付现款费用（现金或银行存款）的会计期间。收入和费用的应归属期间，则是指应获得收入和应负担费用的会计期间。

收入和费用的收支期间与应归属期间的关系有三种可能：第一种情况是，本期内收到的收入即为本期已获得的收入，本期已支付的费用即为本期应当负担的费用；第二种情况是，本期内收到而本期尚未获得的收入，本期内支付而不应当由本期负担的费用；第三种情况是，本期内应获得但尚未收到的收入，本期应负担但尚未支付的费用。

如果收入和费用的收支期间与应归属期间一致，则收入和费用的确认不存在任何问题。如果二者不一致，则有两种方法来确定其是否为本期的收入和费用：一种是权责发生制，另一种是收付实现制。这是确定本期收入和费用的两种不同的处理方法。

（一）权责发生制

权责发生制（Accrual Basis），又称应计制，是指对各项收入和费用的确认应当以"实际发生"（归属期）而不是以款项的实际收付作为入账的基础。

在权责发生制下，凡是当期已经实现的收入和当期已经发生或应当由当期承担的费用，不论与收入和费用相联系的款项是否已经收到或支付，都应该作为收入或费用进行会计核算；凡是不属于本期的收入和费用，即使已经收到或付出款项，都不应该作为本期的收入与费用处理。

（二）收付实现制

与权责发生制相对应的另外一种制度是收付实现制（现金制）（Cash Basis）。收付实现制是以款项的实际收到或付出的日期作为会计核算的依据。

我国《企业会计准则——基本准则》规定，企业的会计确认、计量和报告应当采用权责发生制。

现举例说明两种处理方法的具体运用。例如：某企业6月份赊销甲产品一批，货款30 000元，此货款于下月收到，存入银行；销售乙产品一批，取得转账支票一张，货款70 000元；另收到上月外单位所欠货款50 000元，存入银行。按权责发生制确认该企业6月份销售收入为100 000元（30 000+70 000）；按收付实现制确认该企业6月份销售收入为120 000元（70 000+50 000）。又如，某企业3月份预付第二季度财产保险费 1 800 元，支付本季度借款利息共 6 000 元（其中，1 月份 2 000 元，2 月份 2 000 元），用银行存款支付本月广告费 20 000 元。按权责发生制确认该企业 3 月份费用为 22 000 元（2 000+20 000）；按收付实现制确认该企业 3 月份费用为 27 800 元（1 800+ 6 000+20 000）。

第五节 会计基本程序与会计方法

一、会计基本程序

会计基本程序，是指会计信息系统在加工数据并形成最终会计信息的过程中所特有的步骤，包括会计确认、计量、记录与报告等环节。

1. 会计确认

会计确认是将某个项目作为企业的会计要素加以正式的记录或列入最终财务报表之中的过程。这是会计的初始工作，以确定被确认的事项能不能输入会计信息系统，也是决定有关经济数据能不能进行正式会计加工处理的决定性步骤。

当交易或经济事项发生时，会计人员需要对交易或事项进行识别、判断和科学分类，以确定是否确认为某一会计要素，什么时间确认为某一要素，确认为哪些会计要素，并最终选定会计科目和所涉及的账户并加以核算。在会计实务中，会计确认分为"初始确认"和"再确认"两个基本环节。

会计确认应注意：①可定义性。予以确认的项目必须符合某个会计要素的定义。②可计量性。予以确认的项目应具有相关并充分可靠的可计量属性。③相关性。项目的有关信息应能够在使用者的决策中产生差别。④可靠性。信息应如实反映、可验证和不偏不倚。

2. 会计计量

会计计量就是对符合会计要素定义的项目予以货币量化。计量的过程包括选择计量尺度和选择计量属性两个方面。

（1）计量尺度。计量尺度，也称计量单位，是指对计量对象量化时采用的具体标准。由于只有货币单位才具有综合反映经济业务的能力，所以在会计核算中广泛采用其作为统一的计量单位，当然并不排除实物和劳动量单位作为货币计量的补充。

（2）计量属性。计量属性是指被计量对象的特性，即对被计量对象采用的计价方法。可供采用的计量属性有：①历史成本。它是指取得或制造某项财产物资时所实际支付的现金或现金等价物。在历史成本计量下，资产按照购置时支付的现金或者现金等价物的金额，或者按照购置资产时所付出的对价的公允价值计量。负债按照因承担现时义务而实际收到的款项或者资产的金额，或者承担现时义务的合同金额，或者按照日常活动中为偿还负债预期需要支付的现金或者现金等价物的金额计量。历史成本计量是基于经济业务的实际交易成本，而不考虑以后市场价格变动的影响。②重置成本。它是指按照当前市场条件，重新取得同样一项资产所支付的现金或现金等价物。在重置成本计量下，资产按照现在购买相同或者相似资产所需支付的现金或者现金等价物的金额计量。负债按照现在偿付该项债务所需支付的现金或者现金等价物的金额计量。实务中，重置成本多应用于盘盈固定资产的计量等。③可变现净值。它是指在正常生产经营过程中，以预计售价减去进一步加工的成本和销售所必需的预计税金、费用后的净值。在可变现净值计量下，资产按照其正常对外销售所能收到现金或者现金等价物的金额扣减该资产至完工时估计将要发生的成本、估计的销售费用以及相关税费后的金额计量。可变现净值经常应用于存货资产减值情况下的后续计量。④现值。它是指对未来现金流量以恰当的折现率进行折现后的价值，是考虑货币时间价值的一种计量属性。在现值计量下，资产按照预计从其持续使用和最终处置中所产生的未来净现金流入量的折现金额计量。负债按照预计期限内需要偿还的未来净现金流出量的折现金额计量。融资租赁方式获得的固定资产入账时可以采用现值作为计量基础。⑤公允价值。在公允价值计量下，资产和负债按照市场参与者在计量日发生的有序交易中，出售资产所能收到或者转移负债所需支付的价格计量。有序交易是指在计量日前的一段时期内，相关资产或负债具有惯常市场活动的交易，清算等被迫交易不属于有序交易。公允价值主要应用于交易性金融资产和投资性房地产等。

企业对会计要素进行计量时，一般应当采用历史成本，采用重置成本、可变现净值、现值、公允价值计量的，应当保证所确定的会计要素金额能够取得并可靠计量。

3. 会计记录

会计记录是对经过确认而进入会计信息系统的各项数据，通过预先设置好的各种账户，运用一定的文字与金额，按照复式记账的有关要求在账簿中进行记录的过程。通过会计记录，会计人员可以对价值运动进行详细、具体的描绘与量化，也可以对数据进行初步的加工、分类与汇总。只有经过会计记录这个基本的程序，会计才有可能最终生成有助于作出各项经济决策的会计信息。会计记录以会计确认和会计计量为基础，同时也是对会计确认和会计计量工作的深化。

4. 会计报告

会计报告是指把会计信息系统的最终产品——会计信息传递给各个会计信息使用者的手段。会计报告是会计信息的物质载体，会计信息通过会计报告的形式传递到信息使用者手中。会计报告的编制实质上是对簿记信息的再加工，也是会计的再次确认，即确认哪些数据可以列入会计报告、如何列入会计报告以及怎样通过会计报告输出会计系统。

二、会计方法

会计方法是用来反映和监督会计事项、执行和完成会计任务的各种技术手段。会计方法是从会计实践中总结出来的，并随着社会经济的发展和科学技术的进步不断得到改进和发展。一般认为，会计方法分为会计核算方法、会计分析方法和会计检查方法。会计核算是会计的基本环节，会计分析和会计检查都是在会计核算的基础上，利用会计核算资料进行的。这里主要介绍会计核算方法，会计分析和会计检查等方法将在以后章节和相关课程中说明。

三、会计核算方法

会计核算方法是对会计对象进行完整的、连续的、系统的反映和监督所应用的方法。其主要包括以下七种：

1. 填制和审核会计凭证

会计凭证是记录经济业务、明确经济责任的书面证明，是登记账簿的依据。凭证必须经过会计部门和相关部门审核。只有经过审核并认为正确无误的会计凭证，才能作为记账的根据。填制和审核会计凭证，不仅可以为经济管理提供真实可靠的数据资料，而且是实行会计监督的一个重要方面。

2. 设置账户

设置账户是对会计要素的具体内容进行归类核算和监督的一种专门方法。为了全面、完整地核算和监督企业经济活动的过程和结果，系统、连续地记录和反映资产、负债和所有者权益的增减情况以及收入、费用和利润的实现情况，必须通过设置账户对会计对象复杂多样的具体内容进行科学的分类、汇总和记录，以便取得经营管理所需要的各种会计信息。

3. 复式记账

复式记账是对发生的每一项经济业务以相等的金额，同时在两个或两个以上相互联系的账户中进行全面登记的方法。复式记账可以完整地反映每一项经济业务的来龙去脉，从而全面地反映和监督会计主体经济活动的全过程和结果。同时，复式记账可以体现账户记录的对应关系和平衡关系，企业也可以据此检查有关经济业务记录是否正确。

4. 登记账簿

会计账簿是由一定格式、相互联系的账页组成，用来完整、连续、系统地登记经济业务的簿籍。登记账簿就是将会计凭证中记载的经济业务，序时地、分类地记入相关的账簿之中。通过登记账簿，企业可以将分散的经济业务进行系统的归类和汇总，为成本计算和编制会计报告等提供总括的和明细的会计数据。

5. 成本计算

成本计算就是按照一定对象归集和分配生产经营过程中发生的全部费用，从而计算该对象的总成本和单位成本的一种专门方法。成本计算是企业进行经济核算的中心环节，通过成本计算可以了解企业生产经营的耗费水平和经济效益，找出企业管理中存在的问题，以便采取措施，降低成本，提高经济效益。

6. 财产清查

财产清查是指通过盘点实物、核对账目，保持账实相符的一种方法。企业通过财产清查，一方面可以增强会计记录的真实性、正确性，保证账实相符；另一方面还可以查明资产来源情况，债务、债权的清偿情况，以及各项资产的运用情况。

7. 编制财务报告

财务报告是对企业财务状况、经营成果和现金流量的结构性表述的书面文件，它由基本财务报表和财务报表表外信息（附注、附表等）组成。企业通过编制财务报告，可以系统地提供财务信息，保证国家宏观经济管理和调控的需要，满足内部管理的需要，满足投资者、债权人和其他有关各方的需要。

上述各种会计核算方法是一个完整的会计核算方法体系，在核算过程中是相互联系、密切配合的。一般核算步骤是以货币形式对各项经济业务进行确认为起点，通过填制和审核凭证，记录核算各项经济业务，然后在设置的账户中采用复式记账的方法登记账簿，对生产经营过程中发生的各项费用进行成本计算，对账簿记录通过财产清查加以核实，最终在财产清查的基础上根据账簿记录编制财务报告。需要说明的是，上述各种方法又是交叉使用的。例如，在采用填制和审核凭证方法时，要运用设置账户和复式记账的方法；在采用复式记账方法时，要运用设置账户的方法；在采用财产清查方法时，要运用复式记账和登记账簿的方法。会计核算方法之间的相互关系如图1-2所示。

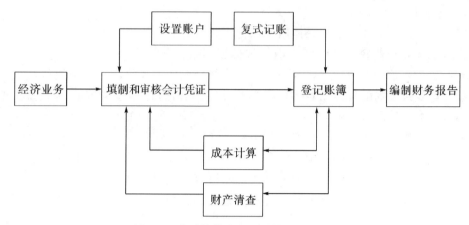

图1-2　会计核算方法之间的相互关系图

第六节　会计学的分类以及与其他学科的关系

一、会计学的分类

随着生产力的不断发展，会计经历了一个由简单到复杂、由低级到高级的不断发展和完善的过程。会计学这门学科在总结长期会计实践经验的基础上，日益形成了较为完善的理论体系和方法体系。会计学是一门研究会计理论、方法以及会计工作客观规律的科学。随着会计学研究领域的不断扩展，会计学出现了许多分支，每一个分支又形成了一个学科。一般而言，会计学按其研究内容的不同，分为会计学基础、财务会计学、成本会计学、管理会计学、会计史等。

（1）会计学基础。主要阐述会计学的基本原理、基本知识和基本方法等内容。在介绍会计基本概念和借贷记账法的基础上，系统研究填制和审核凭证、登记账簿、编制财务报表、财产清查、账务处理程序等会计基本内容。它为进一步学习后续专业课程奠定了基础。

（2）财务会计学。主要研究通过财务报表的形式满足利益相关者对会计信息的需求。具体介绍资产、负债、所有者权益、收入、费用、利润要素的相关理论和核算方法，以及财务报表的编制原理和方法等。

（3）成本会计学。在介绍成本核算和管理相关基础理论的前提下，系统研究了各类费用的核算方法、主要产品成本的计算方法、成本报表的编制和分析方法等。

（4）管理会计学。它以现代管理科学为基础，将会计与管理有机地结合在一起，主要介绍决策会计、责任会计和控制会计等内容，为企业内部各责任单位提供有效经营和最优化决策所需的管理信息。

（5）会计史。会计史是研究会计的发生、发展过程及其历史运行规律的科学，是会计学科中的一个重要组成部分。其目的在于总结经验教训，促进会计的发展。

上述会计学科的分类，主要是从微观角度来划分的。宏观会计是以国家为主体、以社会经济发展为目标、以国民资本运动为内容，反映和控制国家宏观经济活动并提供相关报告的一种会计活动，其主要包括总预算会计、社会会计、环境会计、国际会计等。

二、会计学与其他学科的关系

随着科学技术与经济的飞速发展，各门学科之间相互协作、相互渗透的趋势愈来愈明显。会计学作为一门研究生产经营活动确认、计量、记录、分类和报告的科学，与哲学、数学、经济学、管理学、社会学以及行为科学等多门科学之间的关系日益紧密。

（一）会计学与哲学

哲学是研究自然界、人类社会和思维发展最一般规律的方法论科学，为各门学科提供了方法论基础。作为研究经济管理活动资金运动变化数量关系和规律性的方法论的会计学，不仅在一般的方法论方面，而且在会计确认、计量、记录和报告的过程中，都要以哲学中的基本原理为指导。哲学的方法论指导作用，要求我们在会计理论研究和实务工作中利用哲学思维解决会计领域中的问题。例如，哲学中发展是事物由低级到高级、由旧质到新质的变化过程，会计学中从传统簿记到财务会计再到财务会计与管理会计的分化就表现了会计学螺旋式上升的发展思路；哲学中认识与实践的关系是研究会计理论与会计实务关系的钥匙，其中科学的逻辑思维方法——归纳和演绎、分析和综合、抽象和具体正是会计理论研究中广泛采用的研究方法；哲学中把事物的矛盾分析作为认识和解决问题的基本方法，会计中借与贷、盈与亏、应收与应付、预收与预付、资金来源与资金运用、信息供给与信息需求、相关性与可靠性、成本与效益等需要我们用哲学的思维来正确认识与妥善处理。

（二）会计学与数学

会计学与数学的结合已有悠久的历史。借贷记账法诞生以后，人们就试图从数学上予以解释。20世纪，会计学与数学再一次进行了成功的结合，产生了具有里程碑意义的一门新学科——管理会计。在会计发展史上，会计学与数学的关系非常密切，会计对企业生产经营活动的数量描述和数学分析都离不开数学，数学已逐步渗透到会计学的多个领域，如基础会计学中的会计等式、管理会计学中的投资决策方法与最优存货订货量、成本会计学中的本量利分析等。数学作为一种严密的分析工具，为现代会计学的发展尤其是实证研究方法的应用奠定了坚实的方法论基础。

会计学中数学方法的运用，就是要求会计学借助数学方法进行计量、记录和报告，将复杂的生产经营活动尽可能地用简明而精确的数学模式表达出来，并进行科学的加工处理，以揭示其内在联系和数量规律，从而为进行最优决策和有效经营提供客观依据。

（三）会计学与经济学、管理学

关于会计学的学科属性问题，学术界一直存在着是属于经济学还是属于管理学的争论，至今仍无定论。事实上，会计学具有经济学和管理学双重学科属性，会计学的经济学基础与管理学基础并不矛盾，二者相得益彰、相互补充，会计学要以经济学、管理学作为理论基础。

经济学研究的基本问题是在资源有限的条件下，如何通过发展经济满足人们不断增长的需要。经济及其发展都是一个比较的概念，是一个节约的概念，要比较、要节约，就要计量。会计以其货币计量、综合性、真实性等特征提供关于经济资源的流动、分配和配置的有关信息，其运行具有直接的经济后果。因此，会计学是经济学研究的基本内容之一。把会计活动和会计成果作为一种经济行为与特殊商品，研究其在生产、交换、分配、消费过程中产生的各种经济问题和关系，如资源配置、供给、需求、市场等相关问题，对于促进会计学的发展无疑具有十分重要的现实意义。利特尔顿曾经明确指出，从本质上看，会计不容置疑地带有经济学属性。经济学中的有关概念确实指导了会计理论的发展，并深入持续地改变或决定着会计实务，如收益、资本、资产、负债等概念。会计学需要运用一系列经济理论和范畴来建立它的概念和方法。

管理学是研究管理活动基本规律和方法的科学。按照管理活动论的观点，会计是管理活动的一个重要组成部分，会计学理应属于管理学的一个分支。例如，会计凭证、账簿和报表的设计要体现管理幅度和管理宽度的管理原理要求；会计要素分类、会计科目设置等要满足管理学中系统管理的要求；管理会计中大量运用了管理学的内容，充分体现了会计与管理的高度统一。另外，会计的核算、控制、监督、决策都是一种管理的职能，会计需要履行管理活动的一个特定方面，即从事资金和成本两个方面的管理。

第七节 会计准则体系

一、会计准则的构成

会计准则是反映经济活动、确认产权关系、规范收益分配的会计技术标准，是生成和提供会计信息的重要依据，也是政府调控经济活动、规范经济秩序和开展国际经济交往等的重要手段。会计准则具有严密和完整的体系，我国已颁布的会计准则有《企业会计准则》《小企业会计准则》《事业单位会计准则》和《政府会计准则——基本准则》。

二、《企业会计准则》

我国的企业会计准则体系包括基本准则、具体准则、应用指南和解释公告等。2006年2月15日，财政部发布了《企业会计准则》，自2007年1月1日起在上市公司范围内施行，并鼓励其他企业执行。其中，基本准则共十一章，主要内容有财务会计报告目标、会计基本假设、会计基础、会计信息质量要求、会计要素与确认标准、会计计量属性与运用原则、财务会计报告等。具体准则是根据基本准则的要求，主要针对各项具体业务事项的确认、计量和报告做出的规定，分为一般业务准则、特殊业务准则和报告类准则。2006年10月30日，财政部发布了《企业会计准则——应用指南》，实现了我国会计准则与国际财务报告准则的实质性趋同。2014 年陆续制定、修订了 9 项具体准则，其中，制定了《企业会计准则第 39 号——公允价值计量》等 4 项准则，修订了《企业会计准则第 2 号——长期股权投资》等 5 项准则，这些准则自 2014 年 7 月 1 日起陆续实施。2017 年再次修订和印发 7 项具体准则，2018 年修订了租赁准则，2019 年修订了非货币性资产交换准则和债务重组准则。

三、《小企业会计准则》

2011 年 10 月 18 日，财政部发布了《小企业会计准则》，要求符合适用条件的小企业自 2013 年 1 月 1 日起执行，并鼓励提前执行。《小企业会计准则》一般适用于在我国境内依法设立、经济规模较小的企业，具体标准参见《小企业会计准则》和《中小企业划型标准规定》。《小企业会计准则》共十章，与《企业会计准则》的制定依据和基本原则相同，同时兼顾小企业自身的特点。

四、《事业单位会计准则》

2012 年 12 月 6 日，财政部修订发布了《事业单位会计准则》，对我国事业单位的会计工作予以规范，自 2013 年 1 月 1 日起在各级各类事业单位施行。该准则共九章，包括总则、会计信息质量要求、资产、负债、净资产、收入、支出或者费用、财务会计报告和附则。

五、《政府会计准则——基本准则》

2015 年 10 月 23 日，财政部发布了《政府会计准则——基本准则》，自 2017 年 1 月 1 日起，在各级政府部门、单位施行。我国的政府会计准则体系由政府会计基本准则、具体准则和应用指南三部分组成。《政府会计准则——基本准则》共六章六十二条，对政府会计目标、会计主体、会计信息质量要求、会计核算基础、会计要素定义、确认和计量原则以及列报要求等做出规定。

【本章小结】

会计通过价值量的变化来描述经济过程，度量经济上的损益。会计是社会发展到一定历史阶段的产物，会计的发展是反应性的。关于会计目标最具代表性的是经管责任论和决策有用论。会计目标包括谁是会计信息的使用者、会计信息使用者需要什么样的会计信息、会计如何提供这些信息三个方面的内容。会计具有核算和监督两项基本职能，企业的会计对象包括资金的投入、周转和退出，政府与非营利组织的会计对象是经费收入和经费支出形成的经济活动。由于会计实务存在着不确定性，需要做出一定的假设，会计主体、持续经营、会计分期和货币计量形成了会计假设。会计处理具体会计业务需要遵循客观性等八项一般原则，企业的会计确认、计量和报告应当采用权责发生制。会计核算方法包括设置账户、复式记账、填制和审核凭证、登记账簿、成本计算、财产清查、编制财务报告。会计学按其研究内容的不同，划分为会计学基础、财务会计学、成本会计学、管理会计学、会计史等。

【阅读材料】

巴菲特最重视的大学课程是会计

　　巴菲特在大学一年级和大学二年级就读于美国数一数二的宾夕法尼亚大学沃顿商学院，而在大学三年级就读于美国排名一般的内布拉斯加大学，巴菲特自己也没有想到，他却更喜欢这里的很多老师讲的课。在所有的大学课程中，巴菲特最重视的是会计。为什么巴菲特对会计课程这么重视呢？原因很简单，不懂会计就别投资。巴菲特说："你必须懂会计，而且你必须要懂会计的细小微妙之处。会计是商业的语言，尽管是一种并不完美的语言。除非你愿意投入时间和精力学习并掌握会计，学会如何阅读和分析财务报表；否则，你就无法真正独立地选择投票。"

　　有一次，巴菲特的一个商业合作伙伴问：巴菲特先生，我女儿最近上大学了，她在大学里应该重点学习哪些课程？巴菲特回答：会计，因为会计是商业的语言。

　　巴菲特学会计，不是为了考个好分数，而是为了用会计。一是用在做生意上。无论做什么生意，巴菲特都会认认真真记账，用他学到的会计知识，仔细分析多赚了的钱是多在哪里，少赚了的钱是少在哪里。很多人自己创业，很有创意，很有毅力，却并不赚钱，一个重要原因是不懂会计。二是用在股票投资上。只有19岁的他，开始用他学习到的会计知识分析上市公司的财务报表，判断公司未来发展前景，并在此基础上作出投资决策。

　　资料来源：刘建伟. 巴菲特最重视的大学课程是会计［N］. 上海证券报，2010-08-16.

第二章

会计要素与会计等式

【结构框架】

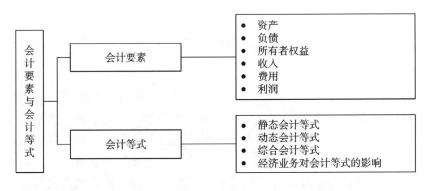
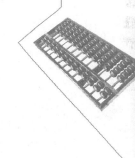

【学习目标】

本章主要讲述会计要素与会计等式。通过本章的学习，学生需要理解六类会计要素的概念、特征、确认和分类；掌握会计等式的平衡原理与会计要素之间的相互关系；熟悉经济业务对会计等式的影响类型。

【课程思政】

知识点	思政元素挖掘	思政元素浅析	综合能力提升引导
会计要素	（1）使用价值和价值的统一； （2）系统和要素之间的辩证关系； （3）再生产理论	（1）企业业务运营和资金流的辩证统一； （2）六要素涵盖企业运行的所有方面，构成系统； （3）六要素涉及的资金循环过程就是马克思再生产理论的应用过程	（1）培养学生欣赏会计的平衡之美的能力； （2）使学生认识到对社会的贡献就是社会对自己的回报，从而不断充实自己；
会计等式	（1）会计平衡之美； （2）联系的普遍性	（1）资产永远等于权益，平衡即美； （2）会计六要素之间的内在联系是普遍的	（3）培养学生使用会计语言描述经济业务的能力

第一节　会计要素

会计要素（Accounting Elements）是指将会计对象按照其经济特征所进行的分类，也就是对会计事项所引起的变化项目加以适当归类，并为每一类别取一个名称。就企业而言，在资金运动过程中，引起资金投入、退出企业的会计事项多种多样，引起资金循环周转的会计事项也是错综复杂的，因这些会计事项的发生而引起的价值量变化的项目更是千变万化。明确会计要素，不仅有利于根据各个会计要素的性质和特点分别制定对其进行确认、计量、记录和报告的标准和方法，而且有利于合理地构建会计科目体系和设计会计报告。

我国《企业会计准则》将企业会计要素分为资产、负债、所有者权益、收入、费用和利润六个要素。其中，资产、负债、所有者权益反映企业特定日期的财务状况（静态要素），收入、费用、利润反映企业一定时期的经营成果（动态要素）。

一、资产

（一）资产的概念和特征

资产（Assets）是指企业过去的交易或者事项形成的、由企业拥有或者控制的、预期会给企业带来经济利益的资源。

资产的主要特征包括以下三点：

（1）资产是企业由过去的交易或者事项所形成的。资产的成因是资产存在和计价的基础。资产必须是现实的资产，包括购买、生产、建造行为或其他交易或者事项所形成的资源。预期在未来发生的交易或者事项不形成资产。

（2）资产必须是企业拥有或控制的。所谓拥有，是指该项资产的法定所有权属于本企业；所谓控制，是指虽然本企业并不拥有该项资产的所有权，但是该项资产上的收益和风险已经由本企业所承担，如融资租入的固定资产等。所有权或控制权是否存在，对于判断某项目是否为企业的资产是至关重要的。资产的这种所有权或控制权还说明企业对该项资源具有独占性和排他性。

（3）资产必须是能给企业带来经济利益的资源。预期会给企业带来经济利益，是指直接或者间接导致现金和现金等价物流入企业的潜力。例如，陈旧毁损的实物资产、已经无望收回的债权等，都不能再作为资产来核算和呈报。

（二）资产的确认

符合资产定义的资源，在同时满足以下条件时，确认为资产：①与该资源有关的经济利益很可能流入企业；②该资源的成本或者价值能够可靠地计量。符合资产定义和资产确认条件的项目，应当列入资产负债表；符合资产定义但不符合资产确认条件的项目，不应当列入资产负债表。

（三）资产的分类

企业的资产按流动性分为流动资产和非流动资产。

流动资产是指可以在一年或者超过一年的一个正常营业周期内变现或耗用的资产。正常营业周期通常是指从购买用于加工的资产起至实现现金或现金等价物的期间。正常营业周期通常短于一年，但是重型机械、造船等行业，其营业周期往往超过一年。资产满足下列条件之一的，应当归类为流动资产：①预计在一个正常营业周期中变现、出售或消耗；②主要为交易目的而持有；③预计在资产负债表日起一年内（含一年，下同）变现；④自资产负债表日起一年内，交换其他资产或清偿负债的能力不受限制的现金或现金等价物。

流动资产主要包括库存现金及银行存款、交易性金融资产、应收账款、应收票据、预付账款、存货和合同资产等。库存现金是指存于企业、用于日常零星开支的现钞，是一种流动性最强的流动资产。银行存款是指企业存入银行或其他金融机构的款项。交易性金融资产是指企业为了近期内出售而持有的金融资产，如企业利用闲置资金，以赚取价差为目的购入的股票、债券、基金和权证等。应收账款是指企业因对外销售商品、提供劳务等经营活动而应向客户收取的款项。应收票据是指企业销售商品或提供劳务而收到的付款人开出并承兑的银行承兑汇票和商业承兑汇票。因其他原因所产生的应收款项，如应收各种赔款、应收各种罚款等，则可用其他应收款项目来表达。预付账款是指企业按照合同规定向供应单位预付的购料款项。存货是指企业在日常生产经营过程中持有以备出售的产成品或商品、处在生产过程中的在产品、在生产过程中或提供劳务过程中将消耗的材料以及按规定确认为存货的数据资源等。合同资产是指企业已向客户转让商品而有权利收取对价的权利，且该权利取决于时间流失之外的其他因素。

非流动资产是指除流动资产以外的其他资产，如可供出售的金融资产、持有至到期投资、长期股权投资、固定资产、在建工程、无形资产和商誉等。可供出售的金融资产是指初始确认时即被指定为可供出售的非衍生金融资产，以及没有被划分为以上其他类别的非衍生金融资产，如购入的市场活跃度高的股票、债券等。持有至到期投资是指企业准备持有至到期的长期债券投资等，其需要同时满足以下三个条件：到期日和回收金额固定或可确定；企业有能力持有至到期；企业有明确的意图持有至到期。长期股权投资是指持有时间超过一年（不含一年）、不能变现或不准备随时变现的股票和其他投资。企业进行长期股权投资的目的是获得较为稳定的投资收益或者对被投资企业实施控制或影响。在建工程是指企业正在建设中的工程项目所发生的投资支出。固定资产是指企业使用期限超过一年的房屋、建筑物、机器、机械、运输工具以及与生产、经营有关的设备、器具、工具等。无形资产是指企业拥有或者控制的没有实物形态的可辨认非货币性资产，如专利权、非专利技术、土地使用权、商标权、著作权以及按规定确认为无形资产的数据资源等。商誉是指企业获取正常赢利水平以上收益的一种能力，即超额收益能力，是企业拥有或者控制的没有实物形态的不可辨认非货币性资产。

二、负债

（一）负债的概念和特征

负债（Liabilities）是指由企业过去的交易或者事项所形成的、预期会导致经济利益流出企业的现时义务。

负债的主要特征包括以下两点：

（1）负债是企业的现时义务。现时义务是指企业过去的交易或者事项，包括购买、接受劳务或其他交易或者事项所形成的在现行条件下已承担的义务。未来发生的交易或者事项形成的义务，不属于现时义务，不应当确认为负债。

（2）清偿负债会导致企业未来经济利益的流出。负债的实质是将来应该以牺牲资产为代价的一种受法律保护的责任。负债可以在未来某个时日通过支付现金及现金等价物，或者放弃含有经济利益的资产（如提供商品或劳务），或者将负债转为所有者权益等债权人所能接受的方式来清偿。

（二）负债的确认

符合负债定义的义务，在同时满足以下条件时，确认为负债：①与该义务有关的经济利益很可能流出企业；②未来流出的经济利益的金额能够可靠地计量。符合负债定义和负债确认条件的项目，应当列入资产负债表；符合负债定义但不符合负债确认条件的项目，不应当列入资产负债表。

（三）负债的分类

企业的负债按流动性分为流动负债和长期负债。

流动负债是指偿还期限在一年或者超过一年的一个营业周期以内的债务。企业对资产和负债进行流动性分类时，应当采用相同的正常营业周期。负债满足下列条件之一的，应当归类为流动负债：①预计在一个正常营业周期中清偿；②主要为交易目的而持有；③自资产负债表日起一年内到期应予以清偿；④企业无权自主地将清偿推迟至资产负债表日后一年以上。

流动负债主要包括短期借款、应付账款、应付票据、预收账款、应付职工薪酬、应交税费、应付利息、应付股利和合同负债等。短期借款是指企业从银行或其他金融机构借入的、期限在一年以下的各种借款。应付账款是指因赊购货物或接受劳务而产生的应付给供应单位的款项。应付票据是指企业因购进货物、接受劳务而开出、承兑的，须于约定日期支付一定金额给持票人的商业汇票。预收账款是指企业在销售商品或提供劳务前，根据购销合同的规定，向购货方预先收取的部分或全部货款。应付职工薪酬是指企业根据有关规定应付给职工的各种薪酬。应交税费是指企业在生产经营过程中按税法规定所计算出应向国家缴纳的各种税费。应付利息是指企业按照合同约定应付未付的利息。应付股利是指企业根据股东大会或类似机构决议确定分配的现金股利或利润。合同负债是指企业已收或应收客户对价而应向客户转让商品的义务。

长期负债是指偿还期在一年或者超过一年的一个营业周期以上的负债，包括长期借款、应付债券、长期应付款等。长期借款是指企业从银行或其他金融机构借入的、期限在一年以上的各项借款。应付债券是指企业为筹集长期资金而实际发行的长期债券。长期应付款是指除长期借款和应付债券以外的其他应付款项，包括应付引进设备款、融资租入固定资产应付款等。

三、所有者权益

（一）所有者权益的概念和特征

所有者权益（Owner's Equity）是指企业资产扣除负债后由所有者享有的剩余权益。公司的所有者权益又称为股东权益。所有者权益金额取决于资产和负债的计量。所有者权益项目应当列入资产负债表。

所有者权益的主要特征包括以下三点：

（1）所有者权益是一种剩余权益，从数量上讲是企业全部资产减去全部负债后的余额。

（2）所有者权益所代表的资产可供企业长期使用，所有者除依法转让其投资外，不得以任何形式抽回投资。

（3）所有者以其出资额享有获取企业利润的权利，但与此同时，也以出资额承担企业的经营风险。

（二）所有者权益的构成

所有者权益的来源包括所有者投入的资本、直接计入所有者权益的利得和损失、留存收益等。

所有者投入的资本主要指实收资本或股本。企业的实收资本是指投资者按照企业章程，或合同、协议的约定，实际投入企业的资本。如果在资本投入过程中产生了溢价，可计入资本公积（资本溢价或股本溢价）中。

直接计入所有者权益的利得和损失，是指不应计入当期损益、会导致所有者权益发生增减变动的、与所有者投入资本或者向所有者分配利润无关的利得或者损失。利得是指由企业非日常活动所形成的、会导致所有者权益增加的、与所有者投入资本无关的经济利益的流入。损失是指由企业非日常活动所发生的、会导致所有者权益减少的、与向所有者分配利润无关的经济利益的流出。

所有者权益主要包括实收资本（或者股本）、资本公积、盈余公积和未分配利润等。实收资本是企业实际收到所有者交付的出资额。资本公积是指企业在接受投入资本过程中，收到投资者出资额超出其在注册资本或股本中所占份额的部分，包括资本溢价（或股本溢价）和其他资本公积等，其中资本溢价（股本溢价）可按法定程序转增实收资本。盈余公积是指企业从税后利润中提取的各种积累资金，包括法定盈余公积金与任意盈余公积金，可用以弥补亏损和按规定的程序转增实收资本。未分配利润是指企业留待以后年度分配的利润。

四、收入

（一）收入的概念和特征

收入（Revenue）是指企业在日常活动中形成的、会导致所有者权益增加的、与所有者投入资本无关的经济利益的总流入。收入不包括为第三方或者客户代收的款项。对企业来说，收入是补偿费用、取得盈利的源泉，是企业经营活动取得的经营成果。

收入的主要特征包括以下三点：

（1）收入从企业的日常经营活动中产生，而不是从偶发的交易或事项中产生。

（2）产生收入的事项已经发生或已经成为事实。例如，销售商品收入必须是企业已将商品所有权上的主要风险和报酬转移给购货方。

（3）收入的形成总是伴随着资产的增加或负债的减少。例如，企业可以向贷款人提供商品或劳务，偿还所欠的款项，在了结债务的同时产生收入。

（二）收入的确认

收入只有在经济利益很可能流入从而导致企业资产增加或者负债减少、且经济利益的流入额能够可靠计量时才能予以确认。符合收入定义和收入确认条件的项目，应当列入利润表。

（三）收入的构成

收入包括主营业务收入、其他业务收入和投资收益。主营业务收入是指企业在其主要营业活动中所取得的营业收入，不同行业的主营业务收入所包括的内容各不相同。例如，工业企业的主营业务收入主要包括销售产成品、半成品和提供工业性劳务作业的收入；商品流通企业的主营业务收入主要包括销售商品所取得的收入。其他业务收入是指企业非经常性的、兼营的业务所产生的收入，如工业企业销售原材料、出租包装物等业务所取得的收入。投资收益是指企业对外投资所取得的收益减去发生的投资损失后的净额。

五、费用

（一）费用的概念和特征

费用（Expense）是指企业在日常活动中发生的、会导致所有者权益减少的、与向所有者分配利润无关的经济利益的总流出。费用有多种表现形式，但其本质是资产的转化形式，是企业资产的耗费。

费用的主要特征包括以下两点：

（1）费用表现为企业经济利益的流出，或者说是企业收入的一种扣除。

（2）费用必须是已经发生或已经成为事实的日常活动所导致的经济利益流出和为生产产品、提供劳务而发生的耗费。

（二）费用的确认

费用只有在经济利益很可能流出从而导致企业资产减少或者负债增加且经济利益的流出额能够可靠计量时才能予以确认。

企业为生产产品、提供劳务等发生的可归属于产品成本、劳务成本等的费用，应当在确认产品销售收入、劳务收入等时，将已销售产品、已提供劳务的成本等计入当期损益。

企业发生的支出不产生经济利益的，或者即使能够产生经济利益但不符合或者不再符合资产确认条件的，应当在发生时确认为费用，计入当期损益。

企业发生的交易或者事项导致其承担了一项负债而又不确认为一项资产的，应当在发生时确认为费用，计入当期损益。

符合费用定义和费用确认条件的项目，应当列入利润表。

（三）费用的构成

费用按其用途和得到补偿的时间不同，可分为计入成本的费用和期间费用。计入成本的费用是指应由具体成本对象承担的费用，这种耗费的结果形成了企业某项资产的成本。例如，企业采购材料发生的费用，形成了购入材料的成本；购建固定资产发生的费用，形成了固定资产成本；产品生产过程发生的费用，形成了在产品、产成品的成本。在工业企业中，计入成本的费用是通过产品销售，从主营业务收入中才能补偿已销产品所消耗的费用。期间费用是指与时间消长有着密切关系，而与企业生产、营业收入的实现并无直接关系或关系不密切的费用，包括管理费用、财务费用和销售费用。期间费用直接计入费用发生的当期损益，从当期营业收入中得到补偿。

六、利润

（一）利润的概念

利润（Profit）是指企业在一定会计期间的经营成果。利润包括收入减去费用后的净额、直接计入当期利润的利得和损失等。利润的实现，会相应地表现为资产的增加或负债的减少，其结果是所有者权益的增值。

直接计入当期利润的利得和损失，是指应当计入当期损益、会导致所有者权益发生增减变动的、与所有者投入资本或者向所有者分配利润无关的利得或者损失。

利润金额取决于收入和费用、直接计入当期利润的利得和损失金额的计量。利润项目应当列入利润表。

（二）利润的内容层次

利润包括营业利润、利润总额和净利润三个层次的内容。

营业利润是指企业由于经营活动所获得的利润，具体包括营业收入减去营业成本、税金及附加，再减去期间费用及资产减值损失，加上公允价值变动净收益和投资净收益后的金额。

利润总额是指营业利润加上营业外收支净额后的金额。

净利润是指利润总额减去所得税费用后的金额。

第二节 会计等式

会计等式（Accounting Equation）是揭示会计要素之间内在联系的数学表达式，又称为会计恒等式或会计方程式。

上一节我们曾经提到会计对象具体表现为资产、负债、所有者权益、收入、费用和利润六个会计要素。通过本节的说明，我们将了解到这六个要素之间存在着金额相等的关系。

一、静态会计等式

企业要进行生产经营活动，首先就必须拥有一定数额的资产。最初的资产都是由投资者投资而来，则全部资产代表投资者的权益，表示投资者对企业资产的求偿权。除了从投资者处获得经营所需的资产外，企业也可以通过向债权人借款等方式取得所需资产，那么，债权人对企业的资产同样获得求偿权。在会计上，将经济资源提供者对企业资产所拥有的权利称为"权益"。

资产和权益是对同一个企业的经济资源从两个不同角度进行观察而得到的名称。前者表明进入企业的资源具体分布在哪些方面，后者表明这些资源的所有者和运用这些资源所产生的利益归谁所有。显然，这两者从客观上讲存在必然相等的关系。也就是说，从数量上看，有一定数额的资产，必定有一定数额的权益；反之，有一定数额的权益，也必定有一定数额的资产。也就是说，资产与权益之间在数量上必然相等。其平衡关系用公式表示如下：

$$资产=权益$$
$$=债权人权益+所有者权益$$
$$=负债+所有者权益$$

这一平衡公式反映的是资金运动过程中某一时刻资产、负债、所有者权益三个会计要素之间的数量关系，我们称之为静态会计等式。

上述等式反映了企业资产的归属关系，它是设置账户、复式记账和编制资产负债表等会计核算方法建立的理论依据，在整个会计核算中处于非常重要的地位。

二、动态会计等式

企业成立后就开始正常营业，运用债权人和投资者所提供的资产，经过生产经营而获取收入，并以支付费用为代价。企业将一定期间实现的收入与支付的费用比较后，就能确定该期间的经营成果。收入大于费用，表示企业实现利润；收入小于费用，则意味着企业发生亏损。其平衡关系用公式表示如下：

$$收入-费用=利润$$

这一平衡公式反映的是企业经营活动中某一段时期内收入、费用、利润三个会计要素之间的数量关系，是资金运动的动态表现形式，我们称之为动态会计等式。

上述等式反映了企业经营成果的计算过程，它是编制利润表的理论依据。

三、综合会计等式

在任何一个会计期间的起始时刻，企业的资金都会处于相对静止的状态，体现为"资产=负债+所有者权益"。随着生产经营活动的进行，企业会发生各种各样的费用，并由此引起资产的减少或负债的增加；同时，企业还会通过销售产品或提供劳务而取得收入，并由此引起资产的增加或负债的减少；另外，企业还可能由于接受追加投资而使所有者权益发生变化。可见，在整个会计期间，各个会计要素都可能发生数量变化。到会计期末，由于企业取得了经营成果，形成了净利润，企业的总资产和总权益就在期初资产总额和权益总额的基础上增加了一个量，这个增长的量就是本期取得的净利润（如为亏损则为减少量）。假设会计期内负债总额不变，也没有追加或减少投资，则会计期末的会计等式如下：

$$期末资产 = 期初负债 + 期初所有者权益 + （收入 - 费用）$$

即有：

$$期末资产 = 期初负债 + 期初所有者权益 + 净利润$$

在上述等式中，企业实现的净利润归投资者所有，因此，净利润可以并入所有者权益中，于是综合的会计等式又变回到原有的静态会计等式：资产 = 负债 + 所有者权益，只是等式两端各要素的金额发生了变化。企业的经营成果最终要影响企业的财务状况：企业实现利润，将使企业资产增加或负债减少；企业出现亏损，将使企业资产减少或负债增加。

该会计等式能够全面地反映企业资金运动的内在规律性，既反映了资金的静态运动，又反映了资金的动态运动，是静态与动态相结合的会计等式，我们称之为综合会计等式。

四、经济业务对会计等式的影响

在企业的生产经营活动中，经常会发生各种各样的经济业务，如吸收投资、取得借款、购买材料、支付费用等。在会计上，将这些发生于企业生产经营过程中、引起会计要素增减变化的事项称为经济业务，又称会计事项。

虽然企业在生产经营过程中会发生各种各样的经济业务，但是不管发生何种业务，都不会破坏会计等式。

甲工厂202×年7月1日简化的资产负债表如表2-1所示。

表2-1 资产负债表

编制单位：甲工厂　　　　　　202×年7月1日　　　　　　单位：元

资产		负债及所有者权益	
项 目	金 额	项 目	金 额
库存现金	6 000	负债：	
银行存款	70 000	短期借款	170 000
应收账款	10 000	应付账款	50 000
原材料	180 000	所有者权益：	
固定资产	450 000	实收资本	480 000
无形资产	50 000	资本公积	66 000
资产合计	766 000	负债及所有者权益合计	766 000

从表2-1可以看出，甲工厂202×年7月1日拥有的资产总额为766 000元，其中库存现金6 000元、银行存款70 000元、应收账款10 000元、原材料180 000元、固定资产500 000元。负债及所有者权益合计为766 000元，其中短期借款170 000元、应付账款50 000元、实收资本480 000元、资本公积66 000元。显然，资产和负债及所有者权益之间保持平衡。

下面以该厂202×年7月份发生的部分经济业务为例，说明经济业务的发生对会计等式的影响。

【例2-1】7月3日，购入生产用机器一台，计30 000元，款项尚未支付。

这笔经济业务使企业的资产（固定资产）增加30 000元，同时使企业的负债（应付账款）增加30 000元，资产和权益同时增加30 000元，双方总额均发生等金额变动，会计等式仍保持平衡。变化后的资产负债表见表2-2。

表2-2　资产负债表

编制单位：甲工厂　　　　　　　202×年7月3日　　　　　　　单位：元

资　产		负债及所有者权益	
项　目	金　额	项　目	金　额
库存现金	6 000	负债：	
银行存款	70 000	短期借款	170 000
应收账款	10 000	应付账款	80 000
原材料	180 000	所有者权益：	
固定资产	480 000	实收资本	480 000
无形资产	50 000	资本公积	66 000
资产合计	796 000	负债及所有者权益合计	796 000

【例2-2】7月5日，接受B投资者投资100 000元，存入银行。

这笔经济业务使企业的资产（银行存款）增加100 000元，同时使企业的所有者权益（实收资本）增加100 000元，资产和权益同时增加100 000元，双方总额均发生等金额变动，会计等式仍保持平衡。变动结果见表2-3。

表2-3　资产负债表

编制单位：甲工厂　　　　　　　202×年7月3日　　　　　　　单位：元

资　产		负债及所有者权益	
项　目	金　额	项　目	金　额
库存现金	6 000	负债：	
银行存款	170 000	短期借款	170 000
应收账款	10 000	应付账款	80 000
原材料	180 000	所有者权益：	
固定资产	480 000	实收资本	580 000
无形资产	50 000	资本公积	66 000
资产合计	896 000	负债及所有者权益合计	896 000

【例2-3】7月5日，以银行存款偿还短期借款40 000元。

这笔经济业务使企业的资产（银行存款）减少40 000元，同时使企业的负债（短期借款）减少40 000元，资产和权益同时减少40 000元，双方总额均发生等金额变动，会计等式仍保持平衡。变动结果见表2-4。

表 2-4　资产负债表

编制单位：甲工厂　　　　　　　　202×年7月5日　　　　　　　　单位：元

资　产		负债及所有者权益	
项　目	金　额	项　目	金　额
库存现金	6 000	负债：	
银行存款	130 000	短期借款	130 000
应收账款	10 000	应付账款	80 000
原材料	180 000	所有者权益：	
固定资产	480 000	实收资本	580 000
无形资产	50 000	资本公积	66 000
资产合计	856 000	负债及所有者权益合计	856 000

【例 2-4】7 月 15 日，工厂根据有关规定，以银行存款退还投资者 C 的资本 50 000 元。

这笔经济业务使企业的资产（银行存款）减少 50 000 元，同时使企业的所有者权益（实收资本）减少 50 000 元，资产和权益同时减少 50 000 元，双方总额均发生等金额变动，会计等式仍保持平衡。变动结果见表 2-5。

表 2-5　资产负债表

编制单位：甲工厂　　　　　　　　202×年7月15日　　　　　　　　单位：元

资　产		负债及所有者权益	
项　目	金　额	项　目	金　额
库存现金	6 000	负债：	
银行存款	80 000	短期借款	130 000
应收账款	10 000	应付账款	80 000
原材料	180 000	所有者权益：	
固定资产	480 000	实收资本	530 000
无形资产	50 000	资本公积	66 000
资产合计	806 000	负债及所有者权益合计	806 000

【例 2-5】7 月 16 日，从银行提取现金 3 000 元，以备零星使用。

这笔经济业务使企业的资产（银行存款）减少 3 000 元，同时使企业的资产（库存现金）增加 3 000 元，资产内部两个项目以相等的金额发生一增一减的变动，会计等式仍保持平衡。变动结果见表 2-6。

表 2-6　资产负债表

编制单位：甲工厂　　　　　　　　　202×年 7 月 16 日　　　　　　　　　单位：元

资　产		负债及所有者权益	
项　　目	金　额	项　　目	金　额
库存现金	9 000	负债：	
银行存款	77 000	短期借款	130 000
应收账款	10 000	应付账款	80 000
原材料	180 000	所有者权益：	
固定资产	480 000	实收资本	530 000
无形资产	50 000	资本公积	66 000
资产合计	806 000	负债及所有者权益合计	806 000

【例 2-6】7 月 20 日，签发 3 个月的商业汇票 12 000 元，承兑后直接归还前欠购料款。

这笔经济业务使企业的负债（应付账款）减少 12 000 元，同时使企业的负债（应付票据）增加 12 000 元，负债内部两个项目以相等的金额发生一增一减的变动，会计等式仍保持平衡。变动结果见表 2-7。

表 2-7　资产负债表

编制单位：甲工厂　　　　　　　　　202×年 7 月 20 日　　　　　　　　　单位：元

资　产		负债及所有者权益	
项　　目	金　额	项　　目	金　额
库存现金	9 000	负债：	
银行存款	77 000	短期借款	130 000
应收账款	10 000	应付账款	68 000
原材料	180 000	应付票据	12 000
固定资产	480 000	所有者权益：	
无形资产	50 000	实收资本	530 000
		资本公积	66 000
资产合计	806 000	负债及所有者权益合计	806 000

【例 2-7】7 月 22 日，用资本公积 20 000 元转增资本金。

这笔经济业务使企业的所有者权益（资本公积）减少 20 000 元，同时使企业的所有者权益（实收资本）增加 20 000 元，所有者权益内部两个项目以相等的金额发生一增一减的变动，会计等式仍保持平衡。变动结果见表 2-8。

表2-8 资产负债表

编制单位：甲工厂　　　　　　　　　202×年7月22日　　　　　　　　　单位：元

资　产		负债及所有者权益	
项　目	金　额	项　目	金　额
库存现金	9 000	负债：	
银行存款	77 000	短期借款	130 000
应收账款	10 000	应付账款	68 000
原材料	180 000	应付票据	12 000
固定资产	480 000	所有者权益：	
无形资产	50 000	实收资本	550 000
		资本公积	46 000
资产合计	806 000	负债及所有者权益合计	806 000

【例2-8】7月25日，B投资者委托甲工厂代为偿还一笔10 000元货款，作为对甲工厂投资的减少，有关手续已办妥，甲工厂尚未还款。

这笔经济业务使企业的所有者权益（实收资本）减少10 000元，同时使企业的负债（应付账款）增加10 000元，权益内部两个项目以相等的金额发生一增一减的变动，会计等式仍保持平衡。变动结果见表2-9。

表2-9 资产负债表

编制单位：甲工厂　　　　　　　　　202×年7月25日　　　　　　　　　单位：元

资　产		负债及所有者权益	
项　目	金　额	项　目	金　额
库存现金	9 000	负债：	
银行存款	77 000	短期借款	130 000
应收账款	10 000	应付账款	78 000
原材料	180 000	应付票据	12 000
固定资产	480 000	所有者权益：	
无形资产	50 000	实收资本	540 000
		资本公积	46 000
资产合计	806 000	负债及所有者权益合计	806 000

【例2-9】7月28日，C投资者代甲工厂偿还应付票据8 000元，作为对甲工厂的投资。

这笔经济业务使企业的负债（应付票据）减少8 000元，同时使企业的所有者权益（实收资本）增加8 000元，权益内部两个项目以相等的金额发生一增一减的变动，会计等式仍保持平衡。变动结果见表2-10。

表 2-10　资产负债表

编制单位：甲工厂　　　　　　　　202×年 7 月 28 日　　　　　　　　单位：元

资　产		负债及所有者权益	
项　目	金　额	项　目	金　额
库存现金	9 000	负债：	
银行存款	77 000	短期借款	130 000
应收账款	10 000	应付账款	78 000
原材料	180 000	应付票据	4 000
固定资产	480 000	所有者权益：	
无形资产	50 000	实收资本	548 000
		资本公积	46 000
资产合计	806 000	负债及所有者权益合计	806 000

可见，不论企业发生何种经济业务，都可归纳为以下九种类型（见表 2-11）。

表 2-11　经济业务对会计恒等式的影响

经济业务类型	资产	＝	负债	＋	所有者权益
1	增加		增加		
2	增加				增加
3	减少		减少		
4	减少				减少
5	增加、减少				
6			增加、减少		
7					增加、减少
8			增加		减少
9			减少		增加

以上分析结果说明，任何一项经济业务的发生，都不会破坏资产与负债及所有者权益这一会计等式的平衡关系。会计等式揭示了企业会计要素之间的这种规律性联系，因而它是设置账户、复式记账和编制资产负债表的理论依据。

【本章小结】

我国《企业会计准则》将会计要素分为资产、负债、所有者权益、收入、费用和利润六个要素。前三者称为静态要素，后三者称为动态要素。会计要素之间存在着恒等关系。企业发生的经济业务都会引起会计要素发生增减变化，但这些变化都不会影响会计要素之间的平衡关系。静态会计等式是设置账户、复式记账和编制资产负债表的理论依据；动态会计等式是编制利润表的理论依据。

【阅读材料】

国际会计要素设置的比较分析

一、国际会计要素设置的概况

（一）国际会计准则理事会的分类

早在 1989 年国际会计准则委员会颁布的《财务报表编报说明》中，已将会计要素分为 5 类：资产、负债、所有者权益、收益、费用。国际会计准则理事会（International Accounting Standards Board，IASB）的前身国际会计准则委员会（International Accounting Standards Committee，IASC）创立初期，已将"提高国家会计要求与国际会计准则之间的兼容性"确定为它的目标之一。因此，作为《国际财务报告准则》的制定者，IASB 在会计要素的设置上，必然更多要考虑各国之间的共性和均衡，使得各国经济利益可以在一个标准上得到保护。

（二）美国财务会计准则委员会的分类

美国财务会计准则委员会（Financial Accounting Standards Board，FASB）的设立目标是要建立并改善财务会计及其报告准则，并以此来引导和教育公众。FASB 提出的美国财务会计概念框架（SFAC NO.6）所涉及的会计要素包括 10 个：资产、负债、所有者权益、收入、费用、利得、损失、业主提款、业主投资、全面收益。同时，财务会计概念框架（SFAC NO.1）还明确了编制财务报告的核心目标："为现在和潜在的投资者、债权人以及其他使用者提供有用信息，以便做出合理的投资、信贷和类似的决策。"在这一目标下，美国资本市场的国际主导地位也决定了会计要素的设置较为复杂，也最为完备。

（三）我国《企业会计准则》的分类

我国《企业会计准则——基本准则》第十条规定："企业应当按照交易或事项的经济特征确定会计要素，会计要素包括资产、负债、所有者权益、收入、费用和利润六类。"我国对会计要素的分类，与美国 FASB 的分类（10 个会计要素）相比，较为粗略，但与 IASB 的分类（5 个会计要素）相当。不同的是 IASB 的会计要素分类中的"收益"包括收入和利得，"费用"包括费用和损失；而我国的会计要素中"收入"仅指营业收入，费用也不包括损失。

二、国际会计要素设置差异的原因分析

（一）会计要素设置的决定因素

会计要素的设置主要受以下三个方面的影响：会计对象、会计基本假设和会计目标。其中会计目标是世界各国财务会计要素设置差异的最主要原因。第一，会计要素是会计对象的具体化这一基本概念，决定了会计对象是会计要素设置的客观条件。会计对象是指会计所核算和监督的内容，即会计工作的客体。凡是特定主体能够以货币表现的经济活动，都是会计核算和监督的内容，也就是会计的对象。会计要素就是根据交易或者事项的经济特征所确定的财务会计对象而进行的基本分类。第二，会计基本假设对会计要素的设置也有重大影响。会计基本假设包括会计主体、持续经营、会计分期和货币计量，是会计确认、计量、记录和报告的前提，是对会计核算所处时间、空间环境等所做的合理设定。会计各要素的定义对会计主体起到了制约和界定的作用。在持续经营前提下，会计各要素的确认、计量和报告都应当以企业持续、正常生产经营活动为前提。会计分期，即对会计核算对象所处的时间做出的合理设定。而货币计量的假设，决定了会计对象必须是特定主体能够以货币表现的经济活动。第三，会计目标是理解会计要素设置的关键所在。目前国际上对于会计目标的设定主要有两种观点，即"决策有用观"和"受托责任观"。决策有用观认为财务报告的目的是提供有助于广大财务报表使用者进行经济决策的有关企业财务状况、业绩和现金流量的信息。受托责任观认为财务报表应当反映企业管理层对受托资源保管责任的成果。因此，"谁来使用财务报表""财务报表需要给使用者提供怎样的信息"以及"哪些信息能够反映企业管理层对受托资源保管责任的成果"都是会计要素设置必须考虑的重要因素。

（二）IASB、FASB 和我国会计要素设置差异的主要原因

会计要素的设置尽管受到会计对象、会计基本假设和会计目标等因素的影响，但会计目标仍然是世界各国财务会计要素设置差异的最主要原因。IASB、FASB 和我国在会计目标方面的差异是三者会计要素设置出现差异的主要原因。FASB 财务报表的目标是以决策有用观为导向，而 IASB 和我国的财务报表目标则是以决策有用观和受托责任观的结合为导向。由于各国的经济发展水平差异很大，资本市场的成熟度也大相径庭，所以会计信息的使用者对财务报表所提供的会计信息的质量和要求都大不相同。这些因素导致各国财务会计中，具体的会计目标存在着不少差异，因此会计要素的设置也存在差异。国际会计准则理事会旨在制定高质量、易于理解和具可行性的国际会计准则，准则要求向公众披露的财务报告应具明晰性和可比性。国际会计准则理事会的这一宗旨使得其在制定国际会计准则的时候，必须考虑到各国间的共性和可比性，所以会计要素的设置相对笼统。为了适应我国企业和资本市场发展的实际需要，实现我国企业会计准则与国际财务报告准则的持续趋同，我国推行了新财务制度改革，并体现在财政部 2006 年对《企业会计准则》的修订上。由此看来，我国的会计要素设置和IASB 的设置类似也是在情理之中。

（三）对我国会计要素设置的思考

与美国相比，我国会计要素少了"业主提款"和"业主投资"，这两个要素可以不必增加。鉴于国际会计准则趋同的时代背景和我国经济及资本市场的发展水平，目前我国的会计要素设置是基本与会计目标相匹配的。尽管如此，与国际会计准则理事会的会计要素设置相比，我国《企业会计准则》仅仅设置了反映企业日常经营活动的"收入"和"费用"要素，而没有设置反映企业非日常经营活动的"利得"和"损失"两个要素。虽然《企业会计准则——基本准则》提到了"利得"和"损失"两个概念，但是并没有明确地将"利得"和"损失"作为会计要素列出。我国《企业会计准则》将"收入"定义为"企业在销售商品、提供劳务及让渡资产使用权等日常活动中所形成的经济利益的总流入，包括主营业务收入与其他业务收入"，这里的"收入"即为"营业收入"。我国的"费用"定义为"企业在日常活动中发生的、会导致所有者权益减少的、与向所有者分配利润无关的经济利益的流出"。我国的"利润"定义为"企业在一定会计期间的经营成果"，在利润表中体现为："收入－费用＝利润"。这里的"利润"既涵盖了营业的利润，还包括了非正常损益，而这部分"损益"并未包含在"收入"和"费用"定义的范围内。因此，我国在有关收入和费用的会计要素设置上还存在着内在的矛盾，有必要在现有的"收入"和"费用"要素基础上，增设"利得"和"损失"两个要素。

综上所述，IASB、FASB 和我国财务部颁布的企业会计准则在会计要素的设置上均存在着差异，三者的差异主要是源于具体会计目标的不同，而会计目标的不同又源于经济发展水平和资本市场发达程度不同。我国在会计要素的设置上与国际是接轨的，基本符合我国的会计目标，但还须在现有要素基础上增设"利得""损失"两个要素。

资料来源：陈王盈. 国际会计要素设置的比较分析［J］. 财会学习，2015（8）：94-95.

第三章

账户与复式记账

【结构框架】

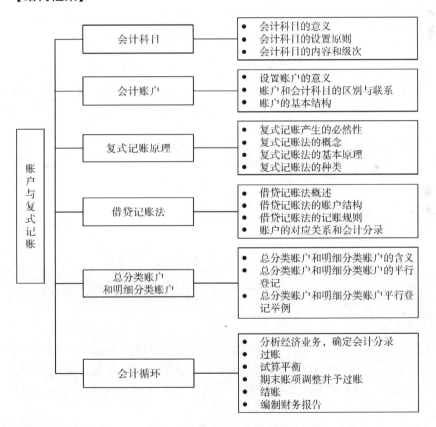

会计科目
- 会计科目的意义
- 会计科目的设置原则
- 会计科目的内容和级次

会计账户
- 设置账户的意义
- 账户和会计科目的区别与联系
- 账户的基本结构

复式记账原理
- 复式记账产生的必然性
- 复式记账法的概念
- 复式记账法的基本原理
- 复式记账法的种类

借贷记账法
- 借贷记账法概述
- 借贷记账法的账户结构
- 借贷记账法的记账规则
- 账户的对应关系和会计分录

总分类账户和明细分类账户
- 总分类账户和明细分类账户的含义
- 总分类账户和明细分类账户的平行登记
- 总分类账户和明细分类账户平行登记举例

会计循环
- 分析经济业务，确定会计分录
- 过账
- 试算平衡
- 期末账项调整并予过账
- 结账
- 编制财务报告

账户与复式记账

【学习目标】

通过本章的学习，学生需要了解会计科目的意义、设置原则和内容；掌握会计科目与账户的区别与联系、账户的基本结构；理解复式记账法的基本原则、种类和特点；重点掌握借贷记账法的概念、账户结构、记账规则和会计分录的编制方法等；了解总分类账户和明细分类账户平行登记的含义和要点；掌握会计循环的步骤和试算平衡的原理及方法。

【课程思政】

知识点	思政元素挖掘	思政元素浅析	综合能力提升引导
会计科目与账户	(1) 认识事物的过程是循序渐进的； (2) 任何事物都具有内在结构性； (3) 每个人都有一个个人账户	(1) 对资金运动的认识要从会计要素深入到科目； (2) 账户的结构体现出一般事物都具有结构性的特点； (3) 碳账户等	(1) 结合对于复式记账法的选择来培养学生对于工作和学习以及生活的反思能力；
复式记账原理与借贷记账法	(1) 客观公正； (2) 付出与回报	(1) 记账规则显示出"有来路才有归途"的思维； (2) 努力学习才能收获满满	(2) 培养学生有因就有果、能量守恒的思维意识；
总分类账和明细分类账	(1) "总""分"的辩证思维观； (2) 整体与部分关系	(1) 账户分类是对一个有机整体的"分"和"总"，以及总账和明细账的关系展示； (2) 总账账户具有完整独立性，明细账户则是具有特定内容的组成部分	(3) 培养学生多维度多层次认识事物的能力；
会计循环	(1) 秉承事物发展的规律性开展工作； (2) 细节决定成败，程序很重要	(1) 会计循环的步骤体现出会计工作的内在逻辑性和客观性； (2) 会计循环的步骤就是设置细节最好的工具，摒弃人为因素	(4) 培养学生理解并运用同一性和差异性的辩证关系的能力

第一节 ◈ 会计科目

一、会计科目的意义

企业在生产经营过程中，经常会发生各种各样的经济业务，企业每个会计要素的增减变动，都是这些经济业务的发生所引起的。为了系统、分门别类、连续地记录和反映会计要素的增减变化及其结果，以便向企业利益相关者提供所需要的各类会计信息，就需要按照会计要素的不同内容进行分类。

会计科目（Account Title）是按照经济内容对各个会计要素所作的进一步的分类。每一个会计科目都应当明确地反映一定的经济内容。例如，固定资产与原材料都是企业的资产，但它们有着不同的经济内容，必须分别设置"固定资产"和"原材料"两个资产类科目。"固定资产"科目对房屋、建筑物、机器设备、运输工具等劳动资料进行反映与监督；"原材料"科目对各种原材料、辅助材料、燃料等劳动对象进行反映与监督。又如，所有者权益按照形成来源和性质的不同，分别设置"实收资本""资本公积""盈余公积"等科目进行反映与监督。

确定会计科目是进行会计核算的起点。会计科目的设置是否合理，对于系统地提供会计信息、提高会计工作的效率以及有条不紊地组织会计工作都有很大影响。会计科目是填制会计凭证、设置和登记账簿、编制财务报表的依据。

二、会计科目的设置原则

1. 会计科目的设置必须结合会计对象的特点

会计科目作为对会计对象具体内容进行分类核算的工具，在设置过程中必须紧密结合不同行业的特点，除各行各业的共性会计科目外，还应根据各行各业会计对象的具体特点设置相应的会计科目。比如，工业企业的会计科目应反映产品的生产过程，需要设置"生产成本""制造费用"等会计科目；行政事业单位不从事商品生产和流通，则不需要设置成本计算类的科目。

2. 会计科目的设置既要符合对外报告的要求，又要满足内部经营管理的需要

会计核算资料既要满足投资者、债权人、政府及其有关部门、供应商及其顾客等外部信息使用者的要求，又要满足企业管理当局等内部信息使用者的需要。因此，企业在设置会计科目时要兼顾对外报告信息和企业内部经营管理的需要，并根据需要提供数据的详细程度，分设总分类科目和明细分类科目。

3. 会计科目的设置要将统一性与灵活性结合起来

统一性是指在遵守企业会计准则的基础上，对一些主要会计科目的设置及其核算内容进行统一的规定，从而保证会计核算资料在一个部门甚至全国范围内综合汇总和分析利用。灵活性是指在提供统一核算指标的前提下，各个单位可以根据自己的具体情况及投资者的要求，增加或合并会计科目。

例如，材料按实际成本计价的工业企业，可以不设"材料采购"和"材料成本差异"科目，而改在"在途物资"科目核算；如果企业在生产经营过程中其他应收款项、其他应付款项业务不多，可以不单设"其他应收款""其他应付款"科目，而将这两个科目加以合并，设置一个具有双重性质的"其他往来"科目。

4. 会计科目的设置既要适应经济业务发展的需要，又要保持相对稳定

会计科目的设置要适应社会经济环境的变化和本单位业务发展的需要。例如，随着金融市场的快速发展，专门设置"交易性金融资产"科目反映企业购入股票、债券、基金和权证等有价证券的变动情况。但是，会计科目的设置应保持相对稳定，以便在一定范围内综合汇总和不同时期对比分析其所提供的核算指标。

5. 会计科目的设置要简单明了，通俗易懂

会计科目作为分类核算的标识，要求简单明了，字义相符，不能模棱两可，相互包含，这样才能避免误解和混乱。为方便起见，企业要对所设置的会计科目进行适当分类，给予一定的编号。

三、会计科目的内容和级次

(一) 会计科目的内容

会计科目的内容一般依据会计要素各组成部分的客观性质划分，并满足宏观和微观经济管理的要求。在会计实务中，为了便于会计处理，尤其是为了适应会计电算化的需要，可以对会计科目按照一定的标准编号。我国常用会计科目的编号一般为四位数字。企业使用的部分会计科目如表3-1所示。

表 3-1 会计科目表

编号	名称	编号	名称
	一、资产类	2204	合同负债
1001	库存现金	2211	应付职工薪酬
1002	银行存款	2221	应交税费
1012	其他货币资金	2231	应付利息
1101	交易性金融资产	2232	应付股利
1121	应收票据	2241	其他应付款
1122	应收账款	2501	长期借款
1123	预付账款	2502	应付债券
1131	应收股利		三、所有者权益类
1132	应收利息	4001	实收资本
1164	合同资产	4002	资本公积
1165	合同资产减值准备	4101	盈余公积
1221	其他应收款	4103	本年利润
1231	坏账准备	4104	利润分配
1401	材料采购		四、成本类
1402	在途物资	5001	生产成本
1403	原材料	5101	制造费用
1404	材料成本差异	5301	研发支出
1405	库存商品	5401	合同履约成本
1501	债权投资	5402	合同取得成本
1503	其他债权投资		五、损益类
1511	长期股权投资	6001	主营业务收入
1601	固定资产	6051	其他业务收入
1602	累计折旧	6111	投资收益
1603	固定资产减值准备	6301	营业外收入
1604	在建工程	6401	主营业务成本
1701	无形资产	6402	其他业务成本
1801	长期待摊费用	6403	税金及附加
1901	待处理财产损溢	6601	销售费用
	二、负债类	6602	管理费用
2001	短期借款	6603	财务费用
2111	交易性金融负债	6701	资产减值损失
2201	应付票据	6711	营业外支出
2202	应付账款	6801	所得税费用
2203	预收账款	6901	以前年度损益调整

（二）会计科目的级次

会计科目的级次是指在设置会计科目时要体现会计信息的不同详细程度，也就是要兼顾各类会计信息使用者的需求，对会计科目进行分级设置。

会计科目按其提供会计核算指标的详细程度，可以分为以下两类：

1. 总分类科目

总分类科目也称为一级科目或总账科目。它是对会计要素具体内容进行总括分类的会计科目，是进行总分类核算的依据，提供的是总括指标或信息，如"原材料""固定资产""应付账款"等。

2. 明细分类科目

明细分类科目是对总分类科目所作进一步分类的会计科目，是进行明细分类核算的依据，提供的是详细指标或信息。比如，"应付账款"总分类科目下按具体单位分设的明细科目，具体反映应付哪个单位的货款。

在实际工作中，有的总分类科目下设置的明细科目太多，此时可在总分类科目与明细分类科目之间增设二级科目（也称子目），所提供的指标或信息介于总分类科目和明细分类科目之间，以满足管理的需要。例如，在"原材料"总分类科目下，可按材料的类别设置二级科目："原料及主要材料""辅助材料""燃料"等。明细分类科目可以进一步分为二级科目（子目）、明细科目（细目）。

总分类科目是企业的基本会计科目，不同企业的总分类科目设置体现出较多的共同之处，但明细分类科目的设置却更多地体现企业内部经营管理的特殊要求。另外，需要说明的是，并不是企业的所有总分类科目都需要设置明细分类科目，是否需要设置取决于企业的实际情况。

会计科目按提供指标详细程度所作的分类如表 3-2 所示。

表 3-2　会计科目按提供指标详细程度所作的分类

总分类科目（一级科目）	明细分类科目	
	二级科目（子目）	明细科目（细目）
原材料	原料及主要材料	圆钢 角钢
	辅助材料	油漆 润滑油
	燃料	汽油 柴油

第二节　会计账户

一、设置账户的意义

为了将各单位发生的经济业务情况和由此引起的各会计要素增减变动及其结果，连续、分门别类地进行反映和监督，以便为信息使用者提供会计信息，就必须根据会计科目在账簿中开设账户（Account）。账户是按照规定的会计科目在账簿中对各项经济业务进行分类和连续、系统记录的一种工具。

设置会计科目只是对会计对象的具体内容所作的分类，它没有一定的结构，不能对经济业务进行连续、系统的记录，因此必须在会计科目的基础上设置账户。设置账户是会计核算的方法之一，其作用在于能够经常提供有关会计要素的变动情况和结果的会计数据。

二、账户和会计科目的区别与联系

账户和会计科目是两个既有区别又有联系的概念。其区别在于：会计科目只是会计要素的具体分类名称，没有具体的结构；账户则是根据会计科目开设的，具有一定的结构,对由于经济业务引起的会计要素增减变动情况及其结果进行全面、连续、系统的记录。其联系在于:二者都被用来分门别类地反映会计对象的具体内容。由于账户根据会计科目命名,二者完全一致,所以在实际工作中,账户与会计科目常被作为同义语来理解,互相通用,不加区别。

三、账户的基本结构

一般来说,账户的基本结构就是反映会计要素具体内容的增加数、减少数和余额。账户的结构,可以反映经济业务的发生所引起的会计要素在数量上增减变化的过程和结果。在不同的记账方法下,账户的结构是不同的,即使采用同一种记账方法,不同性质的账户结构也是不同的。但是,不管采用何种记账方法,也不论是何种性质的账户,其基本结构总是相同的。

账户一般分为左右两方,一方登记会计要素的增加,一方登记会计要素的减少。至于哪一方记增加、哪一方记减少,则取决于所采用的记账方法和所记录的经济业务内容。账户的格式可以有多种形式,但一般来说,应当包括以下内容:①账户名称(即会计科目);②记账日期;③凭证号数(说明账户记录的依据);④摘要(概括说明经济业务的内容);⑤增加和减少的金额和余额。

账户名称(会计科目)的一般格式如表3-3所示。

表3-3 账户名称(会计科目)

××年		凭证		摘要	增加	减少	余额
月	日	种类	号数				

上列账户格式是手工记账经常采用的格式。每个账户一般有四个金额要素,即期初余额、本期增加发生额、本期减少发生额和期末余额。账户如有期初余额,首先应当在记录增加额的那一方登记,经济业务发生后,要将增减内容记录在相应的栏内。增加发生额是指一定期间内账户所登记的增加金额的合计;减少发生额是指一定期间内账户所登记的减少金额的合计;本期期末余额转入下期,即为下期期初余额。正常情况下,账户四个数额之间的关系如下:

期末余额=期初余额+本期增加发生额-本期减少发生额

为了便于说明问题和教学,可将上列账户简化为"T"形账户(亦称为"丁"形账户)。简化账户结构如图3-1所示。

图 3-1　简化账户结构图

第三节　复式记账原理

一、复式记账产生的必然性

记账的技术和方法在工商业、金融业管理中是必不可少的。单式记账方法由于不能反映账户之间的逻辑关系，并且没有试算平衡的检验，无法满足经营管理活动的要求，因此复式记账有其产生的历史必然性。会计要借助记账再现经济交易活动的全貌，满足反映经济活动连续性的内在要求，提供记录这一活动的完整信息，这需要运用能够再现全貌的记账方法。

复式记账产生于 13 世纪末的意大利，是特定的政治、经济、文化与科学发展条件下的产物。社会经济形态由自然经济向商品经济的演进，是促使复式记账产生的根本原因，其产生绝不是偶然现象，是适应会计环境变化的必然结果。复式记账对产权的维护与保障作用具有鲜明的针对性，其基础性地位和作用的发挥，是市场经济健康和稳定发展的保证。

企业是经济、社会和生态的重要影响者，其不仅仅是谋取经济利益的经济实体，还是谋取经济、社会和生态效益的量与质的协调化，追求自身与整个社会可持续发展的复合系统。企业追求微观利益的前提条件应该是不损害社会的长远利益。企业管理的目标不仅是追求最大的利润，而且要兼顾社会成员的长远发展和社会环境的维护。会计不仅要正确、合理地反映企业经营活动的微观成果和效益，而且要客观、公允地报告其经济活动的社会效益和社会影响，从而为全面评价企业的业绩和作用提供基础。采用复式记账的方法，能够科学合理地反映与控制企业生产经营活动过程中发生变动的因素，将资产与权益对应起来，反映负债权益、经济权益和生态权益等情况。

无论是从社会发展、人类进步、生态保护等角度，还是从企业内部来看，都存在着委托与被委托的关系，复式记账能够反映受托责任的履行情况，体现经济活动过程中存在的双方对称关系，满足经济与管理活动的内在本质要求。受托责任的内容随着社会、政治、经济的发展而不断丰富和变化，复式记账的实质是社会经济文明进步基本内涵的具体体现。

会计系统是一个相互依赖、相互制约的体系，经济交易事项所引起的价值运动，是一个具体过程的两个方面，只有在所涉及的账户中进行双向记录，才能如实反映每一项经济交易的方向和结果。复式记账能够利用会计信息内在的勾稽关系检查经济交易的合理性和正确性，从而满足准确记录会计信息的要求。

在传统的分工模式下，先业后财，事后核算，但随着社会经济文明的进步，大数据、人工智能、移动互联、云计算、区块链等为代表的信息技术正颠覆性地改变着会计学的发展。会计核算、监督和控制的内容发生了根本性变化，会计即业务，业务即会计，业务的来龙去脉直接加工成可理解的会计信息。财务渗透到企业的业务活动当中，已实现从业财分离向业财融合、业财一体的转变。融合的过程则是双向的，不仅需要财务理解和支持业务，也需要业务理解和支持财务。会计记账方法在基于复式记账原理的基础上，应进行科学合理的改进，满足会计职能转变的要求。

二、复式记账法的概念

复式记账法（Double Entry Bookkeeping）是指对发生的每项经济业务，都要以相等的金额，在相互联系的两个或两个以上账户中同时进行登记的一种记账方法。例如，用现金 100 元支付管理部门办公用品费用，不仅要在库存现金账户上记减少 100 元，还要在管理费用账户上记增加 100 元。

复式记账法对每笔经济业务都在相互联系的两个或两个以上的账户中作双重记录，这不仅可以了解每一笔经济业务的来龙去脉，而且在把所有经济业务都相互联系地登记入账后，可以通过账户之间的相互关系进行核对检查，以确定账户记录是否正确。

与单式记账法（Single Entry Bookkeeping）相对比，复式记账法的特点表现在：不仅具有科学完整的账户体系，而且能够完整地反映经济业务的来龙去脉和变化的结果。

三、复式记账法的基本原理

1. 以会计等式作为记账基础

会计等式是将会计对象的内容即会计要素之间的相互关系，运用数学方程式的原理进行描述而形成的。它是客观存在的必然经济现象，同时也是资金运动规律的具体化。为了揭示资金运动的内在规律性，复式记账必须以会计等式作为其记账的基础。

2. 清晰地反映资金运动的来龙去脉

经济业务的发生必然要引起资金的增减变动，而这种变动势必导致会计等式中有两个要素或同一要素中至少两个项目发生等量变动。为反映这种等量变动关系，会计上就必须在来龙与去脉两个方面的账户中进行等额记录。复式记账法使有关会计科目之间形成了清晰的对应关系，能够完整地反映资金运动的来龙去脉，便于了解经济业务的内容，同时检查交易或事项是否合理合法。

3. 经济业务记录的结果应符合会计等式的影响类型

尽管企业发生的经济业务多种多样，但对会计等式的影响无外乎两种类型：一类是影响会计等式等号两边会计要素同时发生变化的经济业务。这类业务能够改变企业资金总额，使会计等式等号两边等额同增或等额同减。另一类是影响会计等式等号一边会计要素发生变化的经济业务，这类经济业务不会影响企业资金总额变动，是会计等式等号一边等额的增减。这就决定了会计上对第一类经济业务，应在等式等号两边的账户中等额记同增或同减；对第二类业务，应在等式等号一边的账户中等额记录有增有减。

四、复式记账法的种类

复式记账法，按照记账符号、记账规则、试算平衡方法的不同，可以分为增减记账法、收付记账法和借贷记账法。增减记账法是 20 世纪 60 年代我国商品流通企业广泛使用的一种复式记账法；收付记账法分为资金收付记账法、现金收付记账法和财产收付记账法三类，前两种方法曾经在我国行政事业单位、金融系统广泛使用。增减记账法和收付记账法目前已不再运用。借贷记账法是最早产生的复式记账法，也是当今世界各国通用的复式记账法。根据我国相关会计准则的规定，统一采用借贷记账法。

第四节 借贷记账法

一、借贷记账法概述

借贷记账法（Debit-Credit Bookkeeping）是以"借""贷"作为记账符号，按照"有借必有贷，借贷必相等"的规则，在两个或两个以上账户中全面地、互相联系地记录每笔经济业务的一种复式记账方法。我国 1993 年实施的基本会计准则明确规定，境内所有企业在进行会计核算时，都必须统一采用借贷记账法。《企业会计准则——基本准则》第十一条规定："企业应当采用借贷记账法记账。"

借贷记账法具有以下特点：

1. 以"借""贷"作为记账符号

"借""贷"最早具有其字面含义，同债权债务有关。但随着社会经济的不断发展，借贷记账法逐渐被推广应用，不仅应用到金融业，而且应用于工商业及其他行业，这样"借""贷"两字逐渐脱离了原有债权债务字面的含义，变成了纯粹的记账符号。作为纯粹记账符号的"借"和"贷"，应当理解为账户上两个对立的方向或部位，并且，只有联系账户的具体性质，才能了解这两个符号所代表的经济内容。需说明的是，就符号这一层面的意义而言，可以用任何两个字或符号来代替借和贷，其作用不会受到任何影响。

2. 以会计恒等式作为记账基础

借贷记账法以"资产＝负债+所有者权益"会计恒等式作为记账的理论依据，按照资金运动的客观规律来反映资金的增减变动，描述会计要素的运动过程。

3. 以"有借必有贷，借贷必相等"作为记账规则

借贷记账法对每项经济业务的记录，都按相等的金额，同时记入一个账户的借方和一个账户的贷方，或一个账户的借方和几个账户的贷方，或几个账户的借方和一个账户的贷方。由于"借""贷"是同时出现的记账符号，而且双方的金额又是相等的，这就形成了借贷记账法的"有借必有贷，借贷必相等"的记账规则。

二、借贷记账法的账户结构

在借贷记账法下，账户的基本结构是：左方为借方，右方为贷方。但哪一方登记增加、哪一方登记减少，则要根据账户反映的经济内容来确定。

（一）资产类账户的结构

按照会计等式建立的资产负债表，资产项目一般列在左边，为此，习惯上在资产账户的借方登记增加额，而在账户的贷方登记减少额。一般情况下，资产类账户的期末余额与其登记增加的方向是一致的，即余额在借方。其期末余额的计算公式如下：

资产类账户期末借方余额=期初借方余额+本期借方发生额−本期贷方发生额

资产类账户的简化结构如图3-2所示（其中×××表示金额，下同）。

借方	资产类账户	贷方	
期初余额	×××		
本期增加额	×××	本期减少额	×××
本期借方发生额	×××	本期贷方发生额	×××
期末余额	×××		

图3-2 资产类账户的简化结构

（二）负债和所有者权益类账户的结构

负债和所有者权益统称为权益，负债和所有者权益类账户也可以统称为权益账户。由于负债和所有者权益一般列示在资产负债表的右方，同时由"资产+费用=负债+所有者权益+收入"综合平衡式决定，负债和所有者权益类账户的结构与资产类账户的结构正好相反，其贷方登记增加额，借方登记减少额。负债和所有者权益类账户的余额一般在贷方。其期末余额的计算公式如下：

负债和所有者权益类账户期末贷方余额=期初贷方余额+本期贷方发生额−
本期借方发生额

负债和所有者权益类账户的简化结构如图3-3所示。

借方	负债和所有者权益类账户	贷方	
		期初余额	×××
本期减少额	×××	本期增加额	×××
本期借方发生额	×××	本期贷方发生额	×××
		期末余额	×××

图3-3 负债和所有者权益类账户的简化结构

（三）费用成本类账户的结构

企业在生产经营过程中所发生的各种耗费，大多由资产转化而来，所以费用成本在抵销收入之前，可将其视为一种特殊资产，同时由"资产+费用=负债+所有者权益+收入"综合平衡式决定，费用成本类账户的结构与资产类账户的结构基本相同，其借方登记费用成本的增加额，贷方登记费用成本的减少额或转销额。由于借方登记的增加额一般都要通过贷方转出，所以该类账户通常没有期末余额，如果因某种情况有余额，一般也表现为借方余额。

费用成本类账户的简化结构如图 3-4 所示。

借方	费用成本类账户	贷方
本期增加额 ×××		本期减少额或转销额 ×××
本期借方发生额 ×××		本期贷方发生额 ×××

图 3-4　费用成本类账户的简化结构

（四）收入和利润类账户的结构

由"资产+费用=负债+所有者权益+收入"综合平衡式决定，收入类账户的结构与负债和所有者权益类账户的结构基本相同，其贷方登记收入及利润的增加额，借方登记收入及利润的减少额或转销额。由于借方登记的增加额一般都要通过贷方转出，所以该类账户通常没有期末余额，如果因某种情况有余额，一般也表现为贷方余额，表示尚未转销的收入或利润。

收入和利润类账户的简化结构如图 3-5 所示。

借方	收入和利润类账户	贷方
本期减少额或转销额 ×××		本期增加额 ×××
本期借方发生额 ×××		本期贷方发生额 ×××

图 3-5　收入和利润类账户的简化结构

综上所述，可以将借贷记账法下各类账户的结构归纳为表 3-4 所示的内容。

表 3-4　各类账户的基本结构

账户类别	借方	贷方	余额方向
资产类	增加	减少	一般在借方
负债和所有者权益类	减少	增加	一般在贷方
费用成本类	增加	减少（转销）	一般无余额
收入和利润类	减少（转销）	增加	一般无余额

三、借贷记账法的记账规则

记账规则是指采用某种记账方法登记具体经济业务时应遵循的规律。借贷记账法的记账规则是"有借必有贷，借贷必相等"。借贷记账法的记账规则是根据以下两方面的原理来确定的：

第一，在借贷记账法下，按照复式记账的原理，任何经济业务都要以相等的金额在两个或两个以上相互联系的账户中进行记录。

第二，对每一项经济业务都应当作借贷相反的记录。具体来说，如果在一个账户中记借方，必须同时在另一个或几个账户中记贷方；或者在一个账户中记贷方，必须同时在另一个或几个账户中记借方。记入借方的金额总和必须与记入贷方的金额总和相等。

现以第二章所举例子，说明借贷记账法的记账规则。

【例3-1】7月3日，购入生产用机器一台，计30 000元，款项尚未支付。

这笔业务使得资产类要素中的"固定资产"和负债类要素中的"应付账款"发生变化，两类要素同时增加，应该登记在"固定资产"账户的借方，以及登记在"应付账款"账户的贷方，借贷金额相等。

【例3-2】7月5日，接受B投资者投资100 000元，存入银行。

这笔业务使得资产类要素中的"银行存款"和所有者权益类要素中的"实收资本"发生变化，两类要素同时增加，应该登记在"银行存款"账户的借方，以及登记在"实收资本"账户的贷方，借贷金额相等。

【例3-3】7月5日，以银行存款偿还短期借款40 000元。

这笔业务使得资产类要素中的"银行存款"和负债类要素中的"短期借款"发生变化，两类要素同时减少，应该登记在"短期借款"账户的借方，以及登记在"银行存款"账户的贷方，借贷金额相等。

【例3-4】7月15日，工厂根据有关规定，以银行存款退还投资者C的资本50 000元。

这笔业务使得资产类要素中的"银行存款"和所有者权益类要素中的"实收资本"发生变化，两类要素同时减少，应该登记在"实收资本"账户的借方，以及登记在"银行存款"账户的贷方，借贷金额相等。

【例3-5】7月16日，从银行提取现金3 000元，以备零星使用。

这笔业务使得资产类要素中的"银行存款"和"库存现金"发生变化，两类要素一增一减，应该登记在"库存现金"账户的借方，以及登记在"银行存款"账户的贷方，借贷金额相等。

【例3-6】7月20日，签发3个月的商业汇票12 000元，承兑后直接归还前欠购料款。

这笔业务使得负债类要素中的"应付账款"和"应付票据"发生变化，两类要素一增一减，应该登记在"应付账款"账户的借方，以及登记在"应付票据"账户的贷方，借贷金额相等。

【例3-7】7月22日，用资本公积20 000元转增资本金。

这笔业务使得所有者权益类要素中的"实收资本"和"资本公积"发生变化，两类要素一增一减，应该登记在"资本公积"账户的借方，以及登记在"实收资本"账户的贷方，借贷金额相等。

【例3-8】7月25日，投资者B委托甲工厂代为偿还一笔10 000元货款，作为对甲工厂投资的减少，有关手续已办妥，甲工厂尚未还款。

这笔业务使得所有者权益类要素中的"实收资本"和负债类要素中的"应付账款"发生变化,"实收资本"减少应该登记在借方,"应付账款"增加应该登记在贷方,借贷金额相等。

【例3-9】7月28日,投资者C代甲工厂偿还应付票据8 000元,作为对甲工厂的投资。

这笔业务使得负债类要素中的"应付票据"和所有者权益类要素中的"实收资本"发生变化,"应付票据"减少应该登记在借方,"实收资本"增加应该登记在贷方,借贷金额相等。

现举一例,说明借贷记账法在涉及两个以上账户中的具体应用。

某企业生产产品领用原材料25 000元,生产车间一般耗用原材料3 000元。

这笔业务使得成本类账户中的"生产成本""制造费用"和资产类账户中的"原材料"发生变化,"生产成本""制造费用"增加应该登记在借方,"原材料"减少应该登记在贷方。记入借方的金额与记入贷方的金额之和相等。

四、账户的对应关系和会计分录

（一）账户的对应关系和对应账户

采用借贷记账法处理经济业务时,总会使有关账户之间产生应借、应贷的关系。发生经济业务而使账户之间产生的应借、应贷的相互关系称为账户的对应关系。存在着对应关系的账户称为对应账户。在企业所设置账户确定的情况下,账户之间的对应关系,取决于所发生的经济业务的性质。反过来,通过账户对应关系,会计人员又可以了解每一笔经济业务的内容,从而清楚地反映出各会计要素具体项目增减变动的来龙去脉。

（二）会计分录

会计分录（Accounting Entry）是指标明某项经济业务应借、应贷账户的名称及其金额的记录。在实务工作中,这项工作是根据经济业务发生的原始凭证,在记账凭证上编制会计分录来完成的。

运用"借贷记账法"编制会计分录的步骤如下:

第一步,根据经济业务的内容,确定所涉及的账户名称及类别。

第二步,根据账户的性质,分析其变动引起的是增加还是减少,进而确定应借应贷的方向。

第三步,根据借贷记账法的记账规则,确定应记入每个账户的金额。

会计分录在编制过程中,应注意以下两点:

第一,应先记借方后记贷方,并且贷方记录不能写在借方记录的同一行上,即借项在上,贷项在下。

第二,借方科目及金额与贷方科目及金额的书写应错开位置,不可以写在同一栏。

兹就前面所列举的9笔经济业务,编制会计分录如下:

(1) 借:固定资产　　　　　　　　　　　　　　　30 000
　　　　贷:应付账款　　　　　　　　　　　　　　　　30 000
(2) 借:银行存款　　　　　　　　　　　　　　　100 000
　　　　贷:实收资本　　　　　　　　　　　　　　　　100 000

（3）借：短期借款   40 000
    贷：银行存款   40 000

（4）借：实收资本   50 000
    贷：银行存款   50 000

（5）借：库存现金   3 000
    贷：银行存款   3 000

（6）借：应付账款   12 000
    贷：应付票据   12 000

（7）借：资本公积   20 000
    贷：实收资本   20 000

（8）借：实收资本   10 000
    贷：应付账款   10 000

（9）借：应付票据   8 000
    贷：实收资本   8 000

  会计分录根据经济业务所涉及对应账户的多少，可分为简单会计分录和复合会计分录。简单会计分录是指一个账户的借方只与另一个账户的贷方发生对应关系的会计分录，即一借一贷的会计分录。前述第一笔至第九笔都是简单会计分录。复合会计分录是指一项经济业务涉及两个以上有对应关系账户的会计分录，即一借多贷、一贷多借或多借多贷的会计分录。

  比如，某企业生产产品领用原材料25 000元，生产车间一般耗用原材料3 000元。该笔经济业务的会计分录为：

借：生产成本   25 000
  制造费用   3 000
  贷：原材料   28 000

  在实际工作中，如果一项经济业务涉及多借多贷的账户，为全面反映此项经济业务，可以编制多借多贷的复合会计分录。但为了保持账户之间对应关系清楚，一般不宜将不同类型的经济业务合并在一起编制多借多贷的会计分录。

  现用第二章所举例子，分别记录期初余额、根据会计分录登记账户发生额以及结出各账户的本期发生额和期末余额（如图3-6至图3-16所示）。

借方		库存现金	贷方	
期初余额	6 000			
（5）	3 000			
本期借方发生额	3 000	本期贷方发生额		0
期末余额	9 000			

图3-6 库存现金账户

借方		银行存款	贷方	
期初余额	70 000			
（2）	100 000	（3）	40 000	
		（4）	50 000	
		（5）	3 000	
本期借方发生额	100 000	本期贷方发生额	93 000	
期末余额	77 000			

图 3-7　银行存款账户

借方		应收账款	贷方	
期初余额	10 000			
本期借方发生额	0	本期贷方发生额	0	
期末余额	10 000			

图 3-8　应收账款账户

借方		原材料	贷方	
期初余额	180 000			
本期借方发生额	0	本期贷方发生额	0	
期末余额	180 000			

图 3-9　原材料账户

借方		固定资产	贷方	
期初余额	450 000			
（1）	30 000			
本期借方发生额	30 000	本期贷方发生额	0	
期末余额	480 000			

图 3-10　固定资产账户

借方		无形资产	贷方	
期初余额	50 000			
本期借方发生额	0	本期贷方发生额		0
期末余额	50 000			

图 3-11　无形资产账户

借方		短期借款	贷方	
		期初余额		170 000
（3）	40 000			
本期借方发生额	40 000	本期贷方发生额		0
		期末余额		130 000

图 3-12　短期借款账户

借方		应付账款	贷方	
		期初余额		50 000
（6）	12 000	（1）		30 000
		（8）		10 000
本期借方发生额	12 000	本期贷方发生额		40 000
		期末余额		78 000

图 3-13　应付账款账户

借方		实收资本	贷方	
		期初余额		480 000
（4）	50 000	（2）		100 000
（8）	10 000	（7）		20 000
		（9）		8 000
本期借方发生额	60 000	本期贷方发生额		128 000
		期末余额		548 000

图 3-14　实收资本账户

借方		资本公积	贷方	
		期初余额	66 000	
（7）	20 000			
本期借方发生额	20 000	本期贷方发生额	0	
		期末余额	46 000	

图 3-15　资本公积账户

借方		应付票据	贷方	
（9）	8 000	（6）	12 000	
本期借方发生额	8 000	本期贷方发生额	12 000	
		期末余额	4 000	

图 3-16　应付票据账户

第五节　总分类账户和明细分类账户

一、总分类账户和明细分类账户的含义

企业经营管理所需要的会计核算资料是多方面的，不仅要求会计核算能够提供一些总括的指标，而且要求会计核算能够提供一些详细的指标。

总分类账户又称为总账账户，它是按总分类科目开设的账户，对总账科目的经济内容进行总括的核算，提供总括性指标。一般只使用货币计量单位反映经济业务。

明细分类账户又称为明细账户，它是按明细分类科目开设的账户，对总分类账的经济内容进行明细分类核算，提供具体而详细的核算资料。除采用货币计量单位反映经济业务外，还可以采用实物计量或劳动量计量单位进行详细反映，以满足经营管理的需要。

总分类账户和明细分类账户的关系是统驭与从属、控制与被控制的关系。总分类账户是所属明细分类账户的统驭账户、控制账户，对所属明细分类账户起统驭、控制作用；明细分类账户是总分类账户的从属账户、被控制账户，对其所隶属的总分类账户起补充、说明的作用。二者核算的内容相同，提供的资料互为补充。

二、总分类账户和明细分类账户的平行登记

总分类账户和明细分类账户的平行登记，是指经济业务发生后，根据会计凭证，既要登记有关的总分类账户，又要登记该总分类账所属的各有关明细分类账户。平行

登记的要点如下：

（1）同时期登记。每一项经济业务发生后，一方面记入有关总分类账户，另一方面记入其所属明细分类账户，并应在同一会计期间记入。在实际工作中，二者登记并非同一时间点，可以有先后，但根据会计核算的会计期间假设，必须是同一会计期间。

（2）同方向登记。每一项经济业务发生后，在总分类账户和明细分类账户进行登记时，其记账方向是相同的。即总分类账户如果记入借方，其所属的明细分类账户也需要记入借方；总分类账户如果记入贷方，其所属的明细分类账户也需要记入贷方。这是总分类账与其所属明细分类账都按借方、贷方和余额设专栏登记时的记账规则。

（3）同金额登记。每一项经济业务发生后，记入总分类账的金额必须与记入其所属明细分类账的金额之和相等。

经过平行登记以后，总账和明细账之间应该具有以下平衡关系：

总账的期初余额＝所属各明细账期初余额之和

总账的本期借方发生额＝所属各明细账本期借方发生额之和

总账的本期贷方发生额＝所属各明细账本期贷方发生额之和

总账的期末余额＝所属各明细账期末余额之和

在会计核算中，通常利用总分类账与所属明细分类账之间的上述关系，检查账簿记录的正确性。具体通过编制明细分类账的本期发生额和余额明细表，同其相应的总分类账户本期发生额和余额相互核对，以检查总分类账与其所属明细分类账记录的正确性。

三、总分类账户和明细分类账户平行登记举例

某企业 20×1 年 12 月 31 日，原材料总分类账户和明细分类账户的有关资料如下（不考虑增值税）：

原材料总分类账户期末借方余额 28 800 元，其所属明细分类账户余额如下：甲材料 1 600 千克，单价 10 元，金额 16 000 元；乙材料 800 件，单价 16 元，金额 12 800 元。

20×2 年 1 月份该企业发生的与原材料账户相关的部分经济业务如下：

（1）2 日，从光明工厂购入以下材料：甲材料 400 千克，单价 10 元，计 4 000 元；乙材料 1 000 件，单价 16 元，计 16 000 元。材料均已验收入库，货款未付。

（2）15 日，从北方工厂购入甲材料 600 千克，单价 10 元，计 6 000 元。材料已验收入库，货款已以银行存款支付。

（3）20 日，产品生产过程领用以下材料：甲材料 1 800 千克，单价 10 元，计 18 000 元；乙材料 1 200 件，单价 16 元，计 19 200 元。

根据上述月初余额和本月发生的经济业务，在原材料总分类账户及其所属明细分类账户中平行登记：

（1）在原材料总分类账户中先登记期初余额，同时在明细分类账中分别登记期初余额。

（2）将本期发生的经济业务登记在原材料总分类账中，同时以相同的方向在其所属的明细分类账中进行登记。

（3）月末对原材料总分类账及所属明细分类账进行结账，结出本期发生额和月末

余额，并进行核对。

具体登记过程如表 3-5 至表 3-8 所示。

表 3-5 总分类账

账户名称：原材料　　　　　　　　　　　　　　　　　　　　　　　　　　　　第　页

20×2年		凭证	摘要	借方	贷方	借或贷	余额
月	日						
1	1	略	期初余额			借	28 800
	2		购进材料	20 000		借	48 800
	15		购进材料	6 000		借	54 800
	20		生产领用材料		37 200	借	17 600
1	31		本月合计	26 000	37 200	借	17 600

表 3-6 原材料明细分类账

材料名称：甲材料

20×2年		凭证	摘要	收入			发出			结存		
月	日			数量/件	单价/元	金额/元	数量/件	单价/元	金额/元	数量/件	单价/元	金额/元
1	1	略	期初余额							1 600	10	16 000
	2		购进材料	400	10	4 000				2 000	10	20 000
	15		购进材料	600	10	6 000				2 600	10	26 000
	20		生产领用材料				1 800	10	18 000	800	10	8 000
1	31		本月合计	1 000	—	10 000	1 800	—	18 000	800	—	8 000

表 3-7 原材料明细分类账

材料名称：乙材料

20×2年		凭证	摘要	收入			发出			结存		
月	日			数量/件	单价/元	金额/元	数量/件	单价/元	金额/元	数量/件	单价/元	金额/元
1	1	略	期初余额							800	16	12 800
	2		购进材料	1 000	16	16 000				1 800	16	28 800
	20		生产领用材料				1 200	16	19 200	600	16	9 600
1	31		本月合计	1 000	—	16 000	1 200	—	19 200	600	—	9 600

表 3-8 原材料明细分类账本期发生额及余额明细表　　　　　　　　单位：元

账户	期初余额	本期发生额		期末余额
		借方	贷方	
原材料——甲	16 000	10 000	18 000	8 000
原材料——乙	12 800	16 000	19 200	9 600
合计（甲+乙）	28 800	26 000	37 200	17 600

第六节 会计循环

在每一个企业的任何一个会计期间内，都会有诸多经济业务需要由会计人员确认、计量、记录和报告。为了确保会计工作的顺利进行，必须对会计工作划分出若干程序和步骤，使会计工作按照既定的程序依次进行。所谓会计循环（Accounting Cycle），就是指在一定会计期间内依次完成会计工作的基本步骤。企业的会计循环过程一般可分为以下几个步骤：

一、分析经济业务，确定会计分录

经济业务发生后，会计人员通常根据审核无误的原始单据所记载的经济交易或事项进行分析判断，确定应记入账户的名称、方向以及金额，也就是确定会计分录。在会计实务工作中，确定会计分录，一般通过编制记账凭证来进行。

二、过账

过账（Posting）是指为各项经济业务编制会计凭证后，根据会计凭证所作的分录记入有关账户（包括总分类账户和明细分类账户）的过程。其目的是完整地反映会计要素的增减变动过程和结果。

三、试算平衡

（一）试算平衡的意义

为了保证一定时期内所发生的各项经济业务在过账中的正确性，可以在一定时期结束时，根据会计等式的基本原理，对账户记录进行试算平衡（Trial Balance）。所谓试算平衡，是指在期末对所有账户的发生额和余额进行汇总，以确定借贷是否相等，检查记账、过账中是否存在差错的方法。编制试算平衡表的目的是检查记账是否正确，为编制财务报表提供可靠的依据。

（二）试算平衡的种类和方法

1. 发生额试算平衡法

发生额试算平衡法的理论依据是借贷记账法的记账规则，即"有借必有贷，借贷必相等"。在借贷记账法下，借方与贷方必须相等的这种平衡关系不仅体现在每一笔会计分录中，而且也体现在全部账户的记录中。因此，一定时期内所有会计分录过账以后，全部账户的借方发生额合计与贷方发生额合计必然相等。这一平衡关系可以用来检查本期发生额记录是否正确。其公式如下：

全部账户本期借方发生额合计＝全部账户本期贷方发生额合计

将一定时期内各项经济业务全部登记入账以后，根据各类账户的本期发生额编制本期发生额试算平衡表，其格式如表3-9所示。

表 3-9　总分类账户本期发生额试算平衡表

年　月　　　　　　　　　　　　　　　　　　　　单位：元

账户名称	借方发生额	贷方发生额
合计		

2. 余额试算平衡法

余额试算平衡法的理论依据是会计恒等式，即"资产＝负债＋所有者权益"。在借贷记账法下，资产类账户的期末余额一般在借方，负债和所有者权益类账户的期末余额一般在贷方。因此，期末全部资产类账户借方余额合计与期末负债和所有者权益类账户贷方余额合计必然相等。当然，期初余额也存在这样的平衡关系。其公式如下：

全部账户期末借方余额合计＝全部账户期末贷方余额合计

全部账户期初借方余额合计＝全部账户期初贷方余额合计

将一定时期内各项经济业务全部登记入账，结算出其余额以后，根据各类账户的余额编制本期余额试算平衡表，其格式如表 3-10 所示。

表 3-10　总分类账户余额试算平衡表

年　月　日　　　　　　　　　　　　　　　　　　单位：元

账户名称	借方余额	贷方余额
合计		

在实务中，也可以将本期发生额试算平衡表和余额试算平衡表结合在一起，编制一张综合试算平衡表，其格式如表 3-11 所示。

表 3-11　总分类账户本期发生额和余额试算平衡表

年　月　日　　　　　　　　　　　　　　　　　　单位：元

账户名称	期初余额		本期发生额		期末余额	
	借方	贷方	借方	贷方	借方	贷方
合计						

试算平衡只是通过借贷金额是否平衡来检查账户记录是否正确的一种方法。经过试算平衡，如果期初余额、本期发生额和期末余额各栏的借方合计数与贷方合计数分别相等，则说明账户的记录基本正确，因为以下错误并不影响借贷双方的平衡：

（1）某项经济业务在有关账户中重复登记。

（2）某项经济业务在有关账户中遗漏登记。

（3）对某项经济业务错记账户。

（4）对某项经济业务应借应贷的账户互相颠倒。

（5）对某项经济业务，记入有关账户的借贷金额出现多记或少记相等的金额。

以上错误并不能通过试算平衡来发现。

如果查明了登账、结账的错误，必须按规定的方法及时更正。

但必须指出，记账结果即使满足上述试算平衡条件，也不能保证记账工作完全正确。下述几类错误，通过试算平衡是查找不出的：借贷方同时遗漏过账、借贷方同时重复过账、借贷方科目写错、颠倒借贷方向等。

现以本章第五节列示的各账户期初余额、本期借贷方发生额和期末余额，编制综合试算平衡表（见表3-12）。

表3-12 总分类账户本期发生额和余额试算平衡表

202×年7月31日 　　　　　　　　　　　　　　　　单位：元

账户名称	期初余额		本期发生额		期末余额	
	借方	贷方	借方	贷方	借方	贷方
库存现金	6 000		3 000		9 000	
银行存款	70 000		100 000	93 000	77 000	
应收账款	10 000				10 000	
原材料	180 000				180 000	
固定资产	450 000		30 000		480 000	
无形资产	50 000				50 000	
短期借款		170 000	40 000			130 000
应付账款		50 000	12 000	40 000		78 000
应付票据			8 000	12 000		4 000
实收资本		480 000	60 000	128 000		548 000
资本公积		66 000	20 000			46 000
合计	766 000	766 000	273 000	273 000	806 000	806 000

四、期末账项调整并予过账

按照权责发生制的要求，各个会计期间的损益是通过应属本期的收入和应属本期的费用进行配合比较计算的，但企业的某些经济业务不止影响一个会计期间，一些应属本期的收入和费用没有在日常记录中登记入账。因此，每当会计期末，结账和编制财务报表之前，都应进行账项的调整并予过账。

常见的期末账项调整项目有：

1. 应收应付项目

应收应付项目是指应计入本会计期间但尚未实际收到的各项收入和尚未实际支付的各项费用，如应收未收的利息收入、租金收入、应付利息、应付租金等。

2. 预收预付项目

预收预付项目是指已经收到或支付，但尚未实现的收入和尚未实际发生的费用。预收或预付的款项具有债务或债权性质，在会计上作为递延收入或递延费用处理，如预收租金、预付保险费、预付租金等。

3. 估计项目

企业的一些支出，往往能使许多会计期间受益。因此，会计期末，应该将属于本期受益的部分转入费用，即在本期摊销，以正确计算本期损益，如固定资产折旧、无形资产摊销、坏账损失的计提等。

五、结账

企业的生产经营活动是连续不断的，为了总结某一会计期间经济活动的情况，考核经营成果，需要定期结账。所谓结账（Closing Account），是指按照规定将一定时期内所发生的经济业务登记入账，并将各种账簿结算清楚的账务处理工作。

总分类账户又可以分为实账户和虚账户两种。实账户又称永久性账户，凡应列在资产负债表中的各账户都为实账户。实账户一般都有余额，表示资产、负债、所有者权益的实存价值，这类账户的期末余额应结转下期。

虚账户又称临时性账户，也就是利润表中各科目。虚账户在期末结账时，要将归集的收入与费用相配比，最终结转到所有者权益账户中去，使虚账户的期末余额为零。

六、编制财务报告

完成以上几个步骤以后，为了集中、概括地反映企业的财务状况和经营成果，需要编制财务报告（Financial Report）。基本财务报表包括资产负债表、利润表、现金流量表和所有者权益变动表。

资产负债表是反映企业某一时点财务状况的会计报表。它是根据"资产＝负债＋所有者权益"的会计等式，依照一定的分类标准和一定的次序，对企业一定日期的资产、负债和所有者权益项目予以适当安排，按一定的要求编制而成的。

利润表是反映企业在一定期间（如年度、季度或月度）内生产经营成果（或亏损）的会计报表。它一方面利用企业一定时期的收入、成本费用和税金数据，确定企业的利润；另一方面按照有关规定将实现的利润在有关利益相关者之间进行分配。

现金流量表是以收付实现制为基础编制的，反映企业一定会计期间内现金及现金等价物流入和流出信息的一张动态报表。现金流量表提供了反映企业财务变动情况的详细信息，为分析、研究企业的资金来源与资金运用情况提供了依据。

所有者权益变动表是反映企业一定期间（如年度、季度或月度）内，所有者权益的各组成部分当期增减变动情况的报表。在所有者权益变动表中，综合收益和与所有者（或股东）的资本交易导致的所有者权益的变动，应当分别列示。

【本章小结】

确定会计科目是进行会计核算的起点，常用的会计科目表一般分为资产类、负债类、所有者权益类、成本类、损益类等类别。会计科目和账户是两个既有区别又有联系的概念。会计科目只是会计要素的具体分类名称，没有具体的结构；账户是根据会计科目开设的，具有一定的结构。记账方法包括单式记账法和复式记账法。借贷记账法是常用的一种复式记账法。在借贷记账法下，账户的基本结构是：左方为借方，右方为贷方。但哪一方登记增加、哪一方登记减少，则要根据账户反映的经济内容来确定。会计分录是指标明某项经济业务应借、应贷账户的名称及其金额的记录，可分为简单会计分录和复合会计分录两种。总分类账户和明细分类账户平行登记的要点是同时期登记、同方向登记和同金额登记。试算平衡包括发生额试算平衡法和余额试算平衡法两类，它是用来检查账户记录是否正确的一种方法。

【阅读材料】

井尻雄士与三式记账法

井尻雄士是著名的美籍日裔会计学家和教育家，曾担任美国会计学会会长，并入选美国"会计名人堂"，是唯一四次获得美国注册会计师协会、美国会计学会联合颁发的会计教育突出贡献奖的会计教育家。1935 年，井尻雄士出生于日本神户一个平民家庭，年少时他就对数学感兴趣，21 岁时成为日本有史以来最年轻的注册会计师。大学毕业后，他曾到普华永道国际会计公司就职，但由于感到自身知识缺乏，于是毅然辞职到美国攻读博士学位，后在斯坦福大学、卡内基-梅隆大学任教。井尻雄士在会计教育方面成绩斐然。作为一名会计教师，他工作兢兢业业、诲人不倦，培养出众多杰出的会计人才，为会计知识的传播和发展做出了不可磨灭的贡献。在学术方面，井尻雄士以研究会计理论见长，关于会计计量理论与三式簿记理论的成果不仅是规范会计理论学派的重要理论之一，更是奠定了他在会计理论界的学术地位。他历经 25 年积极研究三式记账法，著有《三式簿记和收益动量》(1982)、《三式簿记结构》(1986)、《动量会计的三大假设》(1987)，向风行了 500 多年的复式记账法公然宣战，为会计记账法的发展提供了一种新模式，我国著名会计学家娄尔行在 20 世纪 80 年代将这三篇论文以《三式记账法的结构和原理》为名介绍给中国的读者。

资料来源：付丽，李琳. 新编基础会计学 [M]. 北京：清华大学出版社，北京交通大学出版社，2008：260.

第四章

制造企业主要经济业务核算与成本计算

【结构框架】

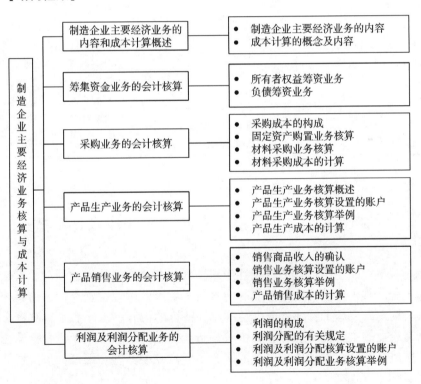

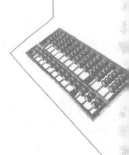

制造企业主要经济业务核算与成本计算	制造企业主要经济业务的内容和成本计算概述	• 制造企业主要经济业务的内容 • 成本计算的概念及内容
	筹集资金业务的会计核算	• 所有者权益筹资业务 • 负债筹资业务
	采购业务的会计核算	• 采购成本的构成 • 固定资产购置业务核算 • 材料采购业务核算 • 材料采购成本的计算
	产品生产业务的会计核算	• 产品生产业务核算概述 • 产品生产业务核算设置的账户 • 产品生产业务核算举例 • 产品生产成本的计算
	产品销售业务的会计核算	• 销售商品收入的确认 • 销售业务核算设置的账户 • 销售业务核算举例 • 产品销售成本的计算
	利润及利润分配业务的会计核算	• 利润的构成 • 利润分配的有关规定 • 利润及利润分配核算设置的账户 • 利润及利润分配业务核算举例

【学习目标】

　　本章主要以产品制造企业为例，说明如何运用账户和借贷记账法核算企业的主要经济业务和成本计算。通过本章的学习，学生需要在了解产品制造企业生产经营过程的基础上，理解并掌握筹集资金业务、采购业务、产品生产业务、产品销售业务和利润及利润分配业务的会计核算方法，掌握材料采购成本、产品生产成本以及产品销售成本的计算方法。

【课程思政】

知识点	思政元素挖掘	思政元素浅析	综合能力提升引导
制造企业主要经济业务的内容和成本计算	(1) 爱国、爱党情怀； (2) 制度自信； (3) 创新理念	(1) 我国从落后的农业大国演变为世界第一制造业大国，成为世界第二大经济体，这得益于改革开放政策； (2) 我国科技创新能力有待增强，某些核心技术受制于人，现代化国家制造企业的高质量发展离不开技术创新、合理的成本计算	(1) 培养学生要具有战略思维，着眼全局、开阔视野、抓住机遇； (2) 培养学生历史使命感和责任心
主要经济业务的会计核算	(1) 坚持诚信； (2) 守法奉公； (3) 坚持准则； (4) 守正创新	(1) 通过制造企业资金的循环过程实现产品的投入与产出过程，实现资金的积累； (2) 通过从公司注册资本认缴登记制给刚毕业的大学生等提供更好的创业机遇，"认缴制"不等于"认而不缴"，需要推动国家信用体制的建立和完善； (3) 通过流转税、所得税等"取之于民、用之于民、造福于民"的税收本质，使学生深刻体会到国家利益、集体利益、个体利益从根本上是一致的	(1) 注重日积月累，坚持不懈，每一份努力都不会被辜负； (2) 培养学生的价值创造能力； (3) 引导学生树立可持续发展的理念； (4) 培养学生的诚信、感恩、回馈的道德品质和职业素养，使学生树立正确的人生观、世界观、价值观

第一节 制造企业主要经济业务的内容和成本计算概述

制造企业是从事产品生产经营的营利性组织。其从事生产经营的过程就是发生各类经济业务的过程。其主要经济业务核算的内容与主要经营过程中资金的运动紧密相连，不可分割。因此，要想了解制造企业经济业务核算的内容，首先要了解其资金的循环过程。制造企业的主要经营过程主要由筹集资金、采购过程、生产过程、销售过程和利润分配构成。在经营过程中，企业的资金不断地变换其存在形态，形成资金的循环与周转（见图1-1）。

一、制造企业主要经济业务的内容

（一）筹集资金过程

企业必须拥有一定的资金，作为从事生产经营活动的物质基础。资金来源通常分为所有者权益筹资和负债筹资。所有者权益筹资（通常称为"权益资本"），包括投资者的投资及其增值，这部分资本的所有者既享有企业的经营收益，也承担企业的经营风险。负债筹资形成债权人的权益（通常称为"债务资本"），主要包括企业向债权人借入的资金和结算形成的负债资金等，这部分资本的所有者享有按合同或协议收回本金和利息的权利。

（二）采购过程

企业生产需要有劳动手段（如机器设备）和劳动对象（如各种材料）。在采购过程中，企业动用货币资金购买机器设备和各种生产所需材料，为生产建立储备，形成固定资产和原材料。这时货币资金就转化为固定资金和储备资金。

（三）生产过程

在生产过程中，生产工人借助劳动手段进行劳动，把劳动对象加工成产品。因此，生产过程既是产品的制造过程，又是物化劳动（劳动手段和劳动对象）和活劳动的消耗过程。从实物形态看，材料经过加工逐步形成在产品，进一步加工形成产成品。从价值形态看，生产中的耗费形成企业的生产费用，具体包括消耗的材料费用、耗费的人工费用、使用机器设备等发生的折旧费用等。这些生产费用构成产品的成本。随着生产费用的发生，固定资金、储备资金就转化为在产品存货和产成品存货。

（四）销售过程

销售过程主要是指从产品发出直到收回货款的过程。在销售过程中，企业售出产品：一方面发出产品，结转销售产品的成本；另一方面按销售价格确认收入，收回货款。因此，在销售过程中，企业的产成品存货又转回到最初的货币资金形态。这一过程能否顺利实现，对企业再生产过程的顺利进行是至关重要的。

（五）利润及利润分配

一般情况下，企业的产品销售价格只有大于产品的生产成本，企业才能获利，才能持续经营下去。因此，在营业周期结束，企业要根据获利的情况计算应缴纳的企业所得税；除此之外，还要按照《中华人民共和国公司法》（以下简称《公司法》）规定的程序进行利润分配。利润分配后，一部分资金退出企业，一部分资金以留存收益等形式继续参与企业的资金周转。

由于企业的经营活动是不间断进行的，因此，资金存在的形态也在周而复始地循环周转。由于会计的核算对象简单地说就是企业再生产过程中资金的运动，因此，下面主要结合产品制造企业的生产经营活动来介绍借贷记账法的具体运用。

二、成本计算的概念及内容

（一）成本计算的概念及意义

成本计算是对企业生产经营过程中发生的各种费用，按照各种不同的成本计算对象进行归集、分配，进而计算确定各成本计算对象总成本和单位成本的一种会计专门方法。

制造企业的生产经营过程主要包括采购、生产和销售三个阶段，与此相应，其成本计算也应包括材料采购成本、产品生产成本和产品销售成本三个方面。在采购业务核算中，材料采购成本的计算应以采购材料品种、类别为成本计算对象，归集、分配采购费用，并计算验收入库材料的总成本和单位成本；在生产业务核算中，产品生产成本的计算主要以产品的品种为成本计算对象[①]，归集、分配生产费用，进一步计算完

[①] 产品的成本计算对象与成本计算方法有直接关系，产品成本计算方法主要包括品种法、分批法和分步法。这在成本会计中有详细介绍，本章选用品种法。

工产品的总成本和单位成本；在销售业务核算中，需要计算已销售产品的销售成本。

通过成本计算，企业不仅可以核算和监督企业各项费用的消耗，正确确定成本补偿标准和损益，还可以与计划成本作比较，分析成本升降的原因，挖掘降低成本的潜力，有效控制各项费用支出，对不断改进成本管理工作，加强经营管理，提高经济效益具有重要意义。

（二）成本计算的基本程序

在制造企业，成本计算是一项比较复杂的工作，但大致遵循以下基本程序：

1. 确定成本计算对象

成本是对象化的费用，因此成本计算程序首先要确定成本计算对象。成本计算对象是费用的受益者，它是费用归集、分配的依据。材料采购成本的计算应以采购材料品种、类别为成本计算对象；生产成本的计算应以产品的品种为成本计算对象；销售成本的计算应以已经销售的产品为成本计算对象。

2. 确定成本项目

成本项目可以理解为费用的具体分类项目。对采购过程中发生的费用，可以分为买价、采购费用两个成本项目；对生产过程中发生的各项生产费用，可以按经济用途分为若干个不同的成本项目，一般可设置直接材料、燃料动力、直接人工和制造费用等项目。当然，成本项目不是固定不变的，企业可根据自身的生产特点进行增减，比如可以将"燃料动力"并入"直接材料"成本项目，企业产生废品较多的，可以增设"废品损失"等。对销售过程中发生的各项费用，产品销售成本是已销产品的生产成本。

3. 确定成本计算期

成本计算期是指成本计算的间隔期，即需要多长时间计算一次成本。材料采购成本的计算期是从材料采购开始至验收入库为止的时间，因此采购成本计算期应与采购周期保持一致。产品生产成本计算期的确定则相对复杂，取决于企业的生产特点和管理要求，与选择成本计算的方法有密切关系，有的与生产周期一致，有的与会计期间一致。产品销售成本计算期是产品销售实现的会计期间。产品销售实现的当月应确认销售收入；按照收入与成本配比的原则，产品销售实现的当月，也必须计算销售成本。

4. 归集与分配各种生产经营费用

成本计算应以成本计算对象来归集各项生产经营费用。费用的受益者只涉及一个成本计算对象的，称为直接费用，由该成本计算对象直接归集计入；费用的受益者涉及两个以上的，称为共同费用，则需要按照合理的标准在几个成本计算对象之间分配后计入。在会计实务中，归集费用主要是按成本计算对象设置的明细账进行。采购过程中的费用需要设置"在途物资明细账"或"材料采购明细账"进行归集。生产费用需要设置"生产成本明细账"进行归集。产品销售成本需要设置"库存商品明细账"进行归集。

5. 计算总成本和单位成本

成本计算期末，费用归集完毕，可以汇总计算出总成本，总成本除以实物量就可以计算出单位成本。某种材料的采购总成本为该材料的买价与分担的采购费用之和，该材料的总成本除以验收入库的数量就是单位采购成本。某种产品的生产总成本为该产品从投产至完工验收入库消耗的直接材料、直接人工和制造费用之和，该产品的总成本除以完工入库的产量就是单位生产成本。某种产品的销售总成本为已销产品的生产成本，其计算方法为该种产品的销售数量乘以该产品的单位生产成本。

第二节 筹集资金业务的会计核算

筹集资金活动，简称筹资，是导致企业所有者权益和负债构成发生变化的活动。企业通过一定的渠道筹集生产经营所需要的资金，是企业进行生产经营活动的前提条件。企业的筹资主要包括接受投资与向金融机构借款两个方面。

一、所有者权益筹资业务

（一）所有者投入资本的构成

《公司法》中，不论是有限责任公司，还是股份有限公司，均对设立企业规定了注册资本最低限额。《企业财务通则》也规定，企业可以接受投资者以货币资金、实物、无形资产等形式的出资。所有者投入资本按照投资主体的不同，可以分为国家资本、法人资本、个人资本和外商资本等。所有者投资所投入的资本主要包括实收资本（或股本）和资本公积。实收资本（或股本）是指企业的投资者按照企业章程、合同或协议的约定，实际投入企业的资本金以及按照有关规定由资本公积、盈余公积等转增资本的资金。资本公积是企业收到投资者投入的超出其在企业注册资本（或股本）中所占份额的投资。

（二）所有者权益筹资业务涉及的主要账户

1. "实收资本"账户

实收资本账户用来核算企业接受投资者投入的实收资本。股份有限公司可以将该账户改为"股本"账户。

该账户属于所有者权益类账户，其贷方登记投资者投入企业的资本，借方登记经批准减少的注册资本，该账户的期末余额在贷方，表示企业资本的实有数额。本账户一般按投资者设置明细账，进行明细分类核算。

我国目前实行的是注册资本认缴登记制度。投资者可以分期缴纳注册资本。在认缴期限结束之前，企业的实收资本账户的余额不等于工商营业执照注册资本的金额，只有全部注册资本认缴完毕后，企业的实收资本才与注册资本一致。收到投资者投入的超出其在企业注册资本（或股本）中所占份额的部分，限于法律的规定不能以"实收资本"入账，而是记入"资本公积"账户。

企业收到投资者出资超过其在注册资本或股本中所占份额的部分，作为资本溢价或股本溢价在"资本公积"账户核算。

2. "资本公积"账户

资本公积账户是用来核算企业收到投资者出资超过其在注册资本或股本中所占份额的部分以及其他资本公积等。资本公积包括资本溢价（或股本溢价）和其他资本公积。

该账户属于所有者权益类账户，其贷方登记资本溢价（或股本溢价）以及其他资本公积的增加，借方登记资本溢价（或股本溢价）以及其他资本公积的减少。该账户的余额在贷方，表示期末企业资本公积的数额。本账户应当分别"资本溢价"或"股本溢价""其他资本公积"进行明细核算。

除了上述两个账户外，还会涉及诸如"银行存款""固定资产""无形资产"等资产类的账户。由于这几个账户容易理解，故此处不作详细阐述。

（三）所有者权益筹资业务核算举例

【例4-1】202×年12月1日，M有限责任公司收到甲公司投入的货币资金50万元，存入银行。

分析：该业务表明M公司向甲公司筹集货币资金。甲公司投入货币资金，一方面会增加M公司的实收资本，记在"实收资本"账户的贷方；另一方面也会增加M公司的银行存款，记在"银行存款"账户的借方。其会计分录如下：

借：银行存款 500 000
　　贷：实收资本 500 000

【例4-2】202×年12月1日，M公司收到乙公司投入的一台设备，经协商确定以300 000元的价格作为投入资本。

分析：该业务表明M公司向乙公司筹集实物资金。乙公司投入机器设备，一方面会增加M公司的实收资本，记在"实收资本"账户的贷方；另一方面也会增加M公司的固定资产，记在"固定资产"账户的借方。其会计分录如下：

借：固定资产 300 000
　　贷：实收资本 300 000

【例4-3】202×年12月1日，M公司收到丙公司投入价值200 000元的专利权。

分析：该业务表明M公司向丙公司筹集资金。丙公司投入专利技术，一方面会增加M公司的实收资本，记在"实收资本"账户的贷方；另一方面也会增加M公司的无形资产，记在"无形资产"账户的借方。其会计分录如下：

借：无形资产 200 000
　　贷：实收资本 200 000

【例4-4】假设M公司成立三年后，因业务发展的需要，吸收丁公司投资，丁公司出资300 000元，认缴新增注册资本200 000元，出资款项已转入企业开户银行账户。

分析：该业务表明M公司向丁公司筹集资金。由于丁公司所投入资金为300 000元，而按注册资本相关规定，实收资本新增200 000元，超出部分即100 000元记入"资本公积"账户的贷方。其会计分录如下：

借：银行存款 300 000
　　贷：实收资本 200 000
　　　　资本公积 100 000

二、负债筹资业务

负债筹资是企业筹资常用的另一种方法，通常是向银行或其他金融机构等借入资金。根据期限的长短，借款可分为短期借款和长期借款。

短期借款是指企业为了满足其生产经营对资金的临时性需要向银行或其他金融机构等借入的期限在一年以内（含一年）的各种借款，属于流动负债。长期借款是指向银行或其他金融机构等借入的期限在一年以上（不含一年）的各种借款，属于长期负债。因此，在核算借款业务时，应该分别核算。

（一）负债筹资业务设置的主要账户

1. "短期借款"账户

短期借款账户核算企业向银行或其他金融机构等借入的期限在一年以下（含一年）的各种借款。

该账户是负债类账户，其贷方核算借入短期借款的本金，借方核算归还的短期借款；期末余额在贷方，反映企业尚未偿还的短期借款的本金。本账户应当按照借款单位和借款种类进行明细核算。

2. "长期借款"账户

长期借款账户核算企业向银行或其他金融机构等借入的期限在一年以上（不含一年）的各种借款。

该账户是负债类账户，其贷方核算借入长期借款的本金以及按合同约定到期还本付息计算的应付利息，借方核算归还的长期借款；期末余额在贷方，反映企业尚未偿还的长期借款。本账户应当按照借款单位和借款种类进行明细核算。

3. "应付利息"账户

应付利息账户核算企业按照借款合同约定应支付的利息，包括短期借款应支付的利息以及分次付息到期还本的长期借款应支付利息。

该账户是负债类账户，其贷方核算应支付的利息，借方核算归还的利息；期末余额在贷方，反映企业尚未偿还的借款的利息。本账户应当按照存款人或债权人进行明细核算。

4. "财务费用"账户

财务费用账户核算企业为筹集生产经营所需资金而发生的筹资费用，包括利息支出（减利息收入）、相关手续费、汇兑损益以及发生的现金折扣等。

该账户属于损益类账户，借方核算发生的各种财务费用，贷方核算实现的应冲减财务费用的利息收入、汇兑损益、现金折扣。期末，将本账户的余额结转至"本年利润"账户。结转后该账户无余额。本账户应当按照费用项目进行明细核算。

由于借入款项往往先存入开户行，偿还借款均动用银行存款，因此除了以上账户外，还会涉及"银行存款"账户。

（二）负债筹资业务核算举例

【例4-5】M公司因生产经营的临时性需要，202×年10月1日，向当地工商银行申请借入资金60万元，期限为3个月，202×年12月31日一次还本付息，合同约定年利率为6%，借入的款项已存入银行。

分析：该业务表明M公司向银行筹集资金。10月1日，借入本金60万元，反映短期借款增加60万元，记入短期借款账户的贷方，同时借入的款项存入银行会反映银行存款增加60万元。10月31日，根据权责发生制的要求，会计期末要把属于本期的短期借款利息记入当期财务费用的借方；同时要反映应支付的银行利息增加，记入应付利息的贷方，金额为600 000×6%÷12＝3 000元。11月30日和12月31日，均要重复期末计息的工作。3月1日偿还借款的本息时需支付银行存款609 000元。有关的会计分录如下：

10月1日借入短期借款时：

借：银行存款	600 000
贷：短期借款	600 000

10 月 31 日期末计息时：

借：财务费用	3 000
贷：应付利息	3 000

11 月 30 日期末计息时：

借：财务费用	3 000
贷：应付利息	3 000

12 月 31 日期末计息时：

借：财务费用	3 000
贷：应付利息	3 000

到期偿还本息时：

借：短期借款	600 000
应付利息	9 000
贷：银行存款	609 000

【例4-6】M 公司为发展业务，202×年 12 月 31 日从银行借入 3 年期的借款 300 万元，借款合同规定的利率为 8%，到期一次还本付息，借入的款项已存入银行。

分析：该业务表明 M 公司向银行筹集长期资金。12 月 31 日借入 300 万元，款项存入银行。一方面反映银行存款增加 300 万元，记在"银行存款"账户的借方；另一方面反映长期借款增加 300 万元，记在"长期借款"账户的贷方。按照权责发生制原则，每期的利息费用应该计入每个会计期间，因此，第一年的 12 月 31 日，要计算借款发生的利息费用，记在"财务费用"[①] 账户的借方，利息 = 300 万元×8% = 24 万元；同时，由于利息需要到期才偿还，因此属于长期负债，记在"长期借款"账户（注意不能记在"应付利息"账户，因为"应付利息"账户属于流动负债）的贷方。在接下来的两年年末，都要重复同样的工作。到期偿还本息时，通过银行存款来支付本息。其会计分录如下：

202×年 12 月 31 日，取得借款时：

借：银行存款	3 000 000
贷：长期借款	3 000 000

第一年年末，12 月 31 日计息时：

借：财务费用	240 000
贷：长期借款	240 000

第二年年末，12 月 31 日计息时：

借：财务费用	240 000
贷：长期借款	240 000

第三年年末，12 月 31 日计息时：

借：财务费用	240 000
贷：长期借款	240 000

---

① 是否计入财务费用，还要取决于长期借款的费用是否满足资本化的条件。若满足资本化，可能要记在"在建工程"等其他科目。具体做法在财务会计中详细阐述。

第三年年末还本付息时：

借：长期借款	3 720 000
贷：银行存款	3 720 000

第三节 采购业务的会计核算

一、采购成本的构成

（一）增值税相关知识

1. 增值税类型

增值税是以在销售货物、应税服务、无形资产以及不动产过程中产生的增值额作为计税依据而征收的一种流转税。增值税有三种类型，分别为生产型增值税、收入型增值税和消费型增值税。

（1）生产型增值税。

生产型增值税，是以纳税人的销售收入（或劳务收入）减去用于生产经营的外购原料、燃料、动力等物质资料价值后的余额作为法定的增值额，但对于购入的固定资产及其折旧均不扣除。在这种类型的增值税下，允许将购置物质资料的价值中所含的税款抵扣，但对于生产经营的固定资产价值中所含的税款不能抵扣，要计入固定资产的成本。它属于一种过渡性的增值税类型。它对资本有机构成低的行业、企业和劳动密集型生产有利，可以保证财政收入，但是对固定资产存在重复征税，不利于投资。我国从 1994 年到 2009 年，一直使用生产型增值税。

（2）收入型增值税。

收入型增值税，对于纳税人购置用于生产经营用的固定资产，允许将已计提的折旧的价值额予以扣除。由于这种类型的增值税要依据会计账簿中提取的固定资产折旧额来进行抵扣，不能很好地利用增值税专用发票的交叉稽核功能，具有一定的主观性和随意性，因此采用的国家较少，主要有阿根廷、摩洛哥等国家在使用。

（3）消费型增值税。

消费型增值税，允许将购置物质资料的价值和用于生产经营的固定资产价值中所含的税款，在购置当期全部一次扣除。最适宜采用规范的发票扣税法。消费型增值税是一种先进而规范的增值税类型，为欧洲共同体、许多发达国家和发展中国家所采用。

我国在 2009 年之前实行的是生产型增值税，自 2009 年 1 月 1 日起，全面实行消费型增值税。

2. 增值税的纳税人

在我国境内销售货物、应税服务、无形资产以及不动产的单位和个人，为增值税的纳税人。按经营规模的大小和会计核算是否健全等标准，纳税人分为一般纳税人和小规模纳税人，具体的认定要经过当地税务机关的批准。

3. 增值税税率

从 2016 年 5 月 1 日起，我国营业税改征增值税试点全面推开，一般纳税人增值税现行税率分为：13%、9%、6%和零税率四档。

我国一般纳税人的增值税实行扣税法。其特点是增值税进项税额可以抵扣销项税额。一般纳税人开具的增值税专用发票，售价金额、税额单独列示。对于销货方，在销售时按售价的一定比率向购买方收取税额（销项税额），在购买时按买价的一定比率向供应商支付税额（进项税额）。因此，纳税人实际缴纳的增值税为销项税扣除进项税的余额。

$$应纳增值税额=当期销项税额-当期进项税额$$

小规模纳税人实行简易办法征收增值税，开具增值税普通发票，并不得抵扣进项税额。其应纳税额计算公式如下：

$$应纳增值税额=销售额×征收率$$

小规模纳税人增值税的征收率目前为 3%，财政部和国家税务总局另有规定的除外。

（二）固定资产采购成本

固定资产采购成本是指企业构建某项固定资产达到预定可使用状态前所发生的一切合理、必要的支出。外购固定资产采购成本，包括买价款、相关税费、使固定资产达到预定可使用状态前发生的可归属于该项资产的运输费用、装卸费、安装费和专业人员的服务费等。

注意，对于一般纳税人，可以抵扣的增值税进项税额应单独记录，不计入固定资产采购成本。计入采购成本的相关税费主要包括消费税、进口关税等价内税。

（三）材料的采购成本

材料的采购成本是指企业材料从采购到入库前发生的全部合理的、必要的支出，由买价和采购费用构成。其中，买价是销售单位开出的发票金额。采购费用包括以下几项：

（1）运杂费。运杂费主要是指购销合同规定由购买方承担的从销货方运达企业仓库前所发生的包装、运输、装卸搬运、保险及仓储等费用。

（2）运输途中的合理损耗。在购入散装、易碎或易挥发的材料时，企业事先与供应单位、运输机构之间规定的一定幅度的损耗。超过此幅度，即为超定额损耗，或称不合理损耗。超定额的损耗不构成材料的采购成本，扣除责任人的赔偿后直接计入当期的管理费用。

（3）支付的各种税费，主要包括按照税法规定由买方支付的各种价内税费（如消费税、关税等）。增值税要视企业纳税人的类别来分别考虑：一般纳税人支付的增值税与价格是相分离的，是价外税，可以抵扣的增值税应单独列示为进项税额，不属于采购费用；小规模纳税人的增值税采取简易征收，增值税额不允许抵扣，属于采购费用，计入材料成本。

（4）入库前整理挑选的费用。这一费用包括整理挑选过程中发生的人工费及其他费用、必要的数量损耗（扣除收回下脚料）等支出。

（5）大宗材料的市内交通费。

（6）其他，即与采购材料有关的其他费用支出。

注意：对于企业采购部门或者材料仓库所发生的经常性费用、采购人员的差旅费、采购机构经费以及市内零星运杂费等，由于很难分清具体的受益对象，费用金额较小，根据重要性原则，这些费用则不计入材料采购成本，而是作为期间费用处理，计入管理费用。

二、固定资产购置业务核算

固定资产是指企业为生产商品、提供劳务、出租或经营管理而持有的使用寿命超过一个会计年度的各种有形资产。

固定资产同时具有以下特征：①属于一种有形资产；②为生产商品、提供劳务、出租或者经营管理而持有；③使用寿命超过一个会计年度。如企业的厂房等建筑物、机器设备、运输工具等。企业购置固定资产，应按取得时的成本入账。

（一）固定资产购置业务设置的主要账户

1. "固定资产"账户

固定资产账户核算企业持有的固定资产原价。

该账户属于资产类账户。其借方核算企业购入不需要安装的固定资产的取得成本，以及需要安装的固定资产在安装完毕达到可使用状态时转入本账户的总成本，贷方核算报废、转出等减少的固定资产的原价；账户的余额在借方，表示期末结存的固定资产的原价。本账户应当按照固定资产类别或项目进行明细核算。

2. "在建工程"账户

在建工程账户核算企业正在建设中的工程项目投资及完工情况的账户。

该账户属于资产类账户。其借方记录企业在建工程投资的增加，包括领用工程物资、发生有关工程人工费用等，贷方反映工程完工时，转入"固定资产"账户的价值；账户的余额在借方，表示尚未完工的在建工程。本账户应按工程项目进行明细核算。

3. "应交税费"账户

应交税费账户核算企业按照税法规定应缴纳的各种税费，包括增值税、消费税、城市维护建设税、所得税、教育费附加等。

该账户属于负债类账户。其贷方登记应缴纳的各种税费，借方登记可以抵扣或已缴纳的各种税费；期末贷方余额，反映尚未缴纳的税费；期末如为借方余额，反映企业多交或尚未抵扣的税费。

该账户应按税种设"应交增值税""应交消费税""应交城建税""应交所得税"等明细账户，进行明细核算。

其中，"应交税费——应交增值税"账户的借方反映企业购进货物或接受应税劳务支付的进项税额等；贷方反映企业销售货物或提供劳务应缴纳的销项税额等。企业应在应交增值税明细账内，设置"进项税额""销项税额"等专栏，并按照规定进行核算。

除了以上账户外，还可能涉及诸如"银行存款""应付账款""应付票据"等账户。

（二）固定资产购置业务核算举例

【例4-7】M公司购入一台不需要安装的设备，价值200 000元，所支付的增值税为26 000元；运输费用5 000元，支付的增值税为450元；保险费1 000元，支付的增值税为60元。全部款项已通过银行存款支付。

分析：该业务反映购入的、不需要安装的固定资产，直接记入固定资产的借方，金额为200 000+6 000=206 000元；支付的增值税进项税可以抵扣，金额为26 000+450+60=26 510元，记入应交税费——应交增值税账户的借方；全部款项232 510元用银行存款支付，记入银行存款的贷方。其会计分录如下：

　　借：固定资产　　　　　　　　　　　　　　　　　206 000
　　　　应交税费——应交增值税（进项税额）　　　　 26 510
　　　　　贷：银行存款　　　　　　　　　　　　　　　　　232 510

　　假设上例中 M 公司购入的设备需要安装，另支付安装费 4 000 元，增值税 240 元，通过银行存款支付。

　　分析：由于需要安装，因此，购入时根据取得成本 206 000 元，先记在"在建工程"账户的借方，支付的安装费 4 000 元也记在"在建工程"账户的借方，安装完毕，再把在建工程账户借方发生额从贷方结转到固定资产账户的借方，结转后在建工程账户余额为零。其会计分录如下：

　　借：在建工程　　　　　　　　　　　　　　　　　206 000
　　　　应交税费——应交增值税（进项税额）　　　　 26 510
　　　　　贷：银行存款　　　　　　　　　　　　　　　　　232 510
　　借：在建工程　　　　　　　　　　　　　　　　　　4 000
　　　　应交税费——应交增值税（进项税额）　　　　　　240
　　　　　贷：银行存款　　　　　　　　　　　　　　　　　　4 240
　　借：固定资产　　　　　　　　　　　　　　　　　210 000
　　　　　贷：在建工程　　　　　　　　　　　　　　　　　210 000

三、材料采购业务核算

　　材料是产品制造企业不可缺少的物质要素。材料的取得主要是外购。外购材料的实际采购成本主要由买价和采购费用构成，其中采购费用主要包括运输费、装卸费、保险费、运输途中的合理损耗以及入库前的挑选整理费等。

　　外购材料的成本首先反映在各类原始凭证上，主要涉及的原始凭证有采购发票、运输发票、材料入库单等。

　　（一）材料采购业务设置的主要账户

　　1. "在途物资"账户

　　在途物资账户用于归集材料采购过程中企业采用实际成本[①]进行日常核算，货款已结算尚未验收入库的在途材料的采购成本。

　　该账户属于资产类账户。其借方登记采购材料、商品的实际采购成本，贷方登记结转已经完成采购过程、验收入库的材料、商品的实际成本，余额在借方表示尚未入库[②]的在途物资的成本。采购过程全部结束后，该账户无余额。

　　由于企业的材料种类较多，为了具体计算每种材料的实际采购成本，在"在途物资"总账账户下，还应该按材料的类别设置明细账户。

　　2. "原材料"账户

　　原材料账户核算企业库存的各种材料实际成本，包括原料及主要材料、辅助材料、

────────────

　　① 若采用计划成本法进行日常核算，则设置"材料采购"账户，不在"在途物资"账户核算。计划成本法的有关业务核算在财务会计中介绍。
　　② 尚未入库物资包括未运达企业的在途材料、商品，也包括已运达企业但未验收入库的材料、商品。

外购半成品、包装材料、燃料等。

该账户属于资产类账户。其借方登记已经验收入库的材料的实际成本,贷方登记生产领用等发出材料的实际成本,期末余额在借方,表示库存材料的实际成本。

为了反映每种材料的收、发、存情况,在"原材料"总账账户下,还要按材料的保管地点和材料的类别、品种、规格等分别设置明细账进行核算。

3. "应交税费"账户

具体内容与购置固定资产设置的"应交税费"账户相同。

4. "应付账款"账户

应付账款账户是用来核算企业因购买材料、商品和接受劳务供应等经营活动而与供货单位发生的结算债务增减变动情况的账户。

该账户属于负债类账户。其贷方登记企业购入材料、商品等物资但尚未支付的货款,借方登记因偿还货款而减少的负债;该账户的期末余额一般在贷方,表示尚未归还的货款;如果在借方,反映企业期末预付账款余额。本账户应按不同的债权人设置明细账,进行明细核算。

5. "应付票据"账户

应付票据账户用于核算企业购买材料、商品和接受劳务供应等而开出、承兑的商业汇票(包括银行承兑汇票和商业承兑汇票)增减变动情况的账户。

该账户属于负债类账户。其贷方登记企业开出、承兑商业汇票的金额,借方登记支付汇票款的金额;该账户的期末余额在贷方,反映企业尚未到期的商业汇票的票面金额。本账户应按不同的债权人设置明细账,进行明细核算。

6. "预付账款"账户

预付账款账户用来核算企业因向供应单位预付购买材料等款项而与供应单位发生的结算业务。预付款项情况不多的,也可以不设置该账户,将预付的款项直接记入"应付账款"账户。

该账户属于资产类账户。其借方登记预付供应单位款项,贷方登记收到供应单位提供的产品和劳务;该账户期末余额正常在借方,反映企业预付的款项。本账户应按供货单位设置明细账,进行明细核算。

除此以外,还会涉及"库存现金""银行存款"账户。

(二)材料采购业务核算举例

【例4-8】202×年12月2日,M公司向F公司购入甲材料300吨,每吨1 000元,货款结算发票上列明价款300 000元,增值税率为13%,税额为39 000元,M公司向F公司开出了一张期限为3个月的银行承兑汇票,甲材料尚未到达该公司。

分析:由于甲材料尚未运达该公司,因此按实际的采购成本记在"在途物资"账户的借方,金额为300 000元,税额单独记在"应交税费——应交增值税(进项税额)"的借方,开出的3个月期限银行承兑汇票表明M公司目前承担了一种现时义务,3个月后须偿还F公司票据款339 000元,记在"应付票据"账户的贷方。其会计分录如下:

```
借:在途物资——甲材料                                      300 000
    应交税费——应交增值税(进项税额)                      39 000
  贷:应付票据——F公司                                          339 000
```

【例4-9】202×年12月5日，M公司采购的甲材料运达该公司，运输发票显示运费为20 000元，税额为1 800元；保险费为6 000元，税额为360元。款项通过银行存款支付。另外，材料在验收入库时，共发生装卸费等费用4 000元，税额为240元，款项通过库存现金支付。

分析：甲材料的采购费用要计入采购成本，采购成本为30 000元（20 000+6 000+4 000），记在"在途物资"账户的借方，可以抵扣的进项税额1 800+360+240＝2 400元，记入应交税费——应交增值税（进项税额）的借方，款项分别通过银行存款、库存现金支付，分别记在"银行存款""库存现金"账户的贷方。其会计分录如下：

借：在途物资——甲材料　　　　　　　　　　　　　　　　30 000
　应交税费——应交增值税（进项税额）　　　　　　　　 2 400
　　贷：银行存款　　　　　　　　　　　　　　　　　　　　28 160
　　　库存现金　　　　　　　　　　　　　　　　　　　　 4 240

【例4-10】202×年12月5日，甲材料验收入库，入库数量300吨，结转甲材料的采购成本。

分析：由于甲材料的采购过程已经结束，在途的材料验收入库后，成为库存的原材料，因此，为了随时掌握资金的形态，应结转材料的采购成本。在实务中，若采购比较频繁，为了简化核算，也可以在月末按采购材料的类别汇总一次进行结转。材料入库，一方面反映库存的原材料增加，记在"原材料"账户的借方；另一方面反映在途物资的减少，记在"在途物资"账户的贷方。其会计分录如下：

借：原材料——甲材料　　　　　　　　　　　　　　　　330 000
　　贷：在途物资——甲材料　　　　　　　　　　　　　　　330 000

【例4-11】202×年12月10日，M公司向Y企业购入乙材料500千克，每千克200元，发票价格为100 000元，增值税额为13 000元；购入丙材料1 000千克，每千克50元，发票价格为50 000元，增值税额为6 500元，货款及增值税尚未支付。乙、丙材料均到达该公司，两者发生的运输费用共计600元，增值税税额为54元，运费及增值税654元用现金支付。材料尚未验收入库。

分析：由于两种材料发生了共同运输费，不能直接得到各自的采购费用，因此需要分配计算各自所负担的运输费用。分配过程需要经过以下三个步骤：

第一，选择分配标准。分配标准的选择以合理为准，可以是材料的重量，可以是材料的体积，也可以是材料的价值，在实际工作中需要会计人员根据采购费用的构成情况进行选择判断。

第二，计算分配率。共同费用的分配率的计算公式如下：

$$分配率 = \frac{待分配的费用}{分配标准之和}$$

第三，计算每种材料负担的运输费。公式如下：

$$某材料负担的运输费 = 该材料的分配标准 \times 分配率$$

在本题中，假设选择材料的重量作为分配标准，则分配率 $= \dfrac{600}{500+1\,000} = 0.4$（元/千克），表示每千克材料负担的运输费为0.4元。

乙材料负担的运费＝500×0.4＝200（元）

丙材料负担的运费=1 000×0.4=400（元）

分配的过程及结果往往通过编制共同运输费用计算表来体现（如表4-1所示）。

表4-1 材料采购共同费用分配计算表

材料名称	分配标准/千克	分配率	分配金额/元
乙材料	500	0.4	200
丙材料	1 000	0.4	400
合计	1 500	—	600

根据共同费用分配计算表及购货发票的信息可知，

乙材料的采购成本=100 000+200=100 200（元）

丙材料的采购成本=50 000+400=50 400（元）

可以抵扣的进项税额=13 000+6 500+54=19 554（元）

其会计分录如下：

借：在途物资——乙材料   100 200

     ——丙材料   50 400

  应交税费——应交增值税（进项税额）   19 554

  贷：应付账款——Y企业   169 500

    库存现金   654

【例4-12】若乙、丙材料验收入库，结转乙、丙材料的实际采购成本。

分析：乙、丙材料采购结束，在途物资账户借方分别归集了实际的采购成本，验收入库时，要把归集的实际成本从"在途物资"账户的贷方转至"原材料"账户的借方。会计分录如下：

借：原材料——乙材料   100 200

    ——丙材料   50 400

  贷：在途物资——乙材料   100 200

    ——丙材料   50 400

四、材料采购成本的计算

材料采购成本的计算就是将采购过程中发生的材料买价和有关采购费用，按照采购材料的品种或类别进行归集，并计算出材料采购的总成本和单位成本。

材料采购成本的计算主要是通过登记"在途物资"（或"材料采购"）明细账进行的。在明细账中设置买价和采购费用专栏，材料的买价一般属于直接费用，应直接计入采购成本。采购费用若能直接确定成本计算对象的，就直接计入采购费用；若不能直接确定成本计算对象的，属于多种材料共同发生的采购费用，则需要选择合理的分配标准（材料的重量、体积、价值等），按照一定的比例分配计入各类材料的采购费用。

以下以采购业务核算举例中涉及的甲、乙、丙三种材料为例，说明材料采购成本的具体计算过程。

（1）设置甲、乙、丙三种材料的"在途物资"明细账（如表4-2、表4-3、表4-4所示）。

（2）在"在途物资"明细账中，分别登记甲、乙、丙材料的买价以及甲材料的运费。

（3）分配计算乙、丙材料共同的运费，分配计算表见表4-1，并登记乙、丙材料的运费。

表4-2　在途物资明细账

材料名称：甲材料　　　　　　　　　　　　　　　　　　　　　　　金额单位：元

202×年		凭证号数	摘要	借方			贷方	借/贷	余额
月	日			买价	采购费用	合计			
12	2		购入300吨	300 000		300 000		借	300 000
	5		支付运输费		30 000	30 000		借	330 000
	5		结转采购成本				330 000	平	0
12	31		本月合计	300 000	30 000	330 000	330 000	平	0

表4-3　在途物资明细账

材料名称：乙材料　　　　　　　　　　　　　　　　　　　　　　　金额单位：元

202×年		凭证号数	摘要	借方			贷方	借/贷	余额
月	日			买价	采购费用	合计			
12	10		购入500千克	100 000	200	100 200		借	100 200
	10		结转采购成本				100 200	平	0
12	31		本月合计	100 000	200	100 200	100 200	平	0

表4-4　在途物资明细账

材料名称：丙材料　　　　　　　　　　　　　　　　　　　　　　　金额单位：元

202×年		凭证号数	摘要	借方			贷方	借/贷	余额
月	日			买价	采购费用	合计			
12	10		购入1 000千克	50 000	400	50 400		借	50 400
	10		结转采购成本				50 400	平	0
12	31		本月合计	50 000	400	50 400	50 400	平	0

（4）编制材料采购成本计算表，计算材料的总成本和单位成本（如表4-5所示）。

表4-5　材料采购成本计算表

编制单位：M公司　　　　　　　　　　202×年12月　　　　　　　　　金额单位：元

成本项目	甲材料（300吨）		乙材料（500千克）		丙材料（1 000千克）	
	总成本	单位成本	总成本	单位成本	总成本	单位成本
买价	300 000	1 000	100 000	200	50 000	50
采购费用	30 000	100	200	0.4	400	0.4
成本合计	330 000	1 100	100 200	200.4	50 400	50.4

为了反映原材料的收入和发出明细情况，应设置"原材料"明细账（见表4-6、表4-7、表4-8），而总账和明细账要按照平行登记的原则进行登记，"在途物资""原材料"的总账用"T"形账户代替（见图4-1、图4-2），其他账户均省略。

表4-6 原材料明细账

材料名称：甲材料

202×年		凭证号数	摘 要	收 入			发 出			结 存		
月	日			数量/吨	单位成本/元	金额/元	数量/吨	单价/元	金额/元	数量/吨	单位成本/元	金额/元
12	1		期初余额							100	1 100	110 000
	5		购入	300	1 100	330 000				400	1 100	440 000
12	31		本月合计	300	1 100	330 000				400	1 100	440 000

表4-7 原材料明细账

材料名称：乙材料

202×年		凭证号数	摘 要	收 入			发 出			结 存		
月	日			数量/千克	单位成本/元	金额/元	数量/千克	单价/元	金额/元	数量/千克	单位成本/元	金额/元
12	1		期初余额							300	200	60 000
	10		购入	500	200.4	100 200				800	200.25	160 200
12	31		本月合计	500	200.4	100 200				800	200.25	160 200

表4-8 原材料明细账

材料名称：丙材料

202×年		凭证号数	摘 要	收 入			发 出			结 存		
月	日			数量/千克	单位成本/元	金额/元	数量/千克	单价/元	金额/元	数量/千克	单位成本/元	金额/元
12	1		期初余额							500	50.4	25 200
	10		购入	1 000	50.4	50 400				1 500	50.4	75 600
12	31		本月合计	1 000	50.4	50 400				1 500	50.4	75 600

借方	在途物资总账	贷方	
【例4-8】	300 000		
【例4-9】	30 000		
		【例4-10】	330 000
【例4-11】	150 600		
		【例4-12】	150 600
本期借方发生额	480 600	本期贷方发生额	480 600
期末余额	0		

图4-1 在途物资总账账户

借方	原材料总账		贷方
期初余额	195 200		
【例4-10】	330 000		
【例4-12】	150 600		
本期借方发生额	480 600	本期贷方发生额	0
期末余额	675 800		

图4-2 原材料总账账户

第四节 产品生产业务的会计核算

一、产品生产业务核算概述

产品生产成本的计算是指将企业生产过程中为制造产品所发生的各种费用按照成本计算对象进行归集和分配，以便计算各种产品的总成本和单位成本。产品生产是制造企业特有的环节，也是制造企业的中心环节。在生产过程中，一方面企业生产出产品，另一方面企业为生产这些产品要发生各种耗费。我们把在生产过程中发生的耗费称为生产费用，包括消耗的各种材料费用，支付给职工以及为职工支付的劳动报酬，机器设备、厂房等的折旧费用以及其他的支出等。生产费用对象化到各产品，就成为产品的生产成本（也称为制造成本）。当然，企业在生产经营过程中，行政部门等其他部门为了配合生产部门的工作，也会发生费用，但是这些费用不能直接或间接归于某种产品。

在生产过程中，最重要的会计核算是把生产过程中发生的应当计入产品成本的费用，以成本归集和分配的对象，运用一定的计算方法，计算出产品的总成本和单位成本。通过产品生产成本的计算，企业可以确定生产耗费的补偿尺度，用以考核生产经营管理水平，为正确计算产品成本打下基础。

（一）产品生产成本的构成

2014年1月1日起实施的《企业产品成本核算制度（试行）》中，将产品的成本定义为：企业在生产产品过程中所发生的材料费用、职工薪酬等，以及不能直接计入而按一定标准分配计入的各种间接费用。制造企业一般按照产品品种、批次订单或生产步骤等确定产品成本核算对象。企业应当根据生产经营特点和管理要求，按照成本的经济用途和生产要素内容相结合的原则或者成本性态等设置成本项目。

制造企业一般设置直接材料、燃料和动力、直接人工和制造费用等成本项目。

1. 直接材料

直接材料是指构成产品实体的原材料以及有助于产品形成的主要材料和辅助材料。

2. 燃料和动力

燃料和动力是指直接用于产品生产的燃料和动力。企业根据自身的特点，也可以将燃料和动力并入直接材料成本项目。

3. 直接人工

直接人工是指直接从事产品生产的工人的薪酬。职工薪酬主要包括工资、福利、社会保险、住房公积金等薪酬。

4. 制造费用

制造费用是指企业为生产产品和提供劳务而发生的各项间接费用，包括企业生产部门（如生产车间）发生的水电费、固定资产折旧、无形资产摊销、管理人员的薪酬、劳动保护费、国家规定的有关环保费用、季节性和修理期间的停工损失等。

以上四个成本项目中，一般认为直接材料、燃料和动力、直接人工属于直接费用，可以直接计入产品成本，制造费用则是多种产品共同负担的费用，属于间接费用，不能直接计入，需要按合理的分配标准分配计入各种产品的生产成本。

（二）产品生产成本的计算程序

企业根据成本计算对象设置"生产成本"明细账，按成本项目设置专栏，用以归集生产过程中发生的各项直接费用和通过分配结转的间接费用，并将各项耗费在完工产品与期末在产品之间进行分配，最后计算出完工产品的总成本及单位成本。产品成本计算应遵循以下程序：

1. 确定成本计算对象、成本项目、成本计算期

企业应当根据生产经营特点和管理要求，确定成本计算对象，归集成本费用，计算产品的生产成本。制造企业一般按照产品品种（品种法）、批次订单（分批法）或生产步骤（分步法）等确定产品成本核算对象。

2. 归集生产过程中发生的各项直接生产费用

在企业生产经营过程中，用于产品生产、构成产品实体的各种材料称为直接材料。对于直接用于某种产品生产的材料费用，应直接记入该产品生产成本明细账中的直接材料费用项目；对于多种产品共同耗用，应由这些产品共同负担的材料费用，应选择适当的标准在这些产品之间进行分配，按分担的金额记入相应的生产成本明细账中的直接材料项目。特别应注意，对于为提供产品生产条件等间接消耗的各种材料费用，如机物料的消耗，应先通过"制造费用"科目进行归集，期末再按照一定的标准分配记入有关产品成本。

直接人工是指直接参与产品生产的工人的薪酬，包括短期薪酬、离职后福利、辞退福利、其他长期薪酬。其中，短期薪酬具体包括职工的工资、奖金、津贴和补贴，职工福利费，医疗报销费，工商保险费和生育保险等社会保险费，住房公积金，工会经费和职工教育经费等。对于直接参与某种产品生产的工人的薪酬费用，应直接记入该产品生产成本明细账中的直接人工项目；对于多种产品的共同耗用，应由这些产品共同负担的薪酬，应选择适当的标准在这些产品之间进行分配，按分担的金额记入相应的生产成本明细账中的直接人工项目。特别应注意，对于不直接从事产品生产人员的薪酬，如车间管理人员的薪酬等，作为间接费用应先通过"制造费用"科目进行归集，期末再按照一定的标准分配记入有关产品成本。

3. 归集分配制造费用

制造费用属于多种产品耗用的间接费用，需要先通过制造费用账户归集全部间接费用，然后选择适当的分配标准，计算制造费用分配率，分别计算不同产品负担的间接费用。

分配过程需经过以下三个步骤：

第一，选择分配标准。分配标准常常选择生产工人工资、生产工人工时、机器工时等。在业务资料中提供了生产工时，因此可采用生产工时作为分配制造费用的标准。

第二，计算分配率。计算制造费用分配率的公式如下：

$$分配率 = \frac{制造费用总额}{分配标准之和}$$

第三，计算各产品分配的制造费用。

$$某产品分配的制造费用 = 该产品的分配标准 \times 分配率$$

4. 生产费用在完工产品与在产品之间进行分配

通过对材料费用、职工薪酬和制造费用的归集和分配，企业各月生产产品所发生的生产费用已记入"生产成本"账户中。完工产品生产成本与期末在产品生产成本的分配方法很多，如果月末某种产品全部完工，该种产品生产成本明细账所归集的费用总额，就是该种完工产品的总成本，用完工产品总成本除以该种产品的完工总产量即可计算出该种产品的单位成本。如果月末该种产品全部未完工，该种产品生产成本明细账所归集的费用总额就是该种产品在产品的总成本。

如果月末某种产品一部分完工，一部分尚未完工，此时归集在产品生产成本明细账中的费用总额还需要采取适当的分配方法在完工产品和期末在产品之间进行分配，在此基础上计算出完工产品的总成本和单位成本，可以通过"投入–产出"的原理来进行计算。

投入的主要是生产费用，包括前期投入和本期投入。其中，前期投入的费用在会计实务上表现为"期初在产品成本"，本期投入的费用主要是本期归集的生产费用，包括直接材料、直接人工和分配结转过来的制造费用。产出的主要是产成品和未完工在产品。投入与产出是相等的。因此，它们之间的关系满足如下等式：

期初在产品成本+本期生产费用=完工产品成本+期末在产品成本

完工产品成本=期初在产品成本+本期生产费用–期末在产品成本

若不考虑在产品，则

完工产品的成本=本期生产费用

产品单位成本=完工产品成本÷完工产量

5. 结转完工产品成本与月末在产品成本

（三）产品生产业务涉及的原始凭证

由于生产过程要消耗各类费用，因此生产业务涉及的原始凭证较多，主要有反映生产领用材料的领料单（领料汇总表）、计算职工薪酬的结算单（薪酬汇总表）、折旧计算表、各种支付凭证等。除此之外，为了配合分配费用工作，还需要在生产过程中记录一些数据，如产量资料、生产工时、机器工时资料等。

二、产品生产业务核算设置的账户

1. "生产成本"账户

生产成本账户核算企业进行工业性生产发生的各项生产成本。

该账户属于成本类账户。其借方登记生产过程中发生的直接成本（包括直接材料和直接人工）以及分配转入的间接成本（主要是指制造费用），贷方登记生产完工验收入库的产品成本；期末余额在借方，表示已投产尚未完工的在产品成本。该账户应按产品的种类，分别设置明细分类账，进行明细分类核算。

2."制造费用"账户

制造费用账户核算企业生产车间为生产产品或提供劳务而发生的各项间接费用。

该账户属于成本类账户。其借方登记生产车间发生的各项间接费用，如车间发生的机物料消耗、生产车间管理人员的薪酬、车间计提的固定资产折旧、车间支付的办公费和水电费以及季节性的停工损失等，贷方登记按照一定的标准分配结转至各产品负担的制造费用；该账户期末结转后一般没有余额。"制造费用"账户应按车间、部门和费用项目设置明细账，进行明细分类核算。

3."应付职工薪酬"账户

应付职工薪酬账户是核算企业根据有关规定应付给职工的各种薪酬①，包括工资、职工福利、社会保险、住房公积金、工会经费和职工教育经费等。

该账户属于负债类账户。其贷方登记根据薪酬结算汇总表应付给职工的各种薪酬，借方登记支付或发放的薪酬；余额在贷方，表示企业应付而未付的职工薪酬。本账户应当按照"工资""职工福利""社会保险费"等进行明细核算。

4."累计折旧"账户

累计折旧账户核算固定资产在使用过程中因磨损等原因而减少的价值。

该账户列在资产类账户下，是固定资产的调整账户。其贷方登记固定资产因磨损而减少的价值（在实务中是通过计提固定资产的折旧额来反映固定资产的价值的减少，固定资产账户本身始终反映原始价值），借方登记固定资产减少时应冲销的累计计提的折旧；期末余额在贷方，表示现有固定资产已计提的折旧额。本账户应当按照固定资产的类别或项目进行明细核算。

5."库存商品"账户

库存商品账户用来核算企业库存的各种产品的实际成本。

该账户属于资产类账户。其借方登记企业已经生产完工并验收入库的产成品的实际成本，贷方记录因销售等原因发出的产成品的实际成本；期末余额在借方，表示库存产成品的实际成本。"库存商品"账户应按产品品种设置明细分类账，进行明细分类核算。

6."管理费用"账户

管理费用账户用来核算企业为组织和管理生产经营所发生的管理费用，包括行政管理部门人员薪酬、公司经费、工会经费、董事会费、聘请中介机构费、咨询费、诉讼费、业务招待费、技术转让费、矿产资源补偿费、研究费用、排污费、企业筹建期开办费等（包括人员工资、培训费、差旅费、印刷费、注册登记费用，以及不计入固定资产成本的借款费用）。企业生产车间（部门）和行政管理部门等发生的固定资产修

---

① 在职工薪酬的构成中，职工福利主要用于职工卫生保健、生活等各种补贴，如供暖、降温补贴、生活困难补助、独生子女费用以及尚未分离企业的集体福利部门的人员工资等，可以按职工工资总额的一定比例先计提后用，也可以据实列支。对于计提的比例，单位可以根据以前年度的使用情况确定。社会保险费、住房公积金由企业和个人共同负担，其中，个人负担的部分在个人的工资中扣除，企业负担的部分按职工工资的一定比例先计提，然后再缴纳到指定账户，计提的比例由国务院和所在地政府确定。《中华人民共和国企业所得税法》规定，工会经费和职工教育经费分别按不超过工资等薪金总额的 2% 和 8% 进行计提。

理费用等后续支出，也在本账户核算。

该账户属于损益类账户。借方登记发生的各项管理费用，贷方登记期末转入"本年利润"账户的管理费用。期末结转后该账户无余额。本账户应当按照费用项目进行明细核算。

除了上述账户外，还可能涉及"库存现金""银行存款"等账户。

三、产品生产业务核算举例

（一）材料费用的归集与分配

在确认材料费用时，应根据领料单区分车间、部门和不同用途后，按照发出材料的成本，借记"生产成本""制造费用""管理费用"等账户，贷记"原材料"等账户。

【例4-13】M公司202×年12月，根据领料单编制材料发出汇总表（如表4-9所示）。

表4-9　材料发出汇总表　　　　　　　　金额单位：元

用途	甲材料		乙材料		丙材料		合计
	数量/吨	金额	数量/千克	金额	数量/千克	金额	
生产产品用：A产品	200	220 000	300	60 000			280 000
B产品	100	110 000					110 000
小计	300	330 000	300	60 000			390 000
车间一般耗用					500	25 200	25 200
行政管理部门耗用					300	15 120	15 120
合计	300	330 000	300	60 000	800	40 320	430 320

分析：材料发出汇总表显示，生产A产品需用甲、乙两种材料，合计为280 000元，生产B产品耗用甲材料110 000元，都是直接费用，记入"生产成本"账户的借方；车间一般耗用的丙材料是间接费用，记入"制造费用"账户的借方；行政管理部门耗用的材料费用属于期间费用，不构成产品的成本，记入"管理费用"账户的借方。材料总共消耗430 320元，反映原材料减少，记入"原材料"账户的贷方。其会计分录如下：

借：生产成本——A产品　　　　　　　　　　　　　　　280 000
　　　　　　——B产品　　　　　　　　　　　　　　　110 000
　　制造费用　　　　　　　　　　　　　　　　　　　　25 200
　　管理费用　　　　　　　　　　　　　　　　　　　　15 120
　　贷：原材料——甲材料　　　　　　　　　　　　　　330 000
　　　　　　　——乙材料　　　　　　　　　　　　　　60 000
　　　　　　　——丙材料　　　　　　　　　　　　　　40 320

（二）职工薪酬的归集与分配

职工薪酬是企业为获得职工提供的服务或解除劳动关系而给予的各种形式的报酬或补偿，具体包括短期薪酬、离职后福利、辞退福利和其他长期职工福利。

（1）应由生产产品、提供劳务负担的短期职工薪酬，计入产品成本或劳务成本。

其中，生产工人的短期职工薪酬属于生产成本，应借记"生产成本"账户，贷记"应付职工薪酬"账户；生产车间管理人员的短期薪酬属于间接费用，应借记"制造费用"账户，贷记"应付职工薪酬"账户。

当企业采用计件工资制时，生产工人的短期薪酬属于直接费用，应直接计入有关产品的成本。当企业采用计时工资制时，只生产一种产品的生产工人的短期薪酬也属于直接费用，应直接计入产品成本；同时生产多种产品的生产工人的短期薪酬，则需要按一定的标准（生产工时等）分配计入产品成本。

（2）应由在建工程、无形资产负担的短期职工薪酬，计入建造固定资产或无形资产成本。

（3）除上述两种情况以外的其他短期职工薪酬，应计入当期损益。企业行政管理部门人员和专设销售机构人员的短期职工薪酬均属于期间费用，分别借记"管理费用""销售费用"等账户，贷记"应付职工薪酬"账户。

【例4-14】202×年12月，M公司的职工薪酬计算汇总表如表4-10所示，假设按照工资总额的5%计提职工福利费，按工资总额的10%计算住房公积金。

表4-10 职工薪酬汇总表 单位：元

部门	工资	职工福利（5%）	住房公积金（10%）	合计
生产工人：A产品	120 000	6 000	12 000	138 000
B产品	90 000	4 500	9 000	103 500
小计	210 000	10 500	21 000	241 500
车间管理部门	20 000	1 000	2 000	23 000
行政管理部门	50 000	2 500	5 000	57 500
总计	280 000	14 000	28 000	322 000

分析：按照职工薪酬的构成，工资、职工福利、企业负担的住房公积金均要按职工所在的部门记入不同的成本费用项目。生产工人的薪酬直接计入产品的生产成本；车间管理人员的薪酬属于间接费用，先通过"制造费用"账户归集；行政管理部门的职工薪酬计入管理费用。其会计分录如下：

借：生产成本——A产品 120 000
　　　　——B产品 90 000
　　制造费用 20 000
　　管理费用 50 000
　　贷：应付职工薪酬——短期薪酬——工资 280 000
借：生产成本——A产品 6 000
　　　　——B产品 4 500
　　制造费用 1 000
　　管理费用 2 500
　　贷：应付职工薪酬——短期薪酬——职工福利 14 000
借：生产成本——A产品 12 000
　　　　——B产品 9 000

制造费用	2 000
管理费用	5 000
贷：应付职工薪酬——短期薪酬——住房公积金	28 000

以上的会计分录也可以合并为：

借：生产成本——A 产品	138 000
——B 产品	103 500
制造费用	23 000
管理费用	57 500
贷：应付职工薪酬——短期薪酬——工资	280 000
——短期薪酬——职工福利	14 000
——短期薪酬——住房公积金	28 000

【例 4-15】202×年 12 月 31 日，M 公司开出支票发放职工工资 280 000 元。

分析：这笔业务一方面使企业的银行存款减少，记入"银行存款"账户的贷方；另一方面企业对职工的负债也将减少，记入"应付职工薪酬"账户的借方。其会计分录如下：

借：应付职工薪酬	280 000
贷：银行存款	280 000

（三）制造费用的归集与分配

企业发生的制造费用，应当按照合理的分配标准按月分配计入各成本核算对象的生产成本。企业可以采取的分配标准包括机器工时、人工工时、计划分配率①等。企业发生制造费用时，借记"制造费用"账户，贷记"累计折旧""银行存款"等账户；结转或分配时，借记"生产成本"账户，贷记"制造费用"账户。

【例 4-16】202×年 12 月 31 日，M 公司计提折旧费共 8 000 元，其中，车间使用的固定资产计提的折旧为 6 000 元，行政管理部门使用的固定资产计提的折旧为 2 000 元。

分析：由于车间计提的折旧费是为生产产品耗用的间接费用，因此先记入"制造费用"账户的借方，而行政管理部门计提的折旧费不是为生产产品耗用的，属于期间费用，记入"管理费用"账户的借方，不计入产品成本；计提的折旧额 8 000 元，记入"累计折旧"账户的贷方，表示本期固定资产价值的减少。其会计分录如下：

借：制造费用	6 000
管理费用	2 000
贷：累计折旧	8 000

【例 4-17】202×年 12 月，M 公司收到供电部门的通知，支付本月电费共 3 540 元。其中，车间的电费共 1 800 元，行政管理部门的电费共 1 740 元，可抵扣的增值税进项税额 460.2 元，所有款项已通过银行支付。

分析：车间耗用的电费是为生产产品耗用的间接费用，先记入"制造费用"账户的借方；行政管理部门耗用的电费不是为生产产品耗用的，属于期间费用，直接记入"管理费用"账户的借方，可抵扣的增值税进项税额记入"应交税费——应交增值税

---

① 本教材不涉及计划分配率法，成本会计中会介绍该方法。

（进项税额）"账户的借方，款项通过银行存款支付，记入"银行存款"账户的贷方。其会计分录如下：

　　借：制造费用　　　　　　　　　　　　　　　　　　　　　　1 800
　　　　管理费用　　　　　　　　　　　　　　　　　　　　　　1 740
　　　　应交税费——应交增值税（进项税额）　　　　　　　　　460.2
　　　　贷：银行存款　　　　　　　　　　　　　　　　　　　　　　4 000.2

　　【例4-18】202×年12月31日，M公司用现金支付业务招待费1 000元，取得增值税普通发票，已用现金支付。

　　分析：业务招待费是为企业生产经营而发生的管理费用，记在"管理费用"账户的借方，款项用现金支付，记在"库存现金"账户的贷方。其会计分录如下：

　　借：管理费用　　　　　　　　　　　　　　　　　　　　　　1 000
　　　　贷：库存现金　　　　　　　　　　　　　　　　　　　　　　1 000

　　【例4-19】202×年12月31日，分配结转本月的制造费用，按照生产A、B产品的生产工时进行分配。假设A产品的生产工时为5 000工时，B产品的生产工时为3 000工时。

　　分析：根据上述业务，在生产过程中，共发生制造费用56 000元（25 200+23 000+6 000+1 800）。生产工时之和为8 000工时（5 000+3 000）。

$$分配率=\frac{56\ 000}{8\ 000}=7（元/工时）$$

　　A产品分配的制造费用=5 000×7=35 000（元）
　　B产品分配的制造费用=3 000×7=21 000（元）

　　可以通过编制制造费用分配表（如表4-11所示）来实现分配过程，作为记账的原始凭证。

表4-11　制造费用分配表

产品名称	分配标准/工时	分配率	分配金额/元
A产品	5 000	7	35 000
B产品	3 000	7	21 000
合计	8 000	—	56 000

　　其会计分录如下：
　　借：生产成本——A产品　　　　　　　　　　　　　　　　　35 000
　　　　　　　　　　——B产品　　　　　　　　　　　　　　　21 000
　　　　贷：制造费用　　　　　　　　　　　　　　　　　　　　　56 000

　　（四）完工产品成本的计算与结转

　　产品完工并验收入库时，借记"库存商品"账户，贷记"生产成本"账户。

　　【例4-20】202×年12月31日，M公司本期生产的A产品1 000件全部完工入库（假设A产品无期初和期末在产品）；B产品期初在产品的直接材料为9 000元，直接人工为8 000元，制造费用为1 500元，期末在产品的直接材料为4 000元，直接人工为

2 500 元，制造费用为 500 元，本期完工 800 件。结转完工入库的 A、B 产品的生产成本。

分析：在本例中 A 产品无期初和期末在产品，因此，A 产品的完工总成本 = 280 000+138 000+35 000=453 000 元。A 产品本期完工 1 000 件，可知 A 产品的单位生产成本为 453 000÷1 000 = 453 元。B 产品的成本计算如下：B 产品的直接材料 = 90 000+110 000−4 000 = 115 000 元，B 产品的直接人工 = 8 000+90 000+4 500+9 000−2 500 = 109 000 元，B 产品的制造费用 = 1 500+21 000−500 = 22 000 元。

B 产品的总成本 = 115 000+109 000+22 000 = 246 000 元。B 产品本期完工 800 件，可知 B 产品的单位成本为 246 000÷800 = 307.5 元。

会计分录如下：

借：库存商品——A 产品   453 000
　　　　——B 产品   246 000
　贷：生产成本——A 产品   453 000
　　　　　——B 产品   246 000

四、产品生产成本的计算

以下以产品生产成本核算举例中涉及的 A、B 两种产品为例，说明产品生产成本的具体计算过程。

（1）设置 A、B 产品的"生产成本"多栏式明细账（如表 4-12、表 4-13、表 4-14 所示），相关总账的登记用"T"形账户代替。

（2）在"生产成本"明细账中，分别登记 A、B 产品的材料费和职工薪酬。

（3）归集和分配制造费用，登记"制造费用"和"生产成本"明细账（如表 4-14 所示）。

表 4-12　生产成本明细账

产品名称：A 产品   单位：元

202×年		凭证号数	摘要	借方			合计
月	日			直接材料	直接人工	制造费用	
12	31		生产耗用材料	280 000			280 000
	31		分配工资费用		120 000		120 000
	31		计提福利费用		6 000		6 000
	31		计提社会保险费		12 000		12 000
	31		分配制造费用			35 000	35 000
	31		结转完工产品成本	280 000	138 000	35 000	453 000
12	31		期末在产品	0	0	0	0

表 4-13 生产成本明细账

产品名称：B 产品   单位：元

| 202×年 | | 凭证号数 | 摘 要 | 借方 | | | 合计 |
月	日			直接材料	直接人工	制造费用	
12	1		期初在产品成本	9 000	8 000	1 500	18 500
12	31		生产耗用材料	110 000			110 000
	31		分配工资费用		90 000		90 000
	31		计提福利费用		4 500		94 500
	31		计提社会保险		9 000		9 000
	31		分配制造费用			21 000	21 000
	31		结转完工产品成本	115 000	109 000	22 000	246 000
12	31		期末在产品成本	4 000	2 500	500	7 000

表 4-14 制造费用明细账   单位：元

| 202×年 | | 凭证号数 | 摘 要 | 借方 | | | | | 贷方 | 余额 |
月	日			材料费用	薪酬	折旧费	水电费	合计		
12	31		车间耗用	25 200				25 200		25 200
	31		分配人工费		23 000			23 000		48 200
	31		计提折旧费			6 000		6 000		54 200
	31		支付水电费				1 800	1 800		56 000
	31		结转制造费用						56 000	0
12	31		本月合计	25 200	23 000	6 000	1 800	56 000	56 000	0

（4）编制产品成本计算单，计算产品的总成本和单位成本（如表 4-15、表 4-16 所示）。

表 4-15 成本计算单

产品名称：A 产品   单位：元

项目	产量/件	直接材料	直接人工	制造费用	合计
期初在产品成本		0	0	0	0
本期生产费用		280 000	138 000	35 000	453 000
生产费用合计		280 000	138 000	35 000	453 000
期末在产品成本		0	0	0	0
完工 A 产品成本	1 000	280 000	138 000	35 000	453 000
A 产品单位成本		280	138	35	453

表 4-16　成本计算单

产品名称：B 产品 单位：元

项目	产量/件	直接材料	直接人工	制造费用	合计
期初在产品成本		9 000	8 000	1 500	18 500
本期生产费用		110 000	103 500	21 000	234 500
生产费用合计		119 000	111 500	22 500	
B 产品成本	800	115 000	109 000	22 000	246 000
期末在产品成本		4 000	2 500	500	7 000
乙产品单位成本		143.75	136.25	27.5	307.5

综上所述，制造费用与生产成本账户结转如图 4-3 所示。

制造费用

【例4-13】	25 200		
【例4-14】	23 000		
【例4-16】	6 000		
【例4-17】	1 800	【例4-19】	56 000
本期借方发生额	56 000	本期贷方发生额	56 000

生产成本

期初余额	18 500		
【例4-13】	390 000		
【例4-14】	241 500		
【例4-19】	56 000		
		【例4-20】	699 000
本期借方发生额	687 500	本期贷方发生额	699 000
期末余额	7 000		

图 4-3　制造费用与生产成本账户结转

第五节　产品销售业务的会计核算

销售过程是企业产品价值和利润得以实现的重要过程。在销售过程中，依据我国《企业会计准则——基本准则》中对收入、费用的概念界定和配比性原则，销售业务核算要求企业一方面按产品销售金额收取价款，确认商品的销售收入；另一方面要将库存商品交与客户，结转产品的销售成本，以便正确计算销售毛利。此外，在销售过程中还会发生如下费用，如包装费、广告费、销售人员薪酬、有关税金等。以上这些费用都应当从销售收入中得到补偿。在结算货款时，企业还应代国家收取增值税。因此在销售业务核算中，必须设置相应的账户来核算和监督销售收入的实现情况以及有关费用的发生情况，以便正确地核算利润。

一、产品销售收入的核算内容

收入是企业在日常活动中形成的，会导致所有者权益增加的、与所有者投入资本无关的经济利益的总流入。

《企业会计准则第 14 号——收入》（2017 修订）（以下简称为新收入准则）指出：企业确认收入的方式应当反映其向客户转让商品或提供服务的模式。收入的金额应当反映企业因转让商品或提供劳务而预期有权收取的对价金额。在本节，仅就制造企业转让商品阐述收入的确认与计量，以便制造企业如实反映其生产经营成果，准确核算企业实现的利润。

（一）收入确认的原则、条件

新收入准则规定：企业应当在履行了合同中的履约义务，即客户取得相关商品控制权时确认收入。判断客户是否取得相关商品控制权，应考虑企业同客户的合同是否同时满足下列五个条件：

（1）合同各方已批准合同并承诺履行各自的义务。

（2）该合同明确了合同各方与转让商品相关的权利和义务。

（3）该合同有明确的与转让商品相关的支付条款。

（4）该合同具有商业实质，即履行该合同将改变企业未来现金流量的风险、时间分布或金额。

（5）企业因向客户转让商品而有权取得的对价很可能收回。

（二）收入确认、计量的步骤

新收入准则收入确认和计量的基本步骤大致分为以下五步：

第一步，识别与客户订立的合同。

第二步，识别合同中的单项履约义务。

第三步，确定交易价格。

第四步，将交易价格分摊至各单项履约义务。

第五步，履行各单项履约义务时确认收入。

以上被称为"收入五步法模型"。其中，第一、二、五步与收入确认有关，第三、四步与收入计量有关。

需要说明的是，交易价格仅指企业因向客户销售商品预期有权收取的对价金额。企业代第三方收取的款项以及企业预期将退还给客户的款项，应作为负债进行核算，不应计入交易价格。

在本节后续的举例中，仅介绍简单情形。假设合同仅有一项销售商品履约义务且不存在预期将退还给客户的款项，企业代第三方收取的款项，仅考虑进行货款结算时代国家收取的增值税，因此，不需要经过第四步分摊交易价格，直接在客户取得商品控制权时确认收入。其他合同存在复杂情形的，在后续的中级财务会计课程中进行详细阐述。

（三）收入确认的时间

新收入准则规定，收入确认的时间分为：①某段时间内分期确认收入；②某一时点确认收入。满足以下条件之一的，属于在某一时段内履行履约义务，需要在某段时间内分期确认收入；否则，属于在某一时点履行履约义务，需要在客户取得商品控制权时确认收入。

企业的经营活动按其经营的主次，分为主营业务和兼营业务。因此，收入亦可以进一步分为主营业务实现的收入和兼营业务实现的收入。对于制造企业而言，销售其生产的产品实现的收入应确认为主营业务收入，销售生产用的原材料、出租固定资产等实现的收入应确认为其他业务收入。

二、销售业务核算设置的账户

1．"主营业务收入"账户

主营业务收入账户是用来核算企业销售商品或提供劳务等销售业务活动所取得的收入。

该账户属于损益类账户。其贷方登记企业销售商品或提供劳务取得的主营业务收入，借方登记企业发生的销售退回和期末结转到"本年利润"账户的营业收入额（按净额结转）；该账户期末结转后没有余额。本账户应当按照主营业务的种类进行明细核算。

2．"其他业务收入"账户

其他业务收入账户用来核算企业确认的除主营业务活动以外的其他经营活动实现的收入，包括出租固定资产、出租无形资产、出租包装物和商品、销售材料等实现的收入。

该账户属于损益类账户。其贷方登记实现的其他业务收入，借方登记期末结转"本年利润"账户的金额；结转后本账户应无余额。本账户应当按照其他业务收入的种类进行明细核算。

3．"应收账款"账户

应收账款账户用来核算企业因销售业务应向购买单位收取货款的结算情况。

该账户属于资产类账户。其借方登记由于销售业务而发生的应收货款，贷方登记已经收回的应收货款；期末借方余额，表示尚未收回的应收货款。该账户应按债务单位设置明细账户，进行明细分类核算。

4．"应收票据"账户

应收票据账户用来核算企业采用商业汇票（商业承兑汇票或银行承兑汇票）结算方式销售商品等而与购货单位发生的结算情况。

该账户属于资产类账户。其借方登记企业收到对方承兑的汇票金额，贷方登记对方偿还的票据款；期末如有余额，在借方，表示尚未到期的应收票据款。本账户应当按照开出承兑商业汇票的单位进行明细核算。

5．"预收账款"账户

预收账款账户用来核算企业按照合同规定预收的款项。预收情况不多的，也可以不用设置本账户，将预收的款项直接记入"应收账款"账户。

该账户属于负债类账户。其贷方登记企业向购货单位预收的款项，借方登记销售实现时按实现的收入转销的预收款项等。期末余额在贷方，反映企业预收的款项；期末余额在借方，反映企业尚未收取的款项。该账户应按购买单位名称设置明细账户，进行明细分类核算。

6."主营业务成本"账户

主营业务成本账户是用来核算企业确认销售商品或提供劳务等主营业务收入时应结转的相关成本。

该账户属于损益类账户。其借方登记企业发生的已销商品或劳务的实际成本，贷方登记企业发生销售退回和期末结转到"本年利润"账户的成本；该账户期末结转后无余额。本账户应当按照主营业务的种类进行明细核算。

7."其他业务成本"账户

其他业务成本账户用来核算企业确认的除主营业务活动以外的其他经营活动所发生的支出，包括销售材料的成本、出租固定资产的折旧额、出租无形资产的摊销额、出租包装物的成本或摊销额等。

该账户属于损益类账户。其借方登记发生的其他业务成本，贷方登记期末结转到"本年利润"账户的金额；结转后本账户无余额。本账户应当按照其他业务成本的种类进行明细核算。

8."税金及附加"账户

税金及附加账户是用来核算企业经营活动发生的消费税①、资源税②、城市维护建设税（简称"城建税"）、教育费附加③及房产税、车船税、土地使用税、印花税等相关税费。

该账户属于损益类账户。其借方登记企业按规定计算确定与经营活动相关的税费，贷方登记期末结转到"本年利润"账户的数额；期末结转后本账户应无余额。

9."销售费用"账户

销售费用账户用来核算企业销售过程中发生的各种费用，包括保险费、包装费、展览费和广告费、商品维修费、预计产品质量保证损失、运输费、装卸费等以及为销售本企业商品而专设的销售机构的职工薪酬、业务费、折旧费等经营费用。

该账户属于损益类账户。其借方登记企业在销售商品过程中发生的各种经营费用，贷方登记期末结转到"本年利润"账户的数额；结转后本账户无余额。本账户应当按照费用项目进行明细核算。

三、销售业务核算举例

【例4-21】202×年12月10日，M公司向S公司销售A产品200件，销售单价为800元，产品已发出，开出增值税专用发票，价款160 000元，增值税20 800元，收到

---

① 消费税主要是对烟、酒、化妆品、贵重首饰及珠宝玉石、鞭炮焰火、成品油、汽车轮胎、摩托车、小汽车、高尔夫球及球具、高档手表、游艇、木制一次性筷子和实木地板征收的一种税。不同的税目使用不同的税率。

② 资源税主要是对应税资产的矿产品和盐征收的一种税。

③ 城市维护建设税是国家为加强城市的维护建设，扩大和稳定建设资金的来源而征收的一种税。教育费附加是为加快地方教育事业发展，增加地方教育经费而征收的一项专业基金。二者都具有附加性质，都是依据企业实际缴纳的增值税和消费税两税之和的一定比例计算的。其中，城建税为两税之和的7%（市区），教育费附加为两税之和的3%，地方教育附加为两税之和的2%。

对方签发并承兑期限为 3 个月的银行承兑汇票一张。

分析：由于产品已发出，并收到对方签发并承兑的银行承兑汇票，因此符合收入确认的条件，应记入"主营业务收入"账户的贷方，金额为 160 000 元，增值税是销售时收取的销项税额，意味着应交税费的增加，记入"应交税费——应交增值税"账户的贷方，金额为 20 800 元，收到的银行承兑汇票反映企业到期收取票款的权利，此时在"应收票据"账户核算。其会计分录如下：

借：应收票据   180 800
  贷：主营业务收入——A 产品   160 000
    应交税费——应交增值税（销项税额） 20 800

【例 4-22】202×年 12 月 15 日，M 公司为销售 A 产品支付运输费用 3 400 元，增值税 306 元已通过银行存款支付。

分析：为销售产品发生的运费，若由销售方负担，应记入"销售费用"账户的借方；若由购货方负担，销售方只是代垫运费，对销货方来说应收回这部分，反映在"应收账款"账户的借方。本题中没有说运输费用是为购货方代垫的，因此，应由销货方负担。其会计分录如下：

借：销售费用   3 400
  应交税费——应交增值税（进项税额） 306
  贷：银行存款   3 706

【例 4-23】202×年 12 月 15 日，M 公司结转 A 产品的销售成本，A 产品的单位生产成本为 453 元。

分析：由于 A 产品已发出，一方面要反映库存商品的减少，记入"库存商品"账户的贷方；另一方面要确认发生的销售成本，金额为 200×453＝90 600 元，记入"主营业务成本"账户的借方。其会计分录如下：

借：主营业务成本——A 产品   90 600
  贷：库存商品——A 产品   90 600

【例 4-24】202×年 12 月 18 日，M 公司向 T 公司预收 A 产品销货款 320 000 元，款项已通过银行转账。

分析：由于向 T 公司预收 A 产品销货款，在权责发生制下，不确认为收入，应反映在"预收账款"账户的贷方，同时反映银行存款的增加，记入"银行存款"账户的借方。会计分录如下：

借：银行存款   320 000
  贷：预收账款——T 公司   320 000

【例 4-25】202×年 12 月 20 日，M 公司销售丙材料 100 千克，每千克 60 元，增值税率 13%，材料已经发出，价款和增值税均已收到，存入银行。

分析：由于销售的丙材料已发出，并收到货款，符合收入确认的条件，应确认为其他业务收入，记在贷方，同时反映银行存款增加，记在银行存款账户的借方。同时，丙材料发出，要结转发出材料的成本，在采购业务中，从丙材料的材料明细账可知，丙材料的单位成本为 50.4 元，因此结转发出材料的成本为 50.4×100＝5 040 元，记入"其他业务成本"账户的借方，同时反映原材料减少，记入"原材料"账户的贷方。其会计分录如下：

确认收入时：

借：银行存款   6 780

 贷：其他业务收入   6 000

   应交税费——应交增值税（销项税额） 780

结转成本时：

借：其他业务成本   5 040

 贷：原材料——丙材料   5 040

【例4-26】202×年12月29日，M公司向T公司发出A产品400件，单价800元，并开具增值税专用发票，发票上列明价款为320 000元，增值税为41 600元。

分析：由于产品已发出，发票已开具，符合收入确认条件，应记入"主营业务收入"账户的贷方，金额为320 000元，增值税记入"应交税费——应交增值税"账户的贷方，金额为41 600元，款项已经预收，因此在发货后预收账款减少，记入"预收账款"账户的借方，金额为361 600元。

这里注意，向T公司销售的A产品价税合计为361 600元，预收货款320 000元，M公司应再向T公司收取41 600元税款。但是，由于对T公司的货款结算已经设置了"预收账款"明细账户，所以，就不必对T公司再设置"应收账款"明细账户了，"预收账款"明细账户如果出现非正常余额即借方余额，就表示应收的款项。本业务的发生使得预收账款出现借方余额41 600元，表示应向T公司收取41 600元。

借：预收账款——T公司   361 600

 贷：主营业务收入——A产品   320 000

   应交税费——应交增值税（销项税额） 41 600

【例4-27】202×年12月29日，结转发出A产品的成本，金额为181 200元。

分析：由于A产品已发出，要一方面反映库存商品的减少，记入"库存商品"账户的贷方，另一方面要确认发生的销售成本，金额为400×453＝181 200元，记入"主营业务成本"账户的借方。其会计分录如下：

借：主营业务成本——A产品   181 200

 贷：库存商品——A产品   181 200

【例4-28】202×年12月31日，M公司收到银行通知，T公司补付购买A产品的货款41 600元。

分析：由于例4-25发生后，应向T公司收取41 600元，现在银行通知收账，应反映银行存款增加，记入"银行存款"账户的借方，同时，在贷方冲销"预收账款"账户的余额。其会计分录如下：

借：银行存款   41 600

 贷：预收账款——T公司   41 600

【例4-29】假设M公司生产的A产品是应税的消费品，适用的消费税税率为5%，期末计算A产品本期应交的消费税。

分析：消费税是先计算，后缴纳。本期应交的消费税为（160 000+320 000）×5%＝24 000元，记入"税金及附加"账户的借方；由于纳税义务已经发生，但是尚未缴纳，因此反映应交的税费增加，记入"应交税费"账户的贷方。其会计分录如下：

借：税金及附加　　　　　　　　　　　　　　　　　　　　　　24 000
　　　贷：应交税费——应交消费税　　　　　　　　　　　　　　　　24 000

【例4-30】M公司期末计算本月应交的城市维护建设税为1 680元，教育费附加为720元。（假定不考虑应缴增值税为基础计算的税金及附加）

分析：城市维护建设税和教育费附加都具有附加性质，先计算后缴纳，都记在"税金及附加"账户的借方，同时反映应交税费增加，记在"应交税费"账户的贷方。

业务会计分录如下：

借：税金及附加　　　　　　　　　　　　　　　　　　　　　　2 400
　　　贷：应交税费——应交城建税　　　　　　　　　　　　　　　　1 680
　　　　　　　　——应交教育费附加　　　　　　　　　　　　　　　720

四、产品销售成本的计算

（一）产品销售成本的计算

产品销售成本是已经销售产品的生产成本。根据会计的配比性原则，在本期实现销售确认的销售收入与本期结转的销售成本要配比。产品销售成本是将已销售产品的数量乘以已销售产品的单位生产成本计算得出的。产品的销售成本计算可以在每次销售完成后随时计算结转，若产品销售频繁，也可以在会计期末汇总计算结转。销售数量可以根据产品的销售出库情况期末汇总确定，销售产品单位生产成本的确定则取决于已销售产品是哪个会计期间生产的产品，不同期间生产的产品单位成本可能不同，因此单位生产成本可以采用先进先出法、综合加权平均法、移动加权平均法、个别认定法[①]等方法来确定。

（二）产品销售成本计算举例

假定G公司202×年11月份与产品有关的销售业务如下：

（1）11月8日，销售甲产品10件，每件售价620元。

（2）11月25日，本期完工的甲产品100件，总成本36 800元，验收入库。

（3）11月27日，本期生产的乙产品200件，总成本48 200元，验收入库。

（4）11月28日，销售甲产品70件，每件售价600元；销售乙产品50件，每件售价400元。

（5）11月29日，销售乙产品120件，每件售价380元。

假定甲、乙产品期初均有库存商品，具体资料见表4-17、表4-18。

要求：计算本期产品的销售成本。

假定G公司选择综合加权平均法计算单位成本，销售成本的计算过程如下：

首先，根据甲、乙产品的发出、入库情况，登记库存商品明细账相关信息。

其次，月末汇总收入的数量、金额，计算综合加权平均单位成本。

$$综合加权平均单位成本 = \frac{期初结存金额 + 本期收入金额}{期初结存数量 + 本期收入数量}$$

甲产品加权平均单位成本 = （7 000 + 36 800）÷（20 + 100）= 365（元/件）

---

① 我国企业会计准则规定，发出存货的计价方法可以采用先进先出法、综合加权平均法、移动加权平均法、个别认定法等计价，在后续的"中级财务会计"课程中会涉及。

乙产品加权平均单位成本=（10 000+48 200）÷（40+200）=242.5（元/件）

最后，汇总发出的数量，计算销售成本。

产品销售成本=销售数量×综合加权平均单位成本

甲产品的销售成本=80×365=29 200（元）

乙产品的销售成本=170×242.5=41 225（元）

表4-17 库存商品明细账

产品名称：甲产品   金额单位：元

202×年		凭证号数	摘 要	收 入			发 出			结 存		
月	日			数量/件	单位成本	金额	数量/件	单位成本	金额	数量/件	单位成本	金额
11	1 8 25 28		期初余额 销售 完工入库 销售	100	368	36 800	10 70			20 10 110 40	350	7 000
11	30		本月合计	100		36 800	80	365	29 200	40	365	14 600

表4-18 库存商品明细账

产品名称：乙产品   金额单位：元

202×年		凭证号数	摘 要	收 入			发 出			结 存		
月	日			数量/件	单位成本	金额	数量/件	单位成本	金额	数量/件	单位成本	金额
11	1 27 28 29		期初余额 完工入库 销售 销售	200	241	48 200	50 120			40 240 190 70	250	10 000
11	30		本月合计	200		48 200	170	242.5	41 225	70	242.5	16 975

第六节 利润及利润分配业务的会计核算

一、利润的构成

利润是指企业在一定会计期间的经营成果。它是评价企业管理层业绩的一些重要指标。通常情况下，如果企业实现了利润，表明企业的所有者权益增加，业绩得到了提升；反之，如果企业发生了亏损（即利润为负数），表明企业的所有者权益减少，业绩下滑了。

利润包括收入减去费用后的余额、直接计入当期利润的利得和损失等。其中，收入主要是营业收入，包括主营业务收入和其他业务收入。

费用主要包括主营业务成本、其他业务成本、税金及附加、管理费用、销售费用和财务费用。

直接计入当期利润的利得和损失，是指应当计入当期损益、会导致所有者权益发生增减变动的、与所有者投入资本或者向所有者分配利润无关的利得和损失。直接计入当期利润的利得通过"营业外收入"账户核算，直接计入当期利润的损失通过"营业外支出"账户核算。

企业应当对收入与利得、费用和损失严格加以区分，以更加全面地反映企业的经营业绩。

利润在财务报告中有以下三个层次：

1. 营业利润

营业利润=营业收入-营业成本-税金及附加-销售费用-管理费用-财务费用-资产减值损失-信用减值损失+公允价值变动净损益+投资净收益+资产处置损益①

2. 利润总额

利润总额=营业利润+营业外收入-营业外支出

3. 净利润

净利润=利润总额-所得税费用

其中：

所得税费用=应纳税所得额②×所得税税率

=利润总额×所得税税率

我国的企业所得税基本税率为25%。

从利润的构成中可以看出，主要涉及损益类的账户，即收入类和费用类账户。

二、利润分配的有关规定

利润分配是指企业根据国家有关规定和企业章程、投资者协议等，对企业当年可供分配利润指定其特定用途和分配给投资者的行为。利润分配的过程和结果不仅关系到每个股东的合法权益是否得到保障，而且还关系到企业的未来发展。

企业向投资者分配利润，应按照一定的顺序进行。根据我国《公司法》等有关法律法规的规定，利润分配应按下列顺序进行：

1. 计算可供分配的利润

企业在分配利润前，应根据本年净利润（或亏损）、年初未分配利润（或亏损），以及其他转入的金额（如盈余公积弥补的亏损）等项目，计算可供分配的利润，即

可供分配的利润=净利润（或亏损）+年初未分配利润（-弥补以前年度的亏损）+其他转入的金额

如果可供分配的利润为负数（即累计亏损），则不能进行后续分配；如果可供分配的利润为正数（即累计盈利），则可进行后续分配。

---

① 资产减值损失是由资产的减值所带来的损失；信用减值损失是由金融资产的减值带来的损失；公允价值变动净损益是金融资产等资产由公允价值发生变动所带来的损失或收益的净额；投资净收益是由企业的各种对外投资所带来的损失或收益的净额；资产处置损益是由固定资产、无形资产等因出售、转让产生的利得或损失。这些业务的核算较为复杂，在财务会计中会详细介绍，这里不涉及这些业务。

② 应纳税所得额可以通过利润总额来进行调整，具体的调整事项本课程不涉及，在财务会计中介绍。本课程假设不存在纳税调整事项，应纳税所得额等于利润总额。

2．提取法定盈余公积

按照《公司法》的有关规定，公司应当按照当年净利润（抵减年初累计亏损后）的10%提取法定盈余公积，提取的依据不包括企业年初的未分配利润。公司法定公积金累计额超过注册资本的50%时，可以不再提取。

3．提取任意盈余公积

公司从税后利润中提取法定盈余公积后，经股东大会决议，还可以从税后利润中提取任意盈余公积，提取的比例不受法律限制。

4．向投资者（或股东）分配利润（或股利）

企业可供分配的利润扣除提取的盈余公积后，形成可供投资者分配的利润，即

$$可供投资者分配的利润＝可供分配的利润－提取的盈余公积$$

企业可采用现金股利、股票股利和财产股利等形式向投资者分配利润（或股利）。

三、利润及利润分配核算设置的账户

1．"本年利润"账户

本年利润账户用来核算企业当期实现的净利润（或发生的净亏损）。

该账户属于所有者权益类账户。月末，将损益类各收入账户（主营业务收入、其他业务收入、营业外收入、投资收益等）的余额转入"本年利润"账户的贷方，将损益类各费用账户（主营业务成本、其他业务成本、税金及附加、管理费用、财务费用、销售费用、营业外支出、投资损失、所得税费用等）的余额转入"本年利润"账户的借方，结平各损益类账户；结转后本账户的贷方余额为当期实现的净利润；若为借方余额，则表示当期发生的净亏损。

年度终了，将"本年利润"账户贷方余额或借方余额全部转入"利润分配"账户。结转后"本年利润"账户应无余额。

2．"营业外收入"账户

营业外收入账户用来核算企业发生的各项营业外收入，主要包括非流动资产处置利得、非货币性资产交换利得、债务重组利得、政府补助、盘盈利得、捐赠利得、无法支付的应付账款等。

该账户属于损益类账户。其贷方登记企业发生的各项营业外收入，借方登记期末结转至"本年利润"账户的营业外收入。期末结转后本账户应无余额。本账户应当按照营业外收入项目进行明细核算。

3．"营业外支出"账户

营业外支出账户用来核算企业发生的各项营业外支出，包括非流动资产处置损失、非货币性资产交换损失、债务重组损失、公益性捐赠支出、非常损失、盘亏损失、罚款等。

该账户属于损益类账户。企业确认发生营业外支出时，借记该账户；期末，将本账户余额转入"本年利润"账户时，贷记该账户；期末结转后本账户应无余额。本账户应当按照支出项目进行明细核算。

4．"所得税费用"账户

所得税费用账户用来核算企业确认的应从当期利润总额中扣除的所得税费用。

该账户属于损益类账户。企业按照税法规定计算确定当期的应交所得税时，借记

本账户；期末，将本账户的余额转入"本年利润"账户时，贷记本账户；结转后本账户应无余额。

5. "利润分配"账户

利润分配账户用来核算企业利润的分配（或亏损的弥补）和历年分配（或弥补）后的余额。

该账户属于所有者权益类账户。其贷方登记年度终了由"本年利润"账户转入的本年累计的净利润以及用盈余公积弥补的亏损额等其他转入数，借方登记提取的盈余公积、应当分配给股东或投资者的现金股利或利润及由"本年利润"账户转入的本年累计的亏损数。其贷方余额表示未分配利润，借方余额表示未弥补亏损。

该账户中要对"提取法定盈余公积""提取任意盈余公积""应付现金股利（或利润）""转作股本的股利""盈余公积补亏""未分配利润"等进行明细核算。年末，应将"利润分配"账户下的其他明细账户的余额转入"未分配利润"明细账户，结转后除"未分配利润"明细账户可能有余额外，其他各明细账户均无余额。"未分配利润"明细账户的贷方余额为历年累计的未分配利润（即可供以后年度分配的利润），借方余额为历年累计的未弥补亏损（即留待以后年度弥补的亏损）。

6. "盈余公积"账户

盈余公积账户用来核算企业从净利润中提取的盈余公积。

该账户属于所有者权益类账户。其贷方登记企业提取的法定公积金和任意的盈余公积金，借方登记盈余公积的使用情况，如转增资本，或弥补亏损；期末余额在贷方，反映企业结存的盈余公积金。该账户应当分别"法定盈余公积""任意盈余公积"进行明细核算。

7. "应付股利"账户

应付股利账户用来核算企业应支付股东的现金股利或利润。

该账户属于负债类账户。其贷方登记企业宣告分派的现金股利或利润，借方登记企业实际支付的现金股利或利润；期末余额在贷方，表示企业已宣告分派但尚未支付的现金股利或利润。本账户可按投资者进行明细核算。

值得注意的是，对于股票股利，企业根据股东大会或类似机构审议批准的利润分配方案，在办妥增资手续后，增加"股本"等账户，不记入"应付股利"账户。

四、利润及利润分配业务核算举例

【例4-31】202×年12月20日，M公司在清查时发现有一笔长期以来无法支付的应付账款20 000元，经批准转为营业外收入。

分析：长期以来无法支付的应付账款，增加了公司本月的利得，记入"营业外收入"账户的贷方，同时反映应付账款减少，记入"应付账款"账户的借方。其会计分录如下：

借：应付账款　　　　　　　　　　　　　　　　　　20 000
　　贷：营业外收入　　　　　　　　　　　　　　　　　20 000

【例4-32】202×年12月20日，M公司在生产过程中因排放物超过环保标准，被环保局罚款19 000元，款项已通过银行存款支付。

分析：公司被罚款，是一种直接计入当期利润的损失，记入"营业外支出"账户的借方，同时反映银行存款的减少，记入"银行存款"账户的贷方。其会计分录如下：

借：营业外支出　　　　　　　　　　　　　　　　　　19 000
　　贷：银行存款　　　　　　　　　　　　　　　　　　　19 000

【例4-33】202×年12月31日，M公司结转本期损益类账户。

分析：M公司202×年12月份损益类账户主要包括收入类和费用类。在本章的例题中，寻找12月份损益类账户，计算本期的发生额。

主营业务收入＝160 000+320 000＝480 000（元）

其他业务收入＝6 000（元）

营业外收入＝20 000（元）

主营业务成本＝90 600+181 200＝271 800（元）

其他业务成本＝5 040（元）

税金及附加＝24 000+2 400＝26 400（元）

销售费用＝3 400（元）

管理费用＝15 120+57 500+2 000+1 740+1 000＝77 360（元）

财务费用＝3 000（元）

营业外支出＝19 000（元）

把所有收入类账户的贷方发生额结转到"本年利润"账户的贷方，把所有费用类账户的借方发生额结转到"本年利润"账户的借方。其会计分录如下：

借：主营业务收入　　　　　　　　　　　　　　　　　480 000
　　其他业务收入　　　　　　　　　　　　　　　　　　　6 000
　　营业外收入　　　　　　　　　　　　　　　　　　　20 000
　　贷：本年利润　　　　　　　　　　　　　　　　　　506 000
借：本年利润　　　　　　　　　　　　　　　　　　　406 000
　　贷：主营业务成本　　　　　　　　　　　　　　　　271 800
　　　　其他业务成本　　　　　　　　　　　　　　　　　5 040
　　　　税金及附加　　　　　　　　　　　　　　　　　26 400
　　　　销售费用　　　　　　　　　　　　　　　　　　　3 400
　　　　管理费用　　　　　　　　　　　　　　　　　　77 360
　　　　财务费用　　　　　　　　　　　　　　　　　　　3 000
　　　　营业外支出　　　　　　　　　　　　　　　　　19 000

【例4-34】202×年12月31日，M公司计算本月应缴纳的企业所得税。

分析：在【例4-34】中，本期的利润总额＝506 000-406 000＝100 000元，假设不存在纳税调整事项，本期的应纳所得税＝100 000×25%＝25 000元，所得税是先计算，记入"所得税费用"账户的借方，同时反映应交税费增加，记入"应交税费"账户的贷方。其会计分录如下：

借：所得税费用　　　　　　　　　　　　　　　　　　25 000
　　贷：应交税费——应交所得税　　　　　　　　　　　25 000

【例4-35】202×年12月31日，结转本月所得税费用。

分析："所得税费用"账户也是损益类账户，因此，期末也要同其他损益类账户一样，结转到"本年利润"账户，但与其他损益类账户不同的是，所得税费用要依赖其他损益类账户的结转计算出利润总额后，才能计算出其发生额，然后再结转。其会计分录如下：

借：本年利润　　　　　　　　　　　　　　　　　　　　25 000
　　贷：所得税费用　　　　　　　　　　　　　　　　　　　　　25 000

从"本年利润"账户可以看出，本月的净利润=100 000−25 000=75 000元。

至此，所有的损益类账户的余额都为零。

【例4-36】假设M公司202×年全年实现的净利润是800 000元，年度终了，结转本年利润账户。

分析：由于本会计年度已经结束，第二年需要重开新账，用于计算下一年度的利润，因此要把"本年利润"账户的余额结转到"利润分配"账户以供分配。由于实现的净利润反映在"本年利润"账户的贷方，因此，结转时要从"本年利润"账户的借方结转到"利润分配"账户的贷方。"利润分配"账户有多个明细账户，由于分配过程尚未开始，因此，应结转到"未分配利润"账户。其会计分录如下：

借：本年利润　　　　　　　　　　　　　　　　　　　　800 000
　　贷：利润分配——未分配利润　　　　　　　　　　　　　　800 000

【例4-37】202×年12月31日，依据《公司法》的规定，M公司按照当年实现净利润的10%，提取法定盈余公积金。

分析：全年实现的净利润为800 000元，因此，提取的法定盈余公积金为80 000元，这是利润分配的过程，记在"利润分配——提取法定盈余公积"账户的借方，同时反映盈余公积增加，记在"盈余公积"账户的贷方。其会计分录如下：

借：利润分配——提取法定盈余公积　　　　　　　　　　80 000
　　贷：盈余公积　　　　　　　　　　　　　　　　　　　　　80 000

【例4-38】202×年12月31日，M公司股东大会讨论通过按当年净利的10%提取任意盈余公积。

分析：全年实现的净利为800 000元，因此，提取的任意盈余公积为80 000元，这是利润分配的过程，记在"利润分配——提取任意盈余公积"账户的借方，同时，反映盈余公积增加，记在"盈余公积"账户的贷方。其会计分录如下：

借：利润分配——提取任意盈余公积　　　　　　　　　　80 000
　　贷：盈余公积　　　　　　　　　　　　　　　　　　　　　80 000

【例4-39】202×年12月31日，M公司宣告向股东派发现金股利200 000元。

分析：宣告派发股利，是利润分配的过程，记在"利润分配——应付股利"账户的借方，同时反映应付股利的增加，记在"应付股利"账户的贷方。其会计分录如下：

借：利润分配——应付股利　　　　　　　　　　　　　　200 000
　　贷：应付股利　　　　　　　　　　　　　　　　　　　　　200 000

【例4-40】202×年12月31日，M公司把"利润分配"账户的其他明细账户结转至"利润分配——未分配利润"账户。

分析：由于利润分配明细账户的其他明细账户在分配过程中都记在了借方，因此分配完毕，要从其贷方结转至"未分配利润"明细账户的借方。结转后，其他明细账户无余额，只有"未分配利润"明细账户有余额，表示期末分配完毕后剩余的利润。

在本例中，分配前"利润分配"账户有贷方发生额 800 000 元，本期已分配的利润为 360 000 元，分配完毕，"利润分配"账户的期末贷方余额为 440 000 元。其会计分录如下：

借：利润分配——未分配利润　　　　　　　　　　　　　360 000
　　贷：利润分配——提取法定盈余公积　　　　　　　　　　80 000
　　　　　　　　——提取任意盈余公积　　　　　　　　　　80 000
　　　　　　　　——应付股利　　　　　　　　　　　　　200 000

【本章小结】

产品制造企业是从事产品生产经营的营利性组织。企业通过吸收投资或向金融机构借款等渠道筹集生产经营所需资金，然后使用资金购买机器设备和生产所需原料，生产工人利用机器设备把原料加工成产成品，产成品销售收回货款就转换为货币资金。在生产经营过程中，企业的资金不断变换其存在的形态，形成资金的循环与周转。企业会计核算的对象就是资金的运动，因此，本章主要讲述产品制造企业各类经济业务的会计核算。

筹集资金业务主要涉及"实收资本""资本公积""短期借款"等账户的使用；采购业务主要涉及"固定资产""在途物资""原材料""应交税费——应交增值税（进项税额）"等账户的使用；产品生产业务主要涉及"生产成本""制造费用""管理费用""累计折旧""应付职工薪酬""库存商品"等账户的使用；产品销售业务主要涉及"主营业务收入""主营业务成本""税金及附加""销售费用"等账户的使用；利润及利润分配业务主要涉及"本年利润""利润分配"等账户的使用。

成本计算是对企业生产经营过程中发生的各种费用，按照各种不同的成本计算对象进行归集、分配，进而计算确定各成本计算对象总成本和单位成本的一种会计专门方法。制造企业的成本计算包括材料采购成本、产品生产成本和产品销售成本三个方面。材料采购成本的计算应以采购材料品种、类别为成本计算对象，归集、分配采购费用，并计算验收入库材料的总成本和单位成本，其成本项目包括买价和采购费用。产品生产成本的计算主要以产品的品种为成本计算对象，归集、分配生产费用，进一步计算完工产品的总成本和单位成本，其成本项目主要包括直接材料、直接人工和制造费用。在销售业务核算中，需要计算已销售产品的销售成本。

【阅读材料】

谁是借贷记账法的发明者

1878 年，意大利圣塞波尔克罗镇的居民为卢卡·帕乔利立了一座纪念碑，碑文上写着"他创立了复式簿记"。但是，有些人却不买这个账。《巴其阿勒会计论》英文版序的作者 A. R. 詹宁斯（Alvin R. Jennings）说："人们往往误认为卢卡·帕乔利是复式簿记的创始人。事实上，我们并不知道复式簿记的真正创始者。"葛家澍教授在《巴其阿勒会计论》中文版序中提出："复式簿记究竟创始于何时、何地？发明者是谁？迄今还是一个不解之谜。"

一、借贷记账法的发明者是商人

（一）初创借贷记账法

《会计发展史纲》（郭道扬编著）中所列示的 1211 年佛罗伦萨银行账簿，是垂直型分类账户，应是比较原始的单式借贷记账法的标本。该书还列举了甲、乙、丙三个自然人的存款账户，余额一律在贷方，说明这是"贷主分类账簿"。银行业主吸收了存款，加上资本金，是为了出借资金，从中获利。因此可以推测：银行业主还应当有一本出借资金的"借主分类账簿"。

13 世纪初，私人资本还很有限，银行相当于中国的钱庄。业主既是财产所有者又是经营者，还是兼职会计员。早期银行必须具备贷主和借主两本分类账簿，才能恰当地计算应收借主利息以及应付贷主利息，用于计算经营毛利润。毛利润减实际支出的费用就是损益。笔者推测：银行业主是账簿的操作者，是借贷记账法的发明者。佛罗伦萨银行业主处理某转账交易，"公元 1211 年 5 月 8 日，乙客户委托丙客户运输胡椒，支付运费 40 杜卡特，委托银行代为转账"的经济事项，会计业务处理程序是：借记"乙客户"账户 40 杜卡特，贷记"丙客户"账户 40 杜卡特，是为复式记账法。又例如，安东·克洛存款 1 000 杜卡特。记账者仅需开设"安东·克洛"账户（不需要开设现金账户），是为单式记账法。在单式与复式记账法混用的时代，可以称为"单式借贷记账法"。因为现金放在商人的口袋里，可以说是"肉"烂在锅里，不需要登记"现金"账户。

（二）复式借贷记账法的发展

1211—1494 年，商人和职业会计人员发明、继承、发展了会计核算技术。

（1）仍以佛罗伦萨的银行业账簿为例。①佩鲁齐银行账簿。1336 年，该行在西欧有 15 个分店，90 个代理商，1336 年的分类账簿根据 1335 年账户"余额"转记；1337 年有了"损益"账户设置，每个账户都附有记账索引记号。②梅迪奇银行账簿。该行创办于 1397 年，1494 年倒闭。该行规定每年 3 月 24 日为分店结账期，采用了由总行控制各分店的结账制度，报表副本报总行，由总行统一采用内部审计制度，进行审查。

小结之一：最晚在 1336 年，佩鲁齐银行已经将财产所有权与经营权分离。这时，"现金"已不是放在财产所有者的口袋里，而是放在经营者的口袋里，单式借贷记账法不适应于两权分离，必须设置"现金"账户，随之完成了复式借贷记账法的革命。90 个代理商成了经营者，银行的会计人员已经是职业工作者。根据"'损益'账户设置"，可以认定：经过 125 年的发展，单式借贷记账法已经发展为复式借贷记账法。

（2）佛罗伦萨工商业账簿。①菲尼兄弟商店账簿。1296—1305 年，已经有了日记账簿与分类账簿的区别。借方、贷方已成为标语（即记账符号），分类账页的上格称为借方，下格称为贷方。分类账簿不仅有了"人名"账户、"物名"账户，或按商品大类如"被服""靴帽""杂货"账户进行核算，而且有了"费用"和"损益"账户。②14 世纪初合伙制阿尔贝蒂商会提出了利润计算书。③1382 年，托斯坎尼商会账簿的金额全部采用阿拉伯数码，账簿中出现了两侧型账户，左侧为借方，右侧为贷方。④ 1393 年年末，达蒂尼商会除总店外，还有 20 多个分店。每年年终有了"财产目录簿"的记录；1395年，分类账簿彻底改垂直型为两侧型账户。

小结之二：1337—1494年，佛罗伦萨的银行业已经使用阿拉伯数码、财产目录簿、两栏式分类账簿、账户余额表（可以视为资产负债表）、损益表，有了"商品名称""费用"和"损益"以及"人名""物名"账户。合伙制企业必须设置"资本""现金"和"银行存款"等账户。因为"商品名称"账户核算"商品名称"毛利润［销售收入-（进货成本-商品盘点价值）］，势必用财产目录簿记录期末商品盘点价值，还核算"损益"（毛利润-费用）。

（三）1482年威尼斯的账簿

（1）多兰多索兰佐兄弟商店的账簿。兄弟商店账簿有两册，第一册记录1410—1416年的账目，第二册记录1416—1434年的账目。第二册与第一册相比较有了公认的进步：有了比较完善的账户设置，包括"资本"和"损益"账户，年终结出"余额"账户，做到借贷平衡。

（2）安德烈·亚巴尔巴里戈父子商店的账簿。父子商店有三本账簿，"第一册为1430—1440年的账簿，第二册为1440—1449年的账簿，第三册为1456—1482年的账簿（三本账簿中短缺1450—1455年6年的账簿）。第一、二册账簿的记录皆出自老亚巴尔巴里戈之手，而第三册账簿出自其子之手。三本分类账簿，相当于明细分类账，比多兰多索兰佐兄弟商店的簿记法进步"。账簿使用"per"作借方，"A"作贷方，分类账簿采用"两侧型账户"。第三册账簿"全面设置'人名'账户、'手续费'账户、'工资'账户、'家事费用'账户、'私用'账户、'利润'账户、'资本'账户和'余额'账户"，做到账户齐全，全面核算父子商店的会计业务，显示威尼斯簿记发展到了较高水平。父子商店的第三册分类账簿截止到1482年，与《簿记论》写作年代（1493年）非常接近。

小结之三：上述兄弟商店、父子商店的记账方法有可能受到佛罗伦萨借贷记账法的影响，可以代表经济发达的意大利会计核算水平。

二、帕乔利的簿记老师是威尼斯商人

圣塞波尔克罗镇原是意大利的一个普通小镇，自从出了受到世界瞩目的会计学者卢卡·帕乔利，小镇便逐渐热闹起来，来访者常常是世界上著名的会计学家。居民们以帕乔利为荣。许多研究者撰写文章歌颂帕乔利，小镇因此声名大振。居民们为了提高小镇的知名度，吹捧帕乔利"创立了复式簿记"是可以理解的。詹宁斯否定帕乔利"创立了复式簿记"，应是根据《簿记论》中的论述"我在这里采用了流行于威尼斯的记账方式"。那么，是谁教会帕乔利操作借贷记账法？

（一）帕乔利不可能在作坊学习、操作会计核算技术

R.G.布朗等人说："我们无法确定帕乔利究竟是在何时掌握了复式簿记知识的，很可能是他在圣塞波尔克罗镇的作坊做学徒时从作坊师傅贝尔夫西那里学来的。"此说没有证据，是猜想。

帕乔利生于1445年。他16岁开始做学徒，应是1461年。1464年，他受雇于威尼斯商人任家庭教师，做学徒时间不足三年。

在不足三年的时间，他除了在业主贝尔夫西的作坊工作，还师从弗朗西斯卡学习数学，并随弗氏多次去乌比诺旅行，包括在乌比诺公爵藏书馆阅读。此后，弗朗西斯

卡又把他介绍给建筑大师阿尔贝蒂，把他带到威尼斯。"在那里，帕乔利不仅继续自己的学习，而且受聘为当地富商安东尼奥·德·罗姆彼尔西的三个儿子的家庭教师。"

应当指出的是，那个时代，"学徒必须跟随一位师傅度过三至十一年的学徒期"。作坊业主兼师傅不太可能对当学徒的时间少于三年的帕乔利，既教手艺，又教他学习簿记技术。从作坊业主角度看，进入作坊时间很短的学徒，没有资格接近账簿。所以，"正是在罗姆彼尔西家里，帕乔利第一次讲授算术和簿记知识"的结论不妥。他教三个孩子学习数学等是其职责，而对小孩子讲授簿记知识，没有事实根据。

（二）帕乔利在威利斯商人家里有条件学习和操作簿记

阎达五教授说：帕乔利在任家庭教师期间，"他除教书、攻读数学外，紧紧抓住商人家庭这一环境，努力学习、掌握有关商业经营和簿记操作方面的知识，从而为他后来写作代数和算术以及在商业中的应用、簿记、货币和兑换等论著，奠定了基础。正如他自己所述：正是由于这位商人，我乘上了满载商品的航船"。那么，帕氏是怎样学习威尼斯簿记的呢？

15世纪中期，威尼斯共和国时代，会计核算工作与商人的商品交易基本上还结合在一起，一般由商人兼职会计核算，罗姆彼尔西应是兼职簿记员。《簿记论》中说：商人常常置身于市场交易中，"为了不使顾客扑空，他们（指妇女和家庭教师等——笔者注）必须按照业主的嘱咐，进行买卖和收款。因此他们应尽最大努力在备忘簿中记下每笔交易"。帕乔利记录备忘簿，充作确认会计分录的根据，是操作簿记的第一步。商人外出经商时，家中的日记账簿需要有人确认会计分录，分类账簿需要人登记，家庭教师是可供选择的兼职簿记员。罗姆彼尔西必须教会帕乔利处理账务的一般知识（不包括"商品名称"毛利润账户核算）。帕乔利记账、算账时，也可以翻阅前面的老账，进一步学习会计核算操作方法。商人家庭环境是帕乔利学习、操作威尼斯簿记的最佳条件。所以，帕乔利在《簿记论》中顺理成章地论述了财产目录簿、备忘簿、日记账簿、分类账簿和试算平衡表的操作方法。

资料来源：刘中文. 谁是借贷记账法的发明者［J］. 财务与会计，2011（1）：65-66.

第五章

账户的分类

【结构框架】

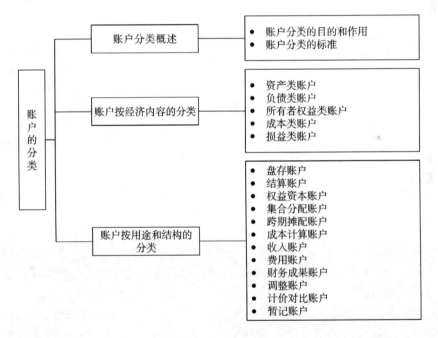

账户的分类
- 账户分类概述
  - 账户分类的目的和作用
  - 账户分类的标准
- 账户按经济内容的分类
  - 资产类账户
  - 负债类账户
  - 所有者权益类账户
  - 成本类账户
  - 损益类账户
- 账户按用途和结构的分类
  - 盘存账户
  - 结算账户
  - 权益资本账户
  - 集合分配账户
  - 跨期摊配账户
  - 成本计算账户
  - 收入账户
  - 费用账户
  - 财务成果账户
  - 调整账户
  - 计价对比账户
  - 暂记账户

【学习目标】

本章主要介绍账户分类的目的、作用和标准，包括账户按经济内容的分类及其具体类别、按用途和结构的分类及其具体类别。通过本章的学习，学生需要掌握账户按照经济内容分类、按照用途和结构分类的规律。

【课程思政】

知识点	思政元素挖掘	思政元素浅析	综合能力提升引导
账户分类目的	(1) 一般性和特殊性关系； (2) 分类就是管理的理念； (3) "总""分"的辩证统一观	(1) 经济业务都属于企业资金运动的外在表现，且经济内容各不相同； (2) 要对纷繁芜杂的事物进行管理，分类是其中一个方式； (3) 账户分类是对一个有机整体的"分"和"总"，以及总账和明细账的关系展示	(1) 培养学生辨别事物同一性、相似性与差异性的能力； (2) 培养学生多视角认识同一问题的能力； (3) 培养学生应对复杂问题分类化解的能力
账户分类作用	(1) 系统思想； (2) 联系的普遍性； (3) 整体与部分关系	(1) 分类有助于科学管理构成一个有机系统的各组成要素； (2) 账户体系的完整性和具有特定内容账户的独特性	
账户分类标准	(1) 一般性和特殊性关系； (2) 本质和表象	(1) 同属于一类账户的账户必然具有其共性，但又各自具有特定内容； (2) 账户本质的内在性和外在形式的差异性	

第一节 账户分类概述

一、账户分类的目的和作用

企业的经济业务是复杂的，具有多样性，不同的经济业务包含的经济内容不同。为了全面反映各项会计要素的增减变化情况，为企业的经济管理提供必要的会计信息，必须设置和运用一系列的账户。

每个账户只能反映特定的某项经济业务所引起的资金运动，而企业全部资金运动的增减变动情况，需要通过若干个账户进行系统综合的反映。这些账户虽然在性质、用途和结构等方面有所不同，但不是孤立存在的，而是相互联系和相互依存，从而形成了一个完整的有机整体。为了更好地掌握账户的设置与具体运用，有必要对账户进行适当的分类，以掌握各类账户在提供会计信息方面的规律性。账户分类就是在各个账户特殊性的基础上，分析相关账户的共性，把握账户之间的内在规律。

科学地进行账户的分类有助于科学地进行管理。账户分类需要说明每一账户在账户体系中的地位和作用，以便深化对账户的认识，更好地运用账户对企业的经济业务进行反映。

账户分类就是为了进一步了解各账户的具体内容，明确掌握账户之间的区别和联系以及账户的使用方法，以满足提供各项指标和促进管理的需要。账户分类的作用体现在以下方面：①便于设置完整的账户体系，全面反映企业经营活动情况；②便于设置会计账簿的格式；③便于编制财务报表。

二、账户分类的标准

凡在提供会计信息方面具有共同性的账户，就它们的共同性而言属于一类账户。账户分类有不同的标准，每一分类标准可以从不同的角度认识，并按照分类标准将全部账户分为各种类别。账户分类的标准可以将全部的账户，按照账户的本质特点，进行科学的概括。常见的账户分类标准有：按经济内容的分类、按用途和结构的分类。另外，账户还可根据提供指标的详细程度进行分类。

第二节　账户按经济内容的分类

账户按经济内容的分类，是指按账户反映会计对象的具体内容进行分类。它是账户分类的基础，是对账户的最基本分类。这种分类便于正确设置账户，提供系统的会计信息。

会计对象的具体内容也就是会计要素，但是账户按经济内容分类并非简单地按会计要素分类，账户一般分为资产类账户、负债类账户、所有者权益类账户、成本类账户和损益类账户。需要说明的是：①利润是企业一定时期内收入与费用相配比的结果，其最终要归属于所有者权益，因此将反映利润的账户归入所有者权益类账户。②制造企业等单位，需要确定产品生产成本，专门设置用于成本计算的账户，以归集产品生产有关费用。③收入和费用两个会计要素同属于损益计算要素，可以将两者归为一类，即损益类账户。

账户按经济内容分类的具体内容如下：

一、资产类账户

资产类账户是用于反映企业资产的增减变动及其结存情况的账户。按照资产的流动性，其可分为反映流动资产、非流动资产等账户。反映流动资产的账户有"库存现金""银行存款""交易性金融资产""应收票据""应收账款""其他应收款""原材料""库存商品""数据资源（按规定确认为存货的）""合同资产"等账户；反映非流动资产的账户有"长期股权投资""固定资产""累计折旧""固定资产减值准备""无形资产（包括按规定确认为无形资产的数据资源）"和"长期待摊费用"等账户。

二、负债类账户

负债类账户是用于反映企业负债的增减变动及其实有数额的账户。按照负债的偿还期限，其可分为反映流动负债、非流动负债等账户。反映流动负债的账户有"短期借款""交易性金融负债""应付票据""应付账款""其他应付款""应付职工薪酬""应交税费""应付利息""应付股利""合同负债"等账户；反映非流动负债的账户有"长期借款""应付债券"和"长期应付款"等账户。

三、所有者权益类账户

所有者权益类账户是用于反映所有者权益增减变动及其实有数额的账户，其具体包括"实收资本""资本公积""盈余公积""本年利润"和"利润分配"等账户。

四、成本类账户

成本类账户是用于反映企业在生产经营过程中发生的各种对象化费用情况及其成本计算的账户，具体包括"生产成本""制造费用"和"劳务成本"等账户。

在采购过程中，用来归集购入材料买价和采购费用，计算材料采购成本的账户，如"在途物资"账户；在生产过程中，用来归集制造产品的生产费用，计算产品生产成本的账户，如"生产成本"和"制造费用"账户。

成本类账户与资产类账户具有密切的联系。资产一经耗用就转化为成本费用。成本类账户的期末借方余额属于企业的资产，如"在途物资"账户的借方余额表示在途材料，"生产成本"账户的借方余额为在产品，都是企业的流动资产。从这种意义上来讲，成本类账户也是资产类账户，因此，"在途物资"账户既可以归入资产类账户，也可以归入成本类账户。

五、损益类账户

损益类账户是用于反映企业一定时期损益增减变动情况的账户。按照与损益组成内容的关系，其可分为收入类账户和费用类账户。收入类账户是核算企业在生产经营过程中所取得的各种经济利益的账户，如"主营业务收入""其他业务收入""投资收益"和"营业外收入"等；费用类账户是核算企业在生产经营过程中发生的各种费用支出的账户，如"主营业务成本""其他业务成本""税金及附加""销售费用""管理费用""财务费用"和"所得税费用"等。

第三节 账户按用途和结构的分类

账户按用途和结构的分类，是在账户按经济内容分类的基础上，将用途、结构基本相同的账户进行归类，便于正确地使用账户，可以避免技术性差错。

所谓账户的用途，是指设置和运用账户的目的，即通过账户记录提供什么核算指标。所谓账户的结构，是指在账户中如何登记经济业务，以取得所需的各种核算指标，即账户的借贷方登记的内容、余额的方向及表示的含义。如"固定资产"账户和"累计折旧"账户，按其反映的经济内容都属于资产类账户，并且都是用来反映固定资产的账户。但是，这两个账户的用途和结构不同。"固定资产"账户是按其原始价值反映固定资产增减变动及结存情况的账户，增加记借方，减少记贷方，期末借方余额表示期末时点现有固定资产的原始价值。而"累计折旧"账户则是用来反映固定资产由于损耗而引起的价值减少的账户，计提折旧增加时记入贷方，已提折旧的减少或注销记入借方，期末余额在贷方，表示期末时点现有固定资产的累计折旧。

账户按用途和结构的不同，通常分为盘存账户、结算账户、权益资本账户、集合分配账户、跨期摊配账户、成本计算账户、收入账户、费用账户、财务成果账户、调整账户、计价对比账户、暂记账户等。

一、盘存账户

盘存账户是用于核算和监督财产物资和货币资金增减变动及其结存数额的账户。盘存账户的结构是：借方登记财产物资和货币资金的增加数额，贷方登记财产物资和货币资金的减少数额，余额在借方，表示财产物资和货币资金的结存数额（见图5-1）。属于这类的账户有："库存现金""银行存款""原材料""库存商品"和"固定资产"等账户。

借方	盘存账户	贷方
期初余额：期初货币资金或实物资产结存额 本期发生额：本期货币资金或实物资产 　　　　　增加额	本期发生额：本期货币资金或实物资产 　　　　　增加额	
期末余额：期末货币资金或实物资产结存额		

图 5-1　盘存账户

二、结算账户

结算账户是用于核算和监督本单位同其他单位或个人之间的债权、债务结算情况的账户。不同的结算业务的性质，决定了结算账户具有不同的用途与结构，具体分为债权结算账户、债务结算账户和债权债务结算账户三类。

（1）债权结算账户。它是用于核算和监督本单位债权增减变动及其结存数额的账户，其结构是：借方登记债权的增加数，贷方登记债权的减少数，余额在借方，表示期末尚未收回债权的实有数额（见图5-2）。属于这类账户的有："应收票据""应收账款""预付账款"和"其他应收款"等账户。

借方	债权结算账户	贷方
期初余额：期初尚未收回的债权实有额 本期发生额：本期债权的增加额	本期发生额：本期债权的减少额	
期末余额：期末尚未收回的债权实有额		

图 5-2　债权结算账户

（2）债务结算账户。它是用于核算和监督本单位债务增减变动及其结存数额的账户，其结构是：借方登记债务的减少数，贷方登记债务的增加数，余额在贷方，表示期末尚未收回债务的实有数额（见图5-3）。属于这类账户的有："短期借款""应付票据""应付账款""预收账款""应付职工薪酬""应交税费""应付股利""其他应付款"和"长期借款"等账户。

借方	债务结算账户	贷方
本期发生额：本期债权的减少额	期初余额：期初尚未归还的债务实有额 本期发生额：本期债务的增加额	
	期末余额：期末尚未归还的债务实有额	

图 5-3 债务结算账户

（3）债权债务结算账户。它是用于核算和监督本单位同其他单位或个人之间发生的往来结算款项的账户，其结构是：借方登记债权的增加数或债务的减少数，贷方登记债权的减少数或债务的增加数，余额可能在借方，表示债权的实有数，余额也可能在贷方，表示债务的实有数（见图 5-4）。有的单位将"其他应收款"和"其他应付款"账户合并，设置"其他往来"账户，用于核算其他应收款和其他应付款的增减变动情况和结果，该账户就属于债权债务结算账户。

借方	债权债务结算账户	贷方
期初余额：债权大于债务的期初差额 本期发生额：债权增加额或债务减少额	期初余额：债务大于债权的期初差额 本期发生额：债务增加额或债权减少额	
期末余额：债权大于债务的期末差额	期初余额：债务大于债权的期末差额	

图 5-4 债权债务结算账户

三、权益资本账户

权益资本账户是用于核算和监督企业各项资本增减变化及其结存情况的账户。权益资本账户的结构是：借方登记资本的减少数，贷方登记资本的增加数，余额在贷方，表示各种资本的实有数（见图 5-5）。属于这类账户的有："实收资本""资本公积"和"盈余公积"等账户。

借方	权益资本账户	贷方
本期发生额：本期资本减少额	期初余额：期初资本结存额 本期发生额：本期资本增加额	
	期末余额：期末资本结存额	

图 5-5 权益资本账户

四、集合分配账户

集合分配账户是用于归集和分配企业生产经营过程中某一阶段所发生的某种费用的账户。设置这类账户的目的是便于将相关费用进行分配。集合分配账户的结构是：借方登记费用的发生额，贷方登记费用的分配额，期末一般无余额（见图 5-6）。属于这类账户的是"制造费用"账户。

借方	集合分配账户	贷方
本期发生额：汇集生产过程中间接费用 发生额	本期发生额：将间接费用计入各成本计算对象的 分配转出额	

图 5-6　集合分配账户

五、跨期摊配账户

跨期摊配账户是用于核算和监督应由各个会计期间共同负担的费用，并将这些费用分摊于各个会计期间的账户。设置跨期摊配账户的目的，是使费用的确认建立在权责发生制的基础之上，通过合理分摊，正确确定各个时期的成本和费用，从而正确计算每期损益。跨期摊配账户的结构是：借方登记费用的实际支出数或发生数，贷方登记应由各个会计期间负担的费用摊配数，余额在借方，表示已经支付尚未摊配的待摊费用数额（见图 5-7）。属于这类账户的有"跨期摊配"账户。

借方	跨期摊配账户	贷方
期初余额：已支付但尚未摊配的待摊费用数额 本期发生额：本期增加的待摊费用数额	本期发生额：本期摊配的待摊费用数额	
期末余额：已支付但尚未摊配的待摊费用数额		

图 5-7　跨期摊配账户

六、成本计算账户

成本计算账户是用于核算和监督企业生产经营过程中某一阶段所发生、应计入成本的全部费用，以确定该阶段各个成本计算对象实际成本的账户。成本计算账户的结构是：借方登记应计入成本的各项费用，贷方登记转出的实际成本，期末如有余额在借方，表示尚未完成某个阶段成本计算对象的实际成本（见图 5-8）。属于这类账户的有："在途物资""在建工程""材料采购"和"生产成本"等账户。

借方	成本计算账户	贷方
期初余额：未转出成本计算对象的实际成本 本期发生额：经营过程中发生的应由成本计算对 象承担的费用	本期发生额：转出成本计算对象的实际成本	
期末余额：期末货币资金或实物资产结存额		

图 5-8　成本计算账户

七、收入账户

收入账户是用于核算和监督企业一定时期内所取得的各种收入和收益的账户。收入账户的结构是：借方登记收入和收益的减少数以及期末转入"本年利润"账户的收入和收益数，贷方登记实现的收入和收益数，结转后该类账户应无余额（见图5-9）。属于这类账户的有："主营业务收入""其他业务收入""投资收益"和"营业外收入"等账户。

借方	收入账户	贷方
本期发生额：收入抵减额和期末转入"本年利润"账户的收入额	本期发生额：收入增加额	

图5-9　收入账户

八、费用账户

费用账户是用于核算和监督企业一定时期内所发生的应计入当期损益的各项成本、费用和支出的账户。费用账户的结构是：借方登记发生的费用支出数，贷方登记费用支出的减少数以及期末转入"本年利润"账户的费用支出数，结转后该类账户应无余额（见图5-10）。属于这类账户的有："主营业务成本""其他业务成本""税金及附加""销售费用""管理费用""财务费用"和"所得税费用"等账户。

借方	费用账户	贷方
本期发生额：费用增加额	本期发生额：费用抵减额和期末转入"本年利润"账户的费用额	

图5-10　费用账户

九、财务成果账户

财务成果账户是用于核算和监督企业在一定时期内生产经营活动最终成果的账户。财务成果账户的结构是：借方登记期末从各费用支出类账户的转入数，贷方登记期末从各收入收益类账户的转入数，期末余额在贷方，表示企业实现的净利润，期末余额在借方，表示企业发生的亏损总额（见图5-11）。属于这类账户的是"本年利润"账户。

借方	财务成果账户	贷方
本期发生额：本期从费用账户转入的各项成本、费用支出数额	本期发生额：本期从收入账户转入的各项收入、收益数额	
期末余额：（1—11 月份）发生的亏损数额	期末余额：（1—11 月份）实现的利润数额	
	年末结转后无余额	

图 5-11 财务成果账户

十、调整账户

调整账户是用于调整被调整账户的余额，以确定被调整账户的实际余额而设置的账户。在会计工作中，由于管理上的需要或其他方面的原因，将调整账户与被调整账户有机结合起来，可以提供管理上的信息需求。调整账户按其调整方式的不同，可以分为备抵账户、附加账户和备抵附加账户三类。

（1）备抵账户。它是用于抵减被调整账户的余额，以求得被调整账户的实际余额的账户。被调整账户的余额与备抵账户的余额必定方向相反，如果被调整账户的余额在借方（或贷方），则备抵账户的余额一定在贷方（或借方）（见图 5-12）。属于这类账户的有："累计折旧""坏账准备"和"固定资产减值准备"等账户。

借方	固定资产	贷方		借方	累计折旧	贷方
期末余额：	50 000				期末余额：	30 000

借方	固定资产减值准备	贷方
	期末余额：	500

固定资产期末余额	50 000
减：累计折旧期末余额	30 000
固定资产账面净值	20 000
减：固定资产减值准备	500
固定资产账面价值	19 500

图 5-12 备抵账户

（2）附加账户。它是用于增加被调整账户的余额，以求得被调整账户的实际余额的账户。被调整账户的余额与附加账户的余额必定方向相同，如果被调整账户的余额在借方（或贷方），则附加账户的余额一定在借方（或贷方）。这类调整账户的特点是：调整账户与被调整账户的性质相同，两个账户的余额方向一定也是相同的。在实际工作中，附加账户运用较少，在此不作更多的说明。

（3）备抵附加账户。它是根据调整账户的余额方向用于抵减或增加被调整账户的余额，以求得被调整账户的实际余额的账户。当调整账户的余额与被调整账户的余额方向相反时，该账户起备抵账户的作用，其调整方式与备抵账户相同；当调整账户的余额与被调整账户的余额方向相同时，该账户起附加账户的作用，其调整方式与附加账户相同。例如，采用计划成本进行材料日常核算的企业，设置的"材料成本差异"账户就属于该类账户（见图 5-13）。

被调整账户 — 借方　原材料——A　贷方

期末余额：　60 000

调整账户 — 借方　材料成本差异——A　贷方

期末余额：　300

"原材料——A"账户的借方余额（计划成本）　60 000
加："材料成本差异——A"账户借方余额（超支额）　300
"原材料——A"的实际成本　60 300

被调整账户 — 借方　原材料——B　贷方

期末余额：　80 000

调整账户 — 借方　材料成本差异——B　贷方

期末余额：　600

"原材料——B"账户的借方余额（计划成本）　80 000
加："材料成本差异——B"账户贷方余额（节约额）　600
"原材料——B"的实际成本　79 400

图 5-13　备抵附加账户

十一、计价对比账户

计价对比账户是用于对某项经济业务按照两种不同的计价标准进行对比，从而确定其业务成果的账户。按计划成本进行材料日常核算的企业设置的"材料采购"账户就属于这类账户。此时"材料采购"账户的借方登记材料的实际采购成本，贷方登记按照计划成本核算的材料的计划采购成本，通过借贷双方两种计价的对比，以确定材料采购的业务成果（即超支或节约）。属于此类账户的还有按计划成本进行产成品日常核算的企业设置的"生产成本"和"固定资产清理"等账户。

以"材料采购"账户为例，计价对比账户的结构如图 5-14 所示。

借方　　　　　　　　　　材料采购　　　　　　　　　　贷方
期初余额：上期末在途材料的实际成本
本期发生额：本期末入库材料的实际成本及转入"材料成本差异"账户贷方的实际成本小于计划成本的节约额　　本期发生额：入库材料的计划成本及转入"材料成本差异"账户借方的实际成本小于计划成本的超支额
期末余额：在途材料的实际成本

图 5-14　计价对比账户

十二、暂记账户

某些经济业务的应借账户和应贷账户的一方能立即确定，而另一方一时难以确定。此时可将另一方暂记为某个账户，一旦确定另一方的账户后，则进行转账。这种用于暂时登记、具有过渡性质的账户，称为暂记账户。常见的暂记账户有"待处理财产损溢"账户（见图 5-15）。

借方	待处理财产损溢	贷方
（1）清查确定的各种待处理财产物资的盘亏和毁损数 （2）经批准后结转的各种财产物资的盘盈数		（1）清查确定的各项待处理财产物资的盘盈数 （2）经批准后结转的各种财产物资的盘亏和毁损数
期末余额：尚未批准处理的各种待处理财产物资净损失额		期末余额：尚未批准处理的各种待处理财产物资净溢余额

图 5-15 暂记账户

为了更好地理解和运用账户，现以产品制造企业为例，将主要账户按照两种分类的联系用表 5-1 列出。

表 5-1 账户分类相互联系表

按用途和结构分类	按经济内容分类				
	资产类账户	负债类账户	所有者权益类账户	成本类账户	损益类账户
盘存账户	库存现金、银行存款、原材料、库存商品、固定资产等				
结算账户	应收票据、应收账款、预付账款、其他应收款	应付票据、应付账款、预收账款、其他应付款			
权益资本账户			实收资本、资本公积、盈余公积		
集合分配账户				制造费用	
跨期摊配账户	长期待摊费用				
成本计算账户				在途物资、在建工程、材料采购、生产成本	
收入账户					主营业务收入、其他业务收入、投资收益、营业外收入
费用账户				主营业务成本、其他业务成本、税金及附加、销售费用、管理费用、财务费用、所得税费用	
财务成果账户			本年利润		

表5-1(续)

按用途和结构分类	按经济内容分类				
	资产类账户	负债类账户	所有者权益类账户	成本类账户	损益类账户
调整账户	累计折旧、坏账准备、固定资产减值准备、材料成本差异等				
计价对比账户	材料采购、生产成本、固定资产清理				
暂记账户	待处理财产损溢				

【本章小结】

本章结合企业生产经营活动涉及的主要账户,从不同角度阐述账户的分类,这对于认识各类账户的共性和特性、研究账户使用的规律是十分重要的。常用的分类标准有按经济内容分类以及按用途和结构分类,其中按账户的经济内容分类是最基本的分类标准。

【阅读材料】

会计研究方法的简单回顾

一般认为,20世纪60年代末期以前,会计理论研究是规范会计研究占统治地位的时期。规范会计研究主要以定性的文字描述为主,十分注意会计理论之间的内在逻辑,这改变了19世纪末期以前会计理论研究混乱、无目的的状况,在其大力推动下,会计理论体系于19世纪末20世纪初方告初步形成。规范会计学派的倡导者是澳大利亚著名会计学家钱伯斯、演绎法的典型代表佩顿、极为推崇归纳法的井尻雄士和利特尔顿等。但从20世纪60年代开始,西方经济学主要流派的研究方法已不再满足于定性的演绎或者归纳推理,而是逐步转向实证分析。受其影响,更确切地说,是在财务学研究方法的影响下,一大批年轻的会计学者逐步举起实证会计研究这面大旗,重视对既有的会计理论研究成果的检验,并形成了别具特色的实证会计研究方法,给会计理论研究带来了巨大的影响和震撼:①1968年,鲍尔和布朗的《会计收益数据的经验评价》一文标志着实证会计研究初露端倪;②20世纪70年代中期"罗切斯特学派"代表人物简森的《关于会计研究现状与会计管制的思考》一文可视为向规范会计研究挑战的宣言;③瓦茨和齐默尔曼1978年《决定会计准则的实证理论》、1979年《实证会计的供需:一个借口市场》两篇论文的发表及1986年《实证会计理论》一书的出版,标志着实证会计研究已逐渐与规范会计研究分庭抗礼。经过几十年的迅速发展,实证会计理论已经逐渐成为西方会计界的主流学派,以至于当今美国多数顶尖学术刊物非实证研究论文不予发表。在实证会计理论的发展过程中,瓦茨和齐默尔曼做出了不朽贡献。

资料来源:付丽,李琳. 新编基础会计学 [M]. 北京:清华大学出版社,北京交通大学出版社,2008:281.

第六章

会 计 凭 证

【结构框架】

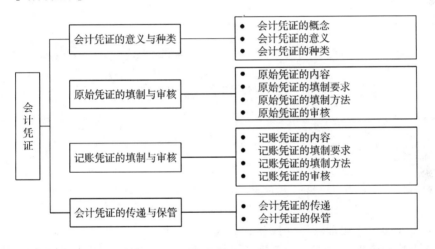

【学习目标】

本章主要介绍会计凭证的相关实务操作方法。通过本章的学习，学生需要了解会计凭证的种类及意义，掌握原始凭证的填制与审核，重点掌握记账凭证中收款凭证、付款凭证、转账凭证的选择、填制方法及审核，了解会计凭证的传递与保管。

【课程思政】

知识点	思政元素挖掘	思政元素浅析	综合能力提升引导
会计凭证	(1) 诚实守信; (2) 廉洁自律; (3) 坚持学习; (4) 服务意识; (5) 爱岗敬业; (6) 分工协作	(1) 通过介绍伪造、篡改、开具虚假发票等案例,提醒学生引以为戒,守住底线; (2) 通过介绍优秀会计人员的职业经验,树立标杆,激发学生积极向上; (3) 通过介绍发票的不断演进,使学生了解与时俱进、坚持学习的重要性; (4) 通过凭证的审核、签章使学生具有承担责任的品质; (5) 通过介绍会计凭证的传递程序,使学生各自职责、分工协作、提高工作效率	(1) 培养学生以事实为依据、实事求是的科学态度; (2) 培养学生一丝不苟的学习、工作作风和诚实守信的职业操守; (3) 培养学生具有爱岗敬业的职业道德; (4) 培养学生个人责任心与集体荣誉感、团队协作精神

第一节 会计凭证的意义与种类

一、会计凭证的概念

《中华人民共和国会计法》规定,各单位必须根据实际发生的经济业务事项进行会计核算。企业、行政事业单位在发生经济业务事项时,都要填制或取得适当的凭证作为证明文件,以保证会计记录的客观性和真实性,也为日后的会计分析、会计检查和审计等工作留下原始依据。例如,企业为了记录销售业务的发生,在销售产品时要开具销售发票,并签名盖章以明确责任;企业为了记录差旅费的支出情况,需要相关人员在出差时取得各种票据,如火车票、宾馆住宿等发票,出差归来后填写费用报销单,证明费用支出情况;在生产过程中领用材料,要填制领料单,以证明材料发出的情况,为以后计算成本提供依据。

会计凭证是记录经济业务的发生和完成情况、明确经济责任、作为记账依据的书面证明。

二、会计凭证的意义

合法取得、正确填制和审核会计凭证,是会计核算的基本方法之一,也是会计核算工作的起点,在会计核算中具有重要意义。

1. 记录经济业务,提供记账依据

会计凭证是会计信息的重要载体。会计凭证可以及时、准确地反映各项经济业务的发生情况,为经济管理提供真实、可靠的原始资料。

2. 明确经济责任，强化内部控制

经济业务发生后，需要取得或填制适当的会计凭证，证明经济业务已经发生或完成；同时要由有关的经办人员在凭证上签字、盖章，明确业务责任人。通过会计凭证的填制和审核，有关责任人可以在其职权范围内各负其责，并利用凭证填制、审核的手续制度进一步完善经济责任制。

3. 监督经济活动，控制经济运行

通过会计凭证的审核，企业可以检查经济业务的发生是否符合有关的法律、制度，是否符合业务经营、账务收支的方针和计划及预算的规定，以确保经济业务的合理、合法和有效性。

三、会计凭证的种类

用来记录、监督经济业务的会计凭证多种多样。为了具体地认识、掌握和运用会计凭证，首先要对会计凭证加以分类。

按照会计凭证的填制程序和用途进行分类是最基本的分类，会计凭证可分为原始凭证和记账凭证。原始凭证和记账凭证又可以分别按照不同的分类方式，分成多种凭证，会计凭证分类如图6-1所示。

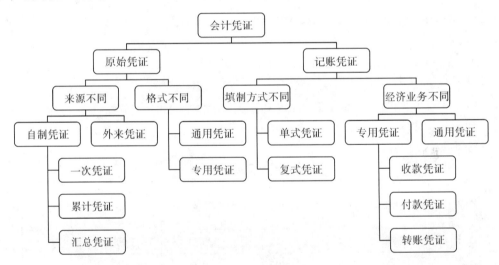

图 6-1 会计凭证分类

（一）原始凭证

原始凭证又称单据，是在经济业务发生或完成时取得或填制的，用以记录或证明经济业务的发生或完成情况的文字凭据。原始凭证是会计核算的起点和基础，因此，原始凭证必须真实、准确、完整地记录每项经济业务，为以后的进一步核算提供原始的书面资料。如出差乘坐的车船票、采购材料的发货票、到仓库领料的领料单等，都是原始凭证。原始凭证是在经济业务发生的过程中直接产生的，是经济业务发生的最初证明，在法律上具有证明效力，所以也可以叫作"证明凭证"。

注意，凡是不能证明经济业务发生或完成的计划、合同、通知等都不能作为原始凭证，也不能作为会计核算的原始依据。

1. 原始凭证按其取得的来源不同，分为自制原始凭证和外来原始凭证

（1）自制原始凭证。自制原始凭证是指在经济业务发生、执行或完成时，由本单位的经办人员自行填制的原始凭证，如收料单、领料单、产品入库单、产品出库单等。

自制原始凭证按其填制手续的不同，又可分为一次凭证、累计凭证、汇总凭证三种。

①一次凭证。一次凭证是指一次填制完成、只记录一笔经济业务的原始凭证。一次凭证是一次有效的凭证。比如：企业购进材料验收入库，由仓库保管员填制的"收料单"；车间或班组向仓库领用材料时填制的"领料单"（如表6-1所示）；销售产品时仓库填制的"产品出库单"（如表6-2所示）；报销人员填制的、出纳人员据以付款的"报销凭单"等。

表6-1　海城市恒易机电设备有限公司
领料单

领用部门：生产部门

用　　途：JD-5产品　　　　　202×年12月3日　　　　　材料仓库：2#

名称	规格	单位	数量		单价	金额	备注	第三联
			请领	实发				
甲材料		千克	1 000	1 000	100.00	100 000.00		会计记账
合计				1 000		100 000.00		

记账：　　　发料：杨林　　　领料单位负责人：　　　领料：李强

表6-2　海城市恒易机电设备有限公司
库存商品出库单

提货单位：海湖机电公司

用　　途：销售　　　　　202×年12月8日　　　　　产成品仓库：12#

名称	规格	单位	数量	单位成本	金额	备注	第三联
JD-1		件	600	320.00	192 000.00		会计记账
JD-5		件	800	210.00	168 000.00		
合计			—		360 000.00		

记账：　　　仓库主管：郭文　　　发货：白玲　　　提货：李建

一次凭证应在经济业务发生或完成时，由相关业务人员一次填制完成。一次凭证往往只能反映一项经济业务，或者同时反映若干项同一性质的经济业务。

②累计凭证。累计凭证是指在一定时期内多次记录发生的同类型经济业务的原始凭证。其特点是在一张凭证内可以连续登记相同性质的经济业务，随时结出累计数及结余数，并按照费用限额进行费用控制，期末按实际发生额记账。累计凭证是多次有效的原始凭证。如工业企业常用的"限额领料单"等（如表6-3所示）。使用累计凭证可以简化核算手续，能对材料消耗、成本管理起事先控制作用，是企业进行计划管理的手段之一。

累计凭证应在每次经济业务完成后，由相关人员在同一张凭证上重复填制完成，该凭证能在一定时期内不断重复地反映同类经济业务的完成情况。

③汇总凭证。汇总凭证是指对一定时期内反映经济业务内容相同的若干张原始凭证，按照一定标准综合填制的原始凭证。在一张汇总凭证中，不能将两类或两类以上的经济业务汇总填列。常见的汇总凭证有材料领用汇总表（如表6-4所示）。汇总原始凭证在大中型企业中使用得非常广泛，因为它可以简化核算手续，提高核算工作效率，能够使核算资料更为系统化，使核算过程更为条理化，能够直接为管理提供某些综合指标。

表6-3 海城市恒易机电设备有限公司
限额领料单

领用部门：生产部门
用　途：JD-5产品　　　　　　202×年12月　　　　　　材料仓库：8#库

材料编号	材料名称	规格	计量单位	领用限额	实际领用			备注
					数量	单价	金额	
01206	圆钢	φ20 mm	千克	3 600	3 600	2.8	10 080	

日期	请领		实发			退库			限额结余
	数量	领料负责人	数量	发料人	领料人	数量	收料人	退料人	
1	700	张军	700	李立					2 900
8	700	张军	700	李立					2 200
15	700	张军	700	李立					1 500
20	700	张军	700	李立					800
25	700	张军	700	李立					100
31	100	张军	100	李立					0
合计	3 600		3 600						

生产部门负责：黄荣　　　　　　　　　　　仓库负责人：郭敬

表6-4 海城市恒易机电设备有限公司
原材料领用汇总表
202×年12月　　　　　　　　　　单位：元

用途	甲材料			乙材料			合计
	数量	单价	金额	数量	单价	金额	
生产产品							
JD-1耗用	1 500	100	150 000	1 400	60	84 000	234 000
JD-5耗用	1 000	100	100 000	1 200	60	72 000	172 000
车间一般耗用				400	60	24 000	24 000
厂部一般耗用				200	60	12 000	12 000
合计	2 500	100	250 000	3 200	60	192 000	442 000

记账：王昌　　　　　　复核：李铁兵　　　　　　制单：马红

　　汇总凭证应由相关人员在汇总一定时期内反映同类经济业务的原始凭证后填制完成。该凭证只能将类型相同的经济业务进行汇总，不能汇总两类或两类以上的经济业务。

　　（2）外来原始凭证。外来原始凭证是指在同外单位发生经济往来关系时，从外单位取得的凭证。外来原始凭证都是一次凭证。比如，企业购买材料、商品时，从供货单位取得的发货票；销售商品时，货款结算收到的支票；支票交存银行后取得的银行进账单（收账通知）等。具体票样如图6-2、图6-3、图6-4、图6-5所示。

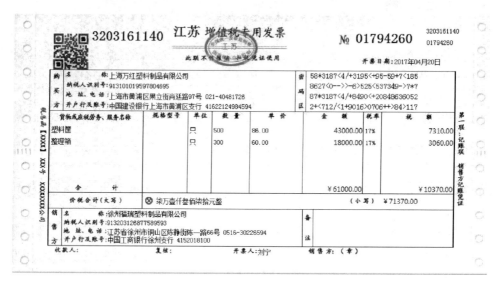

图6-2　增值税专用发票

图6-3　支票正本

图 6-4 支票存根

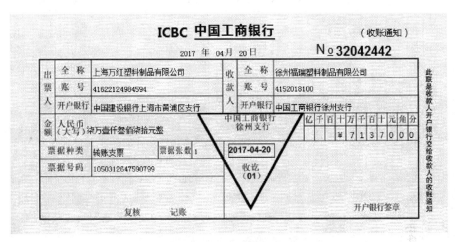

图 6-5 银行进账单

2. 原始凭证按照格式不同，分为通用凭证和专用凭证两类

（1）通用凭证。通用凭证是指由有关部门统一印制、在一定范围内使用的具有统一格式和使用方法的原始凭证。例如，结算时统一使用的银行结算凭证，国家或地区统一规定的发票等。

（2）专用凭证。专用凭证是指由单位自行印制、仅在本单位内部使用的原始凭证。例如，各单位自己印制的领料单、差旅费报销单等。

（二）记账凭证

原始凭证来自不同的单位，种类繁多，数量庞大，格式不一，不能清楚地表明应记入的会计科目的名称和方向。为了便于登记账簿，需要根据原始凭证反映的不同经济业务，加以归类和整理，填制具有统一格式的记账凭证，确定会计分录，并将相关的原始凭证附在后面。这样，不仅可以简化记账工作、减少差错，而且有利于原始凭证的保管，便于对账和查账，提高会计工作质量。

记账凭证，是会计人员根据审核无误的原始凭证按照经济业务事项的内容加以归类，并据以确定会计分录后所填制的会计凭证。它是登记账簿的直接依据，又称记账凭单。

1. 记账凭证按其适用的经济业务，分为专用记账凭证和通用记账凭证

（1）专用记账凭证。专用记账凭证是用来专门记录某一类经济业务的记账凭证。专用记账凭证按其所记录的经济业务是否与库存现金和银行存款的收付有关系，又分为收款凭证、付款凭证和转账凭证三种。

①收款凭证。收款凭证是用来记录库存现金和银行存款等货币资金收款业务的凭证，它是根据库存现金和银行存款收款业务的原始凭证填制的。空白收款凭证如表6-5所示。

表6-5　收款凭证

总字第　号
收字第　号

借方科目：_____　　　　　年　月　日

摘　要	贷方科目		金额										√
	总账科目	明细科目	千	百	十	万	千	百	十	元	角	分	
合　计													

附单据　张

会计主管：　　复核：　　出纳：　　　制单：　　记账：

②付款凭证。付款凭证是用来记录库存现金和银行存款等货币资金付款业务的凭证，它是根据库存现金和银行存款付款业务的原始凭证填制的。空白付款凭证如表6-6所示。

表6-6　付款凭证

总字第　号
付字第　号

贷方科目：_____　　　　　年　月　日

摘　要	借方科目		金额										√
	总账科目	明细科目	千	百	十	万	千	百	十	元	角	分	
合　计													

附单据　张

会计主管：　　复核：　　出纳：　　　制单：　　记账：

收款凭证和付款凭证是用来记录货币收付业务的凭证，既是登记有关账簿的依据，也是出纳人员收、付款项的依据。出纳人员不能依据库存现金、银行存款收付业务的原始凭证收付款项，必须根据会计主管人员或指定人员审核批准的收款凭证和付款凭证收、付款项，以加强对货币资金的管理，有效地监督货币资金的使用情况。

③转账凭证。转账凭证是用来记录与库存现金、银行存款等货币资金收、付款业务无关的转账业务的凭证，它是根据有关转账业务的原始凭证填制的。转账凭证是登记总分类账及有关明细分类账的依据。空白转账凭证如表6-7所示。

表6-7 转账凭证

总字第　　号

年　月　日　　　　　　　　转字第　　号

摘　要	总账科目	√	明细科目	√	借方金额										贷方金额										附单据　　张
					千	百	十	万	千	百	十	元	角	分	千	百	十	万	千	百	十	元	角	分	
合　　计																									

会计主管：　　　　记账：　　　　出纳：　　　　复核：　　　　制单：

（2）通用记账凭证。通用记账凭证的格式，不再分为收款凭证、付款凭证和转账凭证，而是以一种格式记录全部经济业务。在经济业务比较简单的单位，为了简化工作，可以使用通用记账凭证记录所发生的各种经济业务。空白通用记账凭证如表6-8所示。

表6-8 记账凭证

总字第　　号

年　月　日　　　　　　　　记字第　　号

摘　要	总账科目	√	明细科目	√	借方金额										贷方金额										附单据　　张
					千	百	十	万	千	百	十	元	角	分	千	百	十	万	千	百	十	元	角	分	
合　　计																									

会计主管：　　　　记账：　　　　出纳：　　　　复核：　　　　制单：

2. 记账凭证按其包括的会计科目是否单一，分为单式记账凭证和复式记账凭证

（1）单式记账凭证。单式记账凭证是指每一张记账凭证只填列经济业务事项所涉及的一个会计科目及其金额的记账凭证。填列借方科目的称为借项凭证，填列贷方科目的称为贷项凭证。

单式记账凭证便于汇总计算每一个会计科目的发生额，便于分工记账；但是填制记账凭证的工作量较大，而且出现了差错不易查找。这种凭证主要适用于银行业。

（2）复式记账凭证。复式记账凭证是指将每一笔经济业务事项所涉及的全部会计科目及其发生额均在同一张记账凭证中反映的一种凭证。

复式记账凭证可以集中反映账户的对应关系，因而便于了解经济业务的全貌，了解资金的来龙去脉，便于查账，同时可以减少填制记账凭证的工作量，减少记账凭证的数量；但是不便于汇总计算每一会计科目的发生额，不便于分工记账。其具体格式见表6-6、表6-7、表6-8。

（三）记账凭证和原始凭证的区别

记账凭证和原始凭证同属于会计凭证，但二者存在着以下差别：

（1）原始凭证是由经办人员填制的；记账凭证一律由会计人员填制。

（2）原始凭证是根据发生或完成的经济业务填制；记账凭证是根据审核后的原始凭证填制。

（3）原始凭证仅用来记录、证明经济业务已经发生或完成；记账凭证要依据会计科目对已经发生或完成的经济业务进行归类、整理。

（4）原始凭证是填制记账凭证的依据；记账凭证是登记账簿的依据。

第二节　原始凭证的填制与审核

一、原始凭证的内容

我国《会计基础工作规范》中规定，各单位办理会计事项，必须取得和填制原始凭证，并及时送交会计机构。在企业、行政及事业单位的经营活动中，各种各样的经济业务都会发生，记录经济业务的原始凭证来自不同单位，原始凭证的内容、格式都不尽相同，但是任何一张原始凭证都必须同时具备一些相同的内容，这些内容被称为原始凭证的基本内容或凭证要素。

原始凭证包括以下基本内容：

（1）凭证的名称。

（2）填制凭证的日期。

（3）填制凭证单位的名称或者填制人的姓名。

（4）经办人员签名或盖章。

（5）接受凭证单位的名称。

（6）经济业务内容。

（7）数量、单价、金额。

二、原始凭证的填制要求

一个单位的会计工作是从取得或填制原始凭证开始的。原始凭证填制的正确与否，会直接影响整个会计核算的质量。因此，各种原始凭证不论是由业务经办人员填制，还是由会计人员填制，都应该符合以下规定：

1. 记录真实

要实事求是地填列经济业务的内容。原始凭证上填写经济业务发生的日期、内容、数量和金额等必须与实际情况完全相符，不能填写估计数或匡算数。原始凭证是企业单位经济业务的真实写照，是具有法律效力的证明文件，不允许在原始凭证填制中弄虚作假。

2. 内容完整

原始凭证中的所有项目必须填列齐全，不得遗漏和省略。尤其需要注意的是：年、月、日要按照填制原始凭证的实际日期填写；原始凭证的基本内容和补充内容都应逐项填列，名称要写全，不能简化；品名或用途要填写清楚，不能含糊不清。项目填列不全的原始凭证，不能作为经济业务的合法证明，也不能作为记账凭证的附件。

3. 手续完备

单位自制的原始凭证必须有经办单位领导人或者其他指定人员的签名盖章；对外开出的原始凭证必须加盖本单位公章；从外部取得的原始凭证，必须盖有填制单位的公章；从个人那里取得的原始凭证，必须有填制人员的签名或盖章。

4. 书写清楚、规范

原始凭证要按规定填写，文字要简要，字迹要清楚，易于辨认，不得使用未经国务院公布的简化汉字。大小写金额必须相符且填写规范，小写金额用阿拉伯数字逐个书写，不得写连笔字。在金额前要填写人民币符号"￥"。人民币符号"￥"与阿拉伯数字之间不得留有空白。金额数字一律填写到角、分，无角、分的，写"00"或符号"-"；有角无分的，分位写"0"，不得用符号"-"。大写金额用汉字壹、贰、叁、肆、伍、陆、柒、捌、玖、拾、佰、仟、万、亿、元、角、分、零、整等，一律用正楷或行书字书写。大写金额前未印有"人民币"字样的，应加写"人民币"三个字。"人民币"字样和大写金额之间不得留有空白。大写金额到元或角为止的，后面要写"整"或"正"字；有分的，不写"整"或"正"字。如小写金额为￥1 008.00 元，大写金额应写成"人民币壹仟零捌元整"。

5. 编号连续

如果原始凭证已预先印有编号，在写错作废时，应加盖"作废"戳记，妥善保管，不得撕毁。

6. 不得涂改、刮擦、挖补

原始凭证有错误的，应当由出具单位重开或更正，更正处应当加盖出具单位印章。原始凭证金额有错误的，应当由出具单位重开，不得在原始凭证上更正。

7. 填制及时

当每一笔经济业务发生或完成时，应立即填制原始凭证，并按规定的程序及时送交会计部门，由会计部门审核后及时据以编制记账凭证。这样，既可以保证会计信息的时效性，也可以防止出现差错。

三、原始凭证的填制方法

（一）支票的填写

常见支票分为现金支票和转账支票，在支票正面上方有明确标注，转账支票只能用于转账（限同城内）。支票有支票存根和支票正本两部分，其中，支票存根留在单位作为反映银行存款减少的原始凭证，支票正本需要在出票时交给银行或收款人。支票正本的填写一定要规范，要注意以下几点：

（1）出票日期（大写）的填写。在填写月、日时，月为壹、贰和壹拾的，日为壹至玖和壹拾、贰拾、叁拾的，应在其前加"零"；日为拾壹至拾玖的，应在其前面加"壹"。例如，2月12日，应写成零贰月壹拾贰日；10月20日，应写成零壹拾月零贰拾日。出票日期使用小写填写的，银行不予受理。大写日期未按要求规范填写的，银行可予受理；但由此造成损失的，由出票人自行承担。

（2）收款人的填写。第一，现金支票的收款人可写本单位名称，此时现金支票背面被背书人栏内加盖本单位的财务专用章和法人章，之后收款人可凭现金支票直接到开户银行提取现金。第二，现金支票的收款人可写收款人个人姓名，此时现金支票背面不盖任何章，收款人在现金支票背面填上身份证号码和发证机关名称，凭身份证和现金支票签字领款。第三，转账支票的收款人应填写对方单位名称。转账支票背面本单位不盖章。收款单位取得转账支票后，在支票背面被背书栏内加盖收款单位财务专用章和法人章，填写好银行进账单后，连同该支票交给收款单位的开户银行委托银行收款。

（3）付款行名称、出票人账号的填写。付款行名称、出票人即本单位开户银行名称及银行账号，如工行海城市分理处，出票人账号124380098，用小写。

（4）人民币金额（大写）的填写。数字大写，参考以上内容。应特别注意的是，"万"字不带单人旁。325.20元应写为叁佰贰拾伍元贰角，角字后面可加"正"字，但不能写"零分"。

（5）人民币小写的填写。最高金额前的空白格写上符号"￥"，数字填写应完整清楚。

（6）用途的填写。第一，现金支票使用有一定限制，一般填写"备用金""差旅费""工资""劳务费"等内容。第二，转账支票使用没有具体规定，可填写如"货款""代理费"等内容。

（7）盖章。支票正面盖财务专用章和法人章，缺一不可。印泥为红色，印章必须清晰，若印章模糊则只能将该张支票作废，换一张重新填写并重新盖章；支票背面如何处理参见前文。

（8）常识。第一，支票正面不能有涂改痕迹，否则该支票作废；第二，收票人如果发现支票填写不全，可以补记，但不能涂改；第三，支票的有效期为10天，日期首尾算1天，节假日顺延；第四，支票见票即付，不记名。

支票的具体填写参见图6-3、图6-4。

（二）增值税专用发票的填制

为响应国家税务总局开展全面数字化的电子发票号召（简称"数电票"），自2021年12月1日率先在上海、广东、内蒙古三地开展试点工作，至2023年11月1日，试点地区城市已达到 35 个。数电票的开具流程如下：

登录国家税务总局电子税务局，点击"我要办税"；界面出现"开票业务"，点击"蓝字发票开具"，进入电子发票服务平台，点击"立即开票"进入开票功能，选择发票种类，"增值税专用发票"或"普通发票"；点击确定，检测销售方信息，包括名称、统一社会信用代码/纳税人识别号，销售方地址、电话、销售方开户银行，补充完整；填写完整买方信息，可以双击选择买方信息，然后往下拖动，填写项目信息，双击选择项目名称，填写完整规格型号、单位、数量、单价等，然后选择对应的税率，点击"发票开具"，发票开具成功。可以通过界面点击"查看发票"或"发票下载"，如保存数电票电子版，下载 XML 格式；如阅读浏览数电票，下载 PDF 格式；如查验数电票真伪，下载 OFD 格式。开票成功后，发票自动交付至购买方的税务数字账户。办税人员也可通过"邮箱交付""二维码交付""发票下载""发票打印"等多种方式将发票交付给买方。下载交付时，销售方可以下载 PDF 格式或 OFD 格式发给买方，无须加盖发票专用章，电子签名可以代替发票专用章。电子发票（增值税专用发票）和电子发票（普通发票）票样如图 6-6、图 6-7 所示。

图 6-6　电子发票（增值税专用发票）

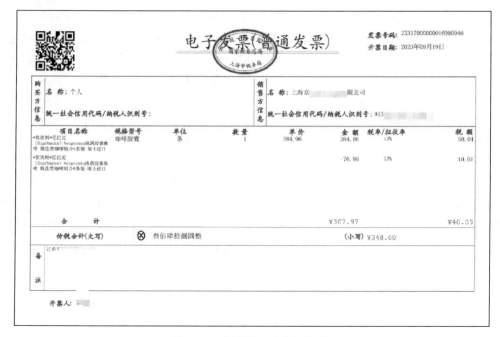

图 6-7　电子发票（普通发票）

（三）收料单的填制

收料单是记录材料入库的一种原始凭证，属于自制一次性凭证。当企业购进材料验收入库时，由仓库保管人员根据购入材料的实际验收情况，按实收材料的数量填制收料单。收料单一般一式三联，一联留仓库，据以登记材料明细账和材料卡片；一联随发票账单到会计处报账；一联交采购人员存查。

（四）领料单的填制

领料单是记录并据以办理材料领用和发出的一种原始凭证，属于自制一次性凭证。企业发生材料出库业务，由领用材料的部门及经办人和保管材料的部门填制，以反映和控制材料发出情况，明确经济责任。为了便于分类汇总，领料单要"一料一单"填制，即一种原材料填写一张单据。领料单一般一式三联，一联由领料单位留存或领料后由发料人退回领料单位；一联由仓库发出材料后，作为登记材料明细分类账的依据；一联交会计部门。

（五）限额领料单的填制

限额领料单是一种一次开设、多次使用的累计原始凭证，属于自制凭证，在有效期间内只要领用材料不超过限额，就可以连续领发材料。它适用于经常领用并规定限额的领用材料业务。在每月开始前，由生产计划部门根据生产作业计划和材料消耗定额，按照每种材料的用途编制限额领料单。限额领料单通常一式两联，一联送交仓库据以发料，另一联送交领料部门据以领料。领发材料时，仓库应按单内所列材料品名、规格在限额内发放，同时把实发数量和限额结余数填写在仓库和领料单位持有的两份限额领料单内，并由领发料双方在两份限额领料单内签章。月末结出实物数量和金额，交由会计部门据以记账；如有结余材料，应办理退料手续。

限额领料单的填制格式见表 6-3。

（六）材料领用汇总表的填制

企业在生产过程中领用材料比较频繁，业务量大，同类凭证也较多。为了简化核算，需要编制材料领用汇总表。材料领用汇总表编制的时间间隔根据业务量的大小确定，可 5 天、10 天、15 天或 1 个月汇总编制一次。汇总时，要根据实际成本计价（或计划成本计价）的领发料凭证、领料部门以及材料用途进行分类。

材料领用汇总表的填制格式见表 6-4。

四、原始凭证的审核

原始凭证的审核内容如下：

（1）真实性。即审核原始凭证是否如实地反映了经济业务的本来面貌，是不是伪造的凭证，是不是涂改、挖补、刮擦过的凭证。

（2）合法性。即审核原始凭证中所反映的经济业务是否符合国家的政策法令、规章制度和财经纪律。比如，审核购销业务是否合法，若发现异常应拒绝接受，同时上报相关领导。

（3）合理性。即审核原始凭证中所反映的经济内容是否应该发生，是否符合经济效益原则，尤其是在费用的开支方面，是否以最小的投入获得最大的产出。

（4）完整性。即审核原始凭证中填写的项目是否齐全，有关人员是否签字盖章等。

（5）正确性。即审核原始凭证中的金额有无计算上的错误，应填写的内容是否书写清楚。

审核后的原始凭证按如下方式处理：

（1）对于完全符合要求的原始凭证，应及时据以编制记账凭证入账。

（2）对于真实、合法、合理但内容不够完整，填写有错误的原始凭证，应退回给有关经办人员，由其负责将有关凭证补充完整、更正错误或重开后，再办理正式会计手续。

（3）对于不真实、不合法的原始凭证，会计机构和会计人员有权不予接受，并向单位负责人报告。

值得注意的是，原始凭证记载的各项内容均不得涂改。原始凭证有错误的，应当由出具单位重开或更正，更正处应当加盖出具单位印章。对于支票等重要的原始凭证若填写错误，一律不得在凭证上更正，应按规定的手续注销留存，另行重新填写。

第三节 记账凭证的填制与审核

一、记账凭证的内容

为了概括地反映经济业务的基本内容，满足登记账簿的需要，记账凭证必须具备下列基本内容（也称记账凭证要素）：

（1）凭证名称。

（2）记账凭证编号。

（3）记账凭证的填制日期。

（4）经济业务内容摘要。

（5）会计科目的名称。

（6）金额。

（7）所附原始凭证的张数。

（8）有关责任人的签名或盖章。

二、记账凭证的填制要求

1. 填制记账凭证的依据

填制记账凭证必须以审核无误的原始凭证为依据。记账凭证可以根据每一张原始凭证填制，或者根据若干张同类原始凭证汇总填制，也可以根据原始凭证汇总表填制。但不同内容和类别的原始凭证不能汇总填列在一张记账凭证上。

2. 记账凭证的日期

收、付款凭证的日期应是收、付货币资金的实际日期，与原始凭证所记载的日期不一定相同；转账凭证是以收到原始凭证的日期作为填制记账凭证的日期。

3. 正确填写摘要栏

摘要栏是对经济业务的简要说明，填写时既要简明，又要确切。

4. 会计科目和会计分录的填制

会计科目的使用必须正确，应借、应贷账户的对应关系必须清楚。编制会计分录要先借后贷，可以是一借多贷或一贷多借。如果某项经济业务本身需要编制一套多借多贷的会计分录，为了反映该项经济业务的全貌，可以采用多借多贷的会计分录。

5. 金额栏数字的填写

记账凭证的金额必须与原始凭证的金额相等；金额的登记方向、大小写数字必须正确，符合数字书写规定。每笔经济业务填入金额数字后，要在记账凭证的合计行填写合计金额，合计数前面填写货币符号"￥"，不是合计数的，则不填写货币符号。

6. 记账凭证必须连续编号

记账凭证可以按收款、付款和转账业务三类分别编号，也可以按现金收入、现金支出、银行存款收入、银行存款支出和转账五类进行编号。无论采用哪一种编号方法，都应该按月顺序编号，即每月都从 1 号编起，顺序编至月末。一笔经济业务需要填制 2 张或者 2 张以上记账凭证的，可以采用分数编号法编号，如 8 号经济业务需要填制 2 张记账凭证，就可以编成 $8\frac{1}{2}$、$8\frac{2}{2}$。

7. 记账凭证应按行次逐项填写

记账凭证应按行次逐项填写，不得跳行或留有空行，对记账凭证中的空行，应该划斜线或一条"s"形线注销。斜线应从金额栏最后一笔金额数字下的空行划到合计数行上面的空行，要注意斜线两端都不能划到金额数字的行次上。

8. 记账凭证填写差错的更正

如果在填制记账凭证时发生差错，应当重新填制。已经登记入账的记账凭证，在当年内发现填写错误时，应当按照规定的错账更正方式①更正。

---

① 错账更正方法参见本书第六章会计账簿的内容。

9. 所附原始凭证张数的计算和填写

除结账和更正错误外，记账凭证必须附有原始凭证，并注明所附原始凭证的张数。所附原始凭证张数的计算，一般以原始凭证的自然张数为准。与记账凭证中的经济业务记录有关的每一张证据，都应当作为原始凭证的附件。如果记账凭证中附有原始凭证汇总表，则应该把所附的原始凭证和原始凭证汇总表的张数一起计入附件的张数内。但报销差旅费等的零散票券，可将它们粘贴在一张纸上，作为一张原始凭证。一张原始凭证如涉及几张记账凭证的，可以将该原始凭证附在一张主要的记账凭证后面，并在其他记账凭证上注明附有该原始凭证的记账凭证的编号或者附原始凭证复印件。

一张原始凭证所列支出需要由两个以上的单位共同负担时，应当将其他单位负担的部分，开给对方原始凭证分割单，进行结算。原始凭证分割单必须具备原始凭证的基本内容，包括凭证名称、填制凭证日期、填制凭证单位名称或填制人姓名、经办人员的签名或盖章、接受凭证单位名称、经济业务内容、数量、单价、金额和费用分摊情况等。原始凭证分割单如表6-9所示。

表6-9 原始凭证分割单

年　月　日　　　　　　　　　　编号：

接受单位名称										地址				
原始凭证	单位名称	地址												
	名称		日期					编号						
总金额		人民币（大写）			千	百	十	万	千	百	十	元	角	分
分割金额		人民币（大写）			千	百	十	万	千	百	十	元	角	分
原始凭证主要内容、分割原因														
备注		该原始凭证附在本单位　年　月　日　第　号记账凭证内。												

单位名称：　　　　会计：　　　　制单：

10. 记账凭证的签章

记账凭证填制完成后，需要由有关会计人员签名或盖章，以便加强凭证的管理，分清会计人员之间的经济责任，使会计工作人员之间相互制约、互相监督。

三、记账凭证的填制方法

（一）专用记账凭证的填制

1. 收款凭证的填制

收款凭证应根据审核无误的有关库存现金和银行存款收入业务的原始凭证填制。在借贷记账法下，经济业务的借方科目为"库存现金"或"银行存款"科目的，应选择收款凭证。收款凭证左上角表头列明的是借方科目，表内栏中反映的是贷方科目及其金额。

收款凭证编号可按"收字××号"统一编号，也可以按现金收入业务以"现收字××

号"顺序编号，银行存款收入业务以"银收字××号"顺序编号。附单据张数是指附在记账凭证后面的原始凭证件数。最后是有关人员的签字或盖章，编制记账收款凭证的会计人员应在"制单"处签章。

【例6-1】202×年1月5日，M公司收到甲公司投入的货币资金300 000元并存入银行。

分析：资金存入银行，涉及银行存款收入业务，因此，应选取"收款凭证"。收款凭证的具体填制方法如表6-10所示。

表6-10　收款凭证

总字第1号

借方科目：　银行存款　　　　　202×年1月5日　　　　　收字第1号

摘　要	贷方科目		金额										√
	总账科目	明细科目	千	百	十	万	千	百	十	元	角	分	
收到甲公司投资款	实收资本	法人资本			3	0	0	0	0	0	0	0	√
合　计				¥	3	0	0	0	0	0	0	0	

附单据　　张

会计主管：　　　复核：　　　出纳：　　　制单：李娟　记账：

2. 付款凭证的填制

付款凭证应根据审核无误的有关库存现金和银行存款付出业务的原始凭证填制。在借贷记账法下，经济业务的贷方科目为"库存现金"或"银行存款"的，应选择付款凭证。付款凭证左上角表头列明的是贷方科目，表内栏中反映的是借方科目及其金额。

付款凭证编号及其他内容与收款凭证相同，只是把"收字"换成"付字"而已。

需要注意的是，对于库存现金和银行存款之间相互划转的业务，如从银行提取现金业务，若从"库存现金"科目来看，应选择"收款凭证"；若从"银行存款"科目来看，应选择"付款凭证"。同样，把多余库存现金存入银行业务，若从"库存现金"科目来看，应选择"付款凭证"；若从"银行存款"科目来看，应选择"收款凭证"。因此，对于货币资金之间相互划转的业务，为了避免重复记账，在会计实务中规定只编制付款凭证，不编制收款凭证。

付款凭证的填制举例如下：

【例6-2】202×年1月10日，M公司用现金支付购买办公用品费用500元。

分析：本业务涉及现金付出业务，应选择"付款凭证"。付款凭证的具体填制方法如表6-11所示。

表 6-11 付款凭证

总字第 2 号

贷方科目： 库存现金　　　　202×年 1 月 10 日　　　　付字第 1 号

摘　要	借方科目		金额										√
	总账科目	明细科目	千	百	十	万	千	百	十	元	角	分	
用现金购买办公用品	管理费用	办公费						5	0	0	0	0	√
合　计							¥	5	0	0	0	0	

附单据　张

会计主管：　　复核：　　出纳：　　　　制单：李娟　记账：

【例 6-3】202×年 1 月 15 日，M 公司把多余的现金 800 元存入银行。

分析：该业务涉及库存现金和银行存款之间相互划转，只编制现金付款凭证。付款凭证的具体填制方法如表 6-12 所示。

表 6-12 付款凭证

总字第 3 号

贷方科目： 库存现金　　　　202×年 1 月 10 日　　　　付字第 2 号

摘　要	借方科目		金额										√
	总账科目	明细科目	千	百	十	万	千	百	十	元	角	分	
多余现金存入银行	银行存款	办公费						8	0	0	0	0	√
合　计							¥	8	0	0	0	0	

附单据 1 张

会计主管：　　复核：　　出纳：　　　　制单：李娟　记账：

3. 转账凭证的填制

转账凭证应根据审核无误的有关转账业务的原始凭证填制。在借贷记账法下，经济业务的借、贷科目不涉及"库存现金""银行存款"科目的，应选择转账凭证。转账凭证的借方、贷方科目及金额均在表内栏中反映。

转账凭证编号及其他内容与收款凭证相同，只是把"收字"换成"转字"。

转账凭证的填制举例如下：

【例 6-4】202×年 1 月 10 日，M 公司向乙公司销售一批 A 产品，货款 35 000 元，增值税 5 950 元，款项尚未收到。

分析：该业务未涉及货币资金的收支，因此选择转账凭证。转账凭证的具体填制方法如表 6-13 所示。

表 6-13　转账凭证

202×年 1 月 10 日　　　　　　　　　　　　　　　总字第 4 号　　转字第 1 号

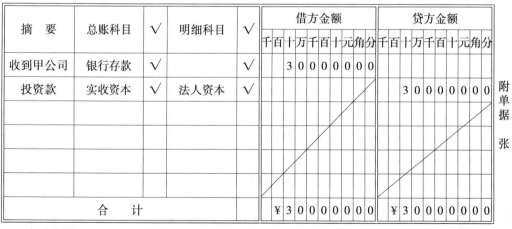

摘　要	总账科目	√	明细科目	√	借方金额 千百十万千百十元角分	贷方金额 千百十万千百十元角分	
销售产品款	应收账款	√	乙公司		4 0 9 5 0 0 0		附单据张
未收	主营业务收入	√	A产品	√		3 5 0 0 0 0 0	
	应交税费	√	增值税	√		5 9 5 0 0 0	
合　　计					¥4 0 9 5 0 0 0	¥4 0 9 5 0 0 0	

会计主管：　　　记账：　　　出纳：　　　复核：　　　制单：郭萍

（二）通用记账凭证的填制

通用记账凭证的格式与转账凭证的格式相同，借方、贷方科目及金额均在表内栏中反映。

通用记账凭证的填制与转账凭证相同，只是把"转字"换成"记字"。

假设例 6-1 选用通用记账凭证，其填制方法如表 6-14 所示。

表 6-14　记账凭证

202×年 1 月 5 日　　　　　　　　　　　　　　　总字第 1 号　　记字第 1 号

摘　要	总账科目	√	明细科目	√	借方金额 千百十万千百十元角分	贷方金额 千百十万千百十元角分	
收到甲公司	银行存款	√		√	3 0 0 0 0 0 0 0		附单据张
投资款	实收资本	√	法人资本	√		3 0 0 0 0 0 0 0	
合　　计					¥3 0 0 0 0 0 0 0	¥3 0 0 0 0 0 0 0	

会计主管：　　　记账：　　　出纳：　　　复核：　　　制单：刘辉

四、记账凭证的审核

《会计基础工作规范》规定，会计人员应当根据审核无误的会计凭证登记账簿。因此，为了确保账簿记录的真实性、正确性，记账凭证填制完毕，必须对记账凭证进行认真审核。记账凭证的审核主要从真实性、完整性、正确性和清晰性四个方面进行。

1. 真实性

主要是审核记账凭证是否附有原始凭证，所附原始凭证是否齐全、是否已审核无误、记录的内容是否与所附原始凭证的内容相符。

2. 完整性

主要是审核记账凭证的各个项目填列是否齐全，如日期、凭证编号、摘要、会计科目、金额、所附原始凭证张数及有关人员签章。

3. 正确性

主要审核应借、贷的会计科目是否与会计准则的规定相符，账户的对应关系是否正确，所记录的金额是否与原始凭证的有关金额一致，计算是否正确等。

4. 清晰性

主要审核记账凭证中文字是否工整、数字是否清晰、是否按规定进行更正等。

实行会计电算化的单位，对于机制的记账凭证也要认真审核，做到会计科目使用正确，数字准确无误。打印出来的机制记账凭证要加盖有关人员的印章。

第四节 会计凭证的传递与保管

一、会计凭证的传递

会计凭证的传递，是指会计凭证从取得或填制时起至归档保管过程中，在单位内部有关部门和人员之间的传递程序。会计凭证的传递，应当满足内部控制制度的要求，使传递程序合理有效，同时尽量节约传递时间，减少传递的工作量。各单位应根据具体情况确定每一种会计凭证的传递程序和方法。

会计凭证的传递具体包括传递程序和传递时间。各单位应根据经济业务特点、内部机构设置、人员分工和管理要求，具体规定各种凭证的传递程序；根据有关部门和经办人员办理业务的情况，确定凭证传递的时间。

科学合理地组织会计凭证的传递，及时处理和登记经济业务，明确经济责任，实行会计监督，具有重要作用。

企业在制定合理的凭证传递程序和时间时，通常要规定以下内容：

（1）规定会计凭证的传递路线。企业应规定何种经济业务填制何种会计凭证，经济业务发生时由谁填制或取得，交谁接办该项业务；当某项业务由两个以上部门共同办理时，还应规定凭证应传递到哪些环节及其先后顺序。如果一种经济业务需要填制或取得数联会计凭证时，还应为每一联会计凭证分别规定其用途和传递路线。各种会计凭证的传递路线应根据它所记录的经济业务的特点、本单位机构的设置、岗位分工以及经济管理的需要等情况具体规定，但要避免经过不必要的环节，防止公文"旅行"，以提高办事效率。

（2）规定会计凭证在各个环节的停留时间。会计凭证在各个环节的停留时间应由有关部门或人员根据会计凭证办理业务手续对时间的合理需要来确定，既要讲求效益，加速业务处理，又要避免规定的停留时间过短，以致经办人员不能在规定的时间内完成。应特别注意的是，一切会计凭证的传递和处理都必须在报告期内完成；否则，将影响会计凭证的及时性和准确性。

（3）规定会计凭证传递过程中的交接签收制度。为了防止会计凭证在传递过程中遗失、毁损或其他意外情况的发生，保证凭证在传递过程中的安全完整，应制定各环节凭证的交接签收制度。

二、会计凭证的保管

会计凭证的保管是指会计凭证记账后的整理、装订、归档和存查工作。会计凭证是一种有法律效力的重要经济档案，入账后要妥善保管，以便日后随时查阅。

（一）会计凭证的保管要求

会计凭证的保管，是指会计凭证记账后的整理、装订、归档和存查工作。会计凭证作为记账的依据，是重要的会计档案和经济资料。任何单位在完成经济业务手续和记账后，必须将会计凭证按规定的立卷归档制度形成会计档案，妥善保管，防止丢失，不得任意销毁，以便日后随时查阅。

会计凭证的保管要求主要有：

1. 整理装订要求

会计机构在依据会计凭证记账以后，应定期（每天、每旬或每月）对各种会计凭证进行分类整理，将各种记账凭证按照编号顺序，连同所附的原始凭证一起加具封面和封底，装订成册，并在装订线上加贴封签，防止抽换凭证。会计凭证封面应注明单位名称、凭证种类、凭证张数、起止号数、年度、月份、会计主管人员和装订人员等有关事项，会计主管人员和保管人员等应在封面上签章。

2. 外来原始凭证遗失补救要求

从外单位取得的原始凭证遗失时，应取得原签发单位盖有公章的证明，并注明原始凭证的号码、金额、内容等，由经办单位会计机构负责人、会计主管人员和单位负责人批准后，才能代作原始凭证。若确实无法取得证明的，如车票丢失，则应由当事人写明详细情况，由经办单位会计机构负责人、会计主管人员和单位负责人批准后，代作原始凭证。

3. 原始凭证单独装订要求

原始凭证较多时，可单独装订，但应在凭证封面注明所属记账凭证的日期、编号和种类，同时在所属的记账凭证上应当注明"附件另订"及原始凭证的名称和编号，以便查阅。对各种重要的原始凭证，如押金收据、提货单等，以及各种需要随时查阅和退回的单据，应另编目录，单独保管，并在有关的记账凭证和原始凭证上分别注明日期和编号。

4. 电子会计档案要求

同时满足以下条件的，单位内部形成的属于归档范围的电子会计凭证等电子会计资料可仅以电子形式保存，形成电子会计档案，无须打印电子会计资料纸质件进行归档保存：

（1）形成的电子会计资料来源真实有效，由计算机等电子设备形成和传输。

（2）使用的会计核算系统能够准确、完整、有效接收和读取电子会计资料，能够输出符合国家标准归档格式的会计凭证、会计账簿、财务会计报表等会计资料，设定了经办、审核、审批等必要的审签程序。

（3）使用的电子档案管理系统能够有效接收、管理、利用电子会计档案，符合电子档案的长期保管要求，并建立了电子会计档案与相关联的其他纸质会计档案的检索关系。

（4）采取有效措施，防止电子会计档案被篡改。

（5）建立电子会计档案备份制度，能够有效防范自然灾害、意外事故和人为破坏的影响。

（6）形成的电子会计资料不属于具有永久保存价值或者其他重要保存价值的会计档案。

在同时满足上述条件的情况下，单位从外部接收的电子会计资料附有符合《中华人民共和国电子签名法》规定的电子签名的，可仅以电子形式归档保存，形成电子会计档案，无须打印电子会计资料纸质件进行归档保存。

单位仅以电子形式保存会计档案的，原则上应从一个完整会计年度的年初开始执行，以保证其年度会计档案保存形式的一致性。

5. 会计凭证档案保管要求

当年形成的会计档案，在会计年度终了后，可由单位会计机构临时保管一年，期满后再移交单位档案管理机构统一保管；因工作需要确须推迟移交的，应当经单位档案管理机构同意，且最长不超过三年；单位未设立档案管理机构的，应在会计机构等机构内部指定专人保管。临时保管期间，会计档案的保管应当符合国家档案管理的有关规定，且出纳人员不得兼管会计档案。

6. 会计档案对外借出要求

单位保存的会计档案一般不得对外借出，确因工作需要且根据国家有关规定必须借出的，应当严格按照规定办理相关手续；其他单位如有特殊原因，确实需要使用单位会计档案时，经单位会计机构负责人、会计主管人员批准，可以复制。向外单位提供的会计档案复制件，应在专设的登记簿上登记，并由提供人员和收取人员共同签名或者盖章。

7. 会计档案销毁要求

单位应当严格遵守会计档案的保管期限要求，保管期满前不得任意销毁。会计档案达到保管期限的，单位应当组织对到期会计档案进行鉴定。经鉴定，仍须继续保存的会计档案，应当重新划定保管期限；对保管期满后确无保存价值的会计档案，可以销毁；保管期满但涉及未结清的债权债务的会计档案和涉及其他未了事项的会计档案不得销毁，纸质会计档案应当单独抽出立卷，电子会计档案单独转存，并保管到未了事项完结时为止。

（二）会计凭证的整理与装订

1. 会计凭证的整理

由于原始凭证的纸张面积与记账凭证的纸张面积不可能全部一样，有时前者大于后者，有时前者小于后者，这就需要会计人员在制作会计凭证时对原始凭证加以适当整理，以便下一步装订成册。对于纸张面积大于记账凭证的原始凭证，可按记账凭证的面积尺寸，先自右向后，再自下向后两次折叠。注意应把凭证的左上角或左侧面让出来，以便装订后还可以展开查阅。对于纸张面积过小的原始凭证，一般不能直接装订，可先按一定次序和类别排列，再粘在一张同记账凭证大小相同的白纸上。对于纸张面积略小于记账凭证的原始凭证，可先用回形针或大头针别在记账凭证后面，待装订时再抽去回形针或大头针。有的原始凭证不仅面积大，而且数量多，可以单独装订，如工资单、耗料单等，但在记账凭证上应注明保管地点。原始凭证附在记账凭证后面的顺序应与记账凭证所记载的内容顺序一致，不应按原始凭证的面积大小来排序。会计凭证经过整理之后，就可以装订了。

2. 会计凭证的装订

会计凭证的装订是指把定期整理完毕的会计凭证按照编号顺序，外加封面、封底，装订成册，并在装订线上加贴封签。在封面上，应写明单位名称、年度、月份、记账凭证的种类、起讫日期、起讫号数，以及记账凭证和原始凭证的张数，并在封签处加盖会计主管的骑缝图章。会计凭证封面如表6-15所示。

表6-15 会计凭证封面

本年册号_____

自　年　月　日起至　年　月　日止　本月共　册第　册

记账凭证自第　号至第　号	共　张
原始单据（附件）	共　张
会计凭证总页数	共　张

年　月　日装订　　　　会计主管：　　　　装订员：

会计凭证的装订，要求既美观大方又便于翻阅，所以在装订时要先设计好装订册数及每册的厚度。一般来说，一本凭证，厚度以1.5~2.0厘米为宜，太厚了不便于翻阅核查，太薄了又不利于戳立放置。凭证装订册数可根据凭证多少来定，原则上以月份为单位装订，每月订成一册或若干册。有些单位业务量小，凭证不多，把若干个月份的凭证合并订成一册就可以了，只要在凭证封面注明本册所含的凭证月份即可。

具体操作步骤是：首先选择结实、耐磨、韧性较强的牛皮纸作为凭证封面和封底，分别附在凭证前面和后面，再拿一张牛皮纸放在封面上角，做护角线。然后在凭证的左上角画一个边长为5厘米的等腰三角形，用夹子夹住，用装订机在底线上分布均匀地打两个眼儿，用大针引线绳穿过两个眼儿，在凭证的背面打线结。接着将护角向左上侧折，并将一侧剪开至凭证的左上角，然后抹上胶水，向后折叠，并将侧面和背面的线绳扣粘紧。等晾干后，最后在装订的凭证本包角侧面写上"某年某月第×号至第×号"以及"第×册共×册"字样，装订人在装订线封签处签名或者盖章。

【本章小结】

会计凭证是会计核算工作的起点，在会计核算中具有重要的意义。会计凭证按填制程序和用途，可分为原始凭证和记账凭证。原始凭证按来源又分为自制原始凭证和外来原始凭证。原始凭证主要从真实性、合法性、合理性、完整性和正确性等方面去审核。记账凭证又分为收款凭证、付款凭证、转账凭证。涉及库存现金、银行存款收款业务的，选择收款凭证；涉及库存现金、银行存款付款业务的，选择付款凭证；与库存现金、银行存款等货币资金收付业务无关的，选择转账凭证。必须注意的是，对于货币资金之间相互划转的业务，按照惯例只选择付款凭证。记账凭证主要从真实性、完整性、正确性和清晰性等方面去审核。会计凭证的填写与编制要符合《会计基础工作规范》的各项规定。企业要科学合理地制定会计凭证的传递程序和传递时间，并妥善保管会计凭证。

【阅读材料】

电子发票时代面临的审计和会计变革

《网络发票管理办法》的颁布实施，对节约社会成本、促进经济实体便利化纳税起到了积极作用，同时也极大地契合了新型电商销售模式。目前，我国电子发票尚处于试点阶段，大力推广、尽快缩短试点周期并在全国范围内实行很有必要，具有深远意义，对相关行业也将产生革命性的影响。

一、电子发票优势尽显

相比传统纸质发票，电子发票的优势非常明显。

一是电子发票环节单一，安全可靠。

传统纸质发票印制环节复杂，至少应该经过批准、定点印刷、印刷模板的制作与销毁、纸张的选用、保管、储存、运输等各个环节，稍有不慎就存在遗漏等风险。而电子发票在经过初始设置授权后，只存在后台维护备份风险，在现有成熟的技术阶段，技术风险已经可以忽略不计。如现有的证券交易所、银行卡等业务均是通过电子技术实现的，其运行的数据量相对于经济实体间的交易量要大得多，但其运行多年来，一直保持稳定。可以说，电子发票即使出现问题，现有技术也是可以在极短时间内予以解决的。

二是电子发票运行成本低。因传统纸质发票是实物形态，其无论是消耗的社会物资资源还是人力资源，都以海量计算。而电子发票除了大数据的硬软件系统、网络资源及其维护所必需的人力资源外，几乎无其他任何消耗。比较而言，电子发票将极大地降低发票运行成本。

三是电子发票具有税收征纳和稽查优势。电子发票系统属于共享系统，税务征收部门可以远程查验票据，有利于税务部门快捷、适时地了解经济实体解缴税金的情况。同时，电子发票可以极为方便地进行网上双方钩稽核对，核对时长几乎为零，其真实性、可靠性高度依赖于诚实的软件系统，经济实体间的交易存在相互印证性，其偷逃税款的概率也降到零。而传统纸质发票的核对需要通过发函等相对落后的手段进行，核实时间跨度长，且其真实性依赖于接受函件的第三方，可靠度存在不确定性。另外，因传统纸质发票的多联式，给发票的套开提供了可能（即同一票号采用不同联次开具不同金额的方式），具有取证难等诸多不便。

四是电子发票可促进经济实体诚信守法，降低税务隐性成本。电子发票大大提高了企业的运作效率，杜绝了应予当期抵扣但因票据传递过程时长造成的不能抵扣的现象。同时，电子发票的即时印证性，杜绝了经济实体套开票据等各种违法违规行为，因为电子发票的授权机制在授权范围内是可以公开查阅的，杜绝了个别经济实体和税务征纳机关相互勾结造成税收流失的可能。

二、审计无纸化或将成为可能

电子发票使会计核算无纸化成为可能，而会计核算的无纸化必然带来审计领域的无纸化，远程审计也将成为可能。因此，会计核算的无纸化将给目前的审计方法、审计实践等带来革命性的影响。

目前的审计方式是基于会计核算的方式而确定的，会计核算虽然实现了电算化，但是由于外来原始凭证的纸质化，所以审计虽然可以采用设定程序抽取样本，但原始凭证的审核还必须依赖审计人员。而会计核算无纸化后，原始凭证的外部即时印证成为现实，目前采用的风险导向审计方法也将回归到详式审计，对于既定程序化的审核完全可以由数据处理系统代替。

无纸化审计还将极大地节约社会成本。以现行的审计需要对非存放于企业库存的资产进行外部函证为例，其浪费了大量的人力、物力，不仅仅对事务所和被审计单位是一种资源浪费，更多的是一种整体社会资源的浪费。而无纸化审计后，这种浪费情形将不复存在。

笔者进行更为大胆和长远的畅想：经济实体电子化自动生成的财务报表依赖于授权范围内公开的相互勾稽的基础数据，这种数据来源真实可靠，账务处理系统也完全自动化，这将导致经济实体的财务造假等行为不复存在，而鉴证性审计也将随之失去应有的价值，取而代之的将是对企业财务等方面的咨询业务。

三、会计核算方式的深刻革命

原始票据的无纸化处理必然影响到记账凭证的无纸化处理。目前，企业会计核算大都已经过渡到依赖于企业资源计划（ERP）系统，而ERP系统的核心是实现了企业内部管理的无纸化运作，即实现了自制原始凭证的无纸化。发票作为企业外来原始凭证中的主要票据，目前依然严重依赖于传统的纸质版本，显然阻碍了会计核算迈向无纸化的步伐。而一旦发票事项电子化，便会使得会计核算无纸化成为可能。

外来原始凭证的电子化将带来会计核算方式的深刻革命，这是一种极大思维惯式和行为的转换。我们可以畅想，不仅会计凭证无纸化成为可能，其记账方法也将随之而改变。或许未来，电子化原始凭证对应于会计核算账务处理的固化亦成为可能，账务处理的固化可将会计人员从繁重的账务处理中解脱出来，这将是非常大的变化。

资料来源：胡勇，白勇. 电子发票时代面临的审计和会计变革［N］. 中国会计报，2016-04-01.

第七章

会计账簿

【结构框架】

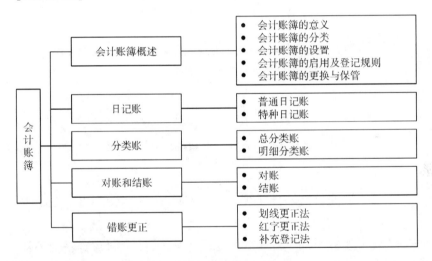

【学习目标】

本章主要阐述会计账簿的设置和登记。通过本章的学习，学生需要了解设置和登记账簿对于系统地提供经济信息、加强经济管理的作用；熟悉会计账簿的分类、设置原则；掌握各种账簿的设置、登记，以及对账、结账和错账更正。

【课程思政】

知识点	思政元素挖掘	思政元素浅析	综合能力提升引导
会计账簿概述	(1) 坚守原则；(2) 实事求是	(1) 依据原则设置和登记账簿是系统地提供经济信息、加强经济管理作用的基础；(2) 实际操作中还应坚持实事求是的原则，结合企业具体情况，设置账簿	(1) 设置账簿的能力：能结合所在企业的实际情况，根据设置账簿的原则为企业设置好所需账簿；(2) 登记账簿的能力：根据审核无误的会计凭证，登记账簿，予以对账结账；(3) 改正错账的能力：在具体登账中，难免发生差错，必须按照规定的方法予以更正
日记账、分类账	(1) 工匠精神；(2) 团结协作	(1) 在登记账簿过程中，应一丝不苟、认真严谨；(2) 在日常的账簿登记中，要懂得团队合作，不单打独斗	
对账和结账	按律行事	必须按规定的时间点及程序对账簿记录予以账证、账账的对账及结账	
错账更正	(1) 诚实守信；(2) 依规行事	(1) 一旦发现出现错账，必须秉持诚实守信的原则，按照规定的方法予以更正；(2) 真实、客观的报表编制依赖于日常的账簿记录的结果	

第一节 会计账簿概述

在会计核算工作中，对每一项经济业务，都应该取得和填制会计凭证。但是会计凭证只能零星地反映个别经济业务的内容，不能连续、系统、全面地反映和监督一个特定单位在一定时期内某类和全部经济业务的变化情况。而且，随着经济业务量的不断增加，会计凭证的数量也会更多，不但易散失且不利于经济信息的归类汇总。因此，企业有必要采用登记会计账簿（Book of Accounts）这一专门的方法，把分散在会计凭证上的大量核算资料，加以集中和归类整理，以便为报表使用者决策提供有用的信息。

一、会计账簿的意义

会计账簿是指由具有一定格式、相互联系的账页组成的，以审核无误的会计凭证为依据，用来序时地、分类地记录和反映有关经济业务的会计簿籍（又称账簿或账本）。设置和登记会计账簿是会计核算的一种专门方法，也是会计核算的中心环节，对充分发挥会计在经济管理中的作用具有重要意义。

1. 会计账簿是全面系统地登记和积累会计资料的重要工具

通过设置和登记会计账簿，企业可以把分散在会计凭证上的大量的、个别的核算资料，按照账户进行归类和整理，并按经济业务发生的先后顺序，进行序时登记，从而为经济管理提供系统、完整的会计核算资料。

148

2. 会计账簿是编制财务报表的主要依据

由于会计账簿是分门别类地对经济业务进行登记的，因此，按期结账后的账簿记录，就分门别类地汇集了本期所有经济业务的数据资料，从而为财务报表的编制提供了相关的数据。

3. 会计账簿是会计分析和会计检查的必需资料

通过设置和登记会计账簿，可以从账簿中获得各项资产、负债和所有者权益的增减变动和结余资料，以及收入、费用和利润的形成资料，借以评价企业的经营成果和财务状况等。

二、会计账簿的分类

一个特定的企事业单位，拥有的会计账簿不是一本两本，而是拥有一整套功能各异、结构有别的账簿，形成一个完整的账簿体系。为了认识各种会计账簿的特点，以便更好地掌握和运用，现对会计账簿从不同角度进行分类。

（一）会计账簿按用途分类

会计账簿按用途的不同，可以分为序时账簿、分类账簿和备查账簿。

1. 序时账簿

序时账簿简称序时账（Journal），又称日记账，是按照经济业务发生时间的先后顺序，逐日逐笔登记经济业务的账簿。通常各个单位都对库存现金及银行存款的收付业务，设置库存现金日记账和银行存款日记账，以便加强对货币资金的管理。

2. 分类账簿

分类账簿简称分类账（Ledger），是对全部经济业务按照总分类账户和明细分类账户进行分类登记的账簿。分类账又分为总分类账簿和明细分类账簿。按总分类账户分类登记的账簿叫总分类账簿（简称总账）；按明细分类账户分类登记的账簿叫明细分类账簿（简称明细账）。分类账是编制财务报表的主要依据。

3. 备查账簿

备查账簿又称辅助账簿，简称备查账，是对某些未能在序时账和分类账中记录的事项或记载不全的经济业务进行补充登记的账簿，如应收票据备查簿。利用备查账，可以为某些经济业务提供必要的补充资料。

序时账和分类账是各个单位必须设置的，且对其格式及登记都有一定的规范和要求，而备查账各单位可根据具体情况及实际需要灵活设置，并无固定的格式，登记时也不需要以会计凭证为依据。

（二）会计账簿按外形分类

会计账簿按其外表形式不同，分为订本式账簿、活页式账簿和卡片式账簿。

1. 订本式账簿

订本式账簿，简称订本账，是在启用前就将一定数量的账页固定装订在一起的账簿。这种账簿的账页不能随意调换，一般用于重要的、具有统驭性的账簿，如库存现金日记账、银行存款日记账、总账。订本账的优点是账页固定，可以避免账页散失和任意调换。但这种形式的账簿使用起来要为每一个账户预留空白账页，如留页不够会影响账户的连续记录，留页过多又会造成浪费等。

2. 活页式账簿

活页式账簿，简称活页账，是在启用前并不将账页固定地装订在一起，而是根据需要将零星的账页集中后放置在账夹内，可随时添加、取放的账簿。其优点是可以根据记账需要随时增、减账页，灵活装订，从而能够提高工作效率且有利于记账人员的分工合作。但是，由于其很容易被调换或丢失，因此不允许用于总账、库存现金日记账和银行存款日记账等重要账簿，一般用于明细账。同时，在使用中应注意编号，并交专人保管，于会计期末装订成册。

3. 卡片式账簿

卡片式账簿，简称卡片账，是在启用前由一定数量具有专门格式的、分散的硬卡片组成的账簿。该账簿的优缺点与活页账相似，且它可以跨年度使用，不需要每年更换，如"固定资产明细账"账簿。

三、会计账簿的设置

（一）会计账簿设置的原则

每一个特定单位都应该根据其自身经济业务的特点及经济管理的需要，设置相应的账簿体系，包括确定账簿的种类、设计账页的格式、规定账簿的登记方法等。一般而言，设置账簿主要应遵循下列原则：

1. 适应规模，满足需要

设置的账簿应能够满足企业对可能发生的所有交易或事项进行记录的需要，以保证因交易或事项的发生而引起的各会计要素的增减变化及其结果能够得到连续、系统、全面的反映；同时满足企业方便地对会计信息进行加工整理、以向会计信息使用者及时提供决策有用的会计信息之需要。

2. 体系完整，组织严密

设置账簿要求做到账簿体系完整，既有分工又有联系，有关账户之间还应具有统驭和被统驭的关系；既要避免记录遗漏，又要防止重复记录，账簿之间提供的会计信息应具有严密的钩稽关系。

3. 简便易行，结合实际

设置账簿要在保证会计记录、核算指标完整的前提下，力求简便，账簿册数不宜过多，账册中账页的格式应简单明了。设置账簿要充分考虑到各单位经济活动和业务工作的特点，根据其规模大小、会计机构设置、人员配备等情况进行综合设计。

（二）会计账簿的基本内容

各种账簿记载的经济业务可能不同，格式也多种多样，但它们都应该包含以下基本内容：

1. 封面

在封面上要写明会计账簿的名称和记账单位的名称。

2. 扉页

由两张表组成，一是"账簿启用交接表"（见表7-1），具体登记账簿的使用情况，包括账簿启用日期及截止日期、记账人员签章及记账人员变更交接一览表、共计页数和册数、会计主管人员签章等；二是"科目索引表"或称"账户目录"（见表7-2），以方便登记账簿时检索。

表 7-1　账簿启用交接表

单位名称				公章		
账簿名称			（第　　册）			
账簿编号						
账簿页数						
启用日期						

经管人员	单位主管		财务主管		复核		记账	
	姓名	盖章	姓名	盖章	复核	姓名	盖章	

交接记录	经管人员		接管				交出			
	职别	姓名	年	月	日	盖章	年	月	日	盖章

备注	

表 7-2　科目索引表

编号	科目	起讫页码	编号	科目	起讫页码
1001	库存现金	1~3	2202	应付账款	35~36
1002	银行存款	4~8	2203	预收账款	37~38
1121	应收票据	9~10	2211	应付职工薪酬	39~40
1122	应收账款	11~12	2221	应交税费	41~42
…			…		
2001	短期借款	30~31	6711	营业外支出	99
2201	应付票据	33~34	6801	所得税费用	100

3. 账页

账页是账簿中用来记录经济业务内容的部分。一般应包括：①账户名称，即会计科目，通常在账页的上端按照有关规定规范书写，此时，该账页就成为具体的账户。专业术语"登账"，也称记账或过账，就是指在标有会计科目的账页中记录经济业务的过程。②日期栏（即记账的年、月、日）。③凭证种类和号数栏。④摘要栏。⑤金额栏（记录本账户发生的增减变化的金额及相应的余额数）。⑥总页次和分户页次等。

（三）账页的格式

由于需要记载的会计信息资料的详细程度不同，并且还有一些特殊的要求，所以应将账页设置成不同的格式。一般而言，账页具有下述三种格式：

1. 三栏式

三栏式账页一般采用"借方""贷方"和"余额"三栏作为基本结构（参见

表 7-4），分别用来反映会计要素的增加、减少和结余情况。三栏式账页适用于只需要进行金额核算的经济业务。

2. 数量金额式

从本质上讲，数量金额式也是采用"借方""贷方"和"余额"三栏作为基本结构（可简称三大栏），只是在每一大栏内再设置"数量""单价""金额"三小栏（参见表 7-7），为了反映这一特性，故名数量金额式。该账页适用于不但需要进行金额核算还需要进行数量核算的经济业务。

3. 多栏式

多栏式还是三大栏基本结构，只是有时对经济业务还需要更加详细地予以记载，于是就在借方栏内再设置多个小栏目（称为借方多栏）（参见表 7-8）；有时要在贷方栏内设置多个小栏目（称为贷方多栏）（参见表 7-9）；有时在借方、贷方栏内都会根据需要再设置多个小栏目（称为借贷方均多栏）（参见表 7-10）。该账页适用于需要进行分项目反映的经济业务。

四、会计账簿的启用及登记规则

登记账簿是会计核算的基础工作和中心环节。为保证账册记录的正确、清晰，为成本计算、考核经营成果和编制财务报表等提供可靠的数据资料，登记账簿必须遵守如下规则：

（一）账簿启用、更换和记账人员交接的规则

会计账簿是一种需要长期保管的重要的会计档案。在新年度开始时，除固定资产明细账等少数账簿因变动不大可继续使用外，其余账簿一般均应结束旧账，启用新账，切忌跨年度使用，以免造成归档保管和查阅困难。为了明确记账责任，保证账簿记录的合法性和完整性，每本账簿在启用时，都应在账簿扉页上填写"账簿启用及交接表"（如表 7-1 所示），严格按照要求规范填写。

账簿启用后应由专人负责，如果要更换记账人员，必须办理账簿的交接手续。交接时，应由有关人员监交。一般记账人员交接，由会计主管人员监交；会计主管人员交接，由单位负责人监交。同时，在交接记录上要填写交接日期和交接双方及监交人员姓名并盖章，以明确经济责任。

（二）账簿登记的一般规则

1. 正确使用蓝、黑、红墨水

为了使账簿记录清晰、耐久，防止涂改，记账时必须使用钢笔并用蓝、黑墨水或碳素墨水，不得使用圆珠笔（银行的复写账簿除外）或铅笔书写。红墨水只限于在结账时划线、改错、冲账等规定情况下使用。

（1）在只设借方栏（或只设贷方栏）的多栏式账页中，登记减少数（参见表 7-9）。

（2）在三栏式账页的余额栏前，如未印明余额方向的，在余额栏内登记负数余额。

（3）按照红字更正法更正错账和冲销错误的账簿记录。

（4）按照规定应该使用红笔划线，如划线更正法更正错账时划线注销及在期末结账时用红笔划结账线（除年末为双红线外，其余期末皆为单红线）。

（5）根据国家统一会计制度的规定可以使用红字登记的其他会计记录。

2. 保持账簿清洁、规范

书写的文字和数字要规范、端庄、清楚；文字和数字要紧靠底线，不得写满整格，一般占格距的二分之一。这样既能保持账簿清晰、整洁，又为日后可能出现的差错留有改错的空间。

3. 保证账簿记录完整

账簿记录应以审核无误的会计凭证为依据。记账时，应将记账凭证中的日期、种类、编号、摘要、金额逐项记入账内，同时要在记账凭证的"账页"栏（或过账栏）内注明所记账页页码（或打"√"符号）表示已经过账，以免重记、漏记。

4. 按序登记

各种账簿必须按事先编写的页码，逐页、逐行顺序连续登记，不得隔页、跳行。如不慎发生此种情况，应在空页或空行处用红色墨水对角划线注销，并注明"作废"字样，同时由经手人员盖章以明确负责。对订本账中某些账户预留账页不够需要跳页登记的，应在原预留账页的最后一页末行摘要栏内注明"过入第×页"，并在新账页第一行摘要栏内注明"上承第×页"。

5. 按规定办理转页手续

每一张账页登记到倒数第二行时，应留出最后一行办理转页手续，即在最后一行加计本页发生额并结出余额，在"摘要"栏内注明"转下页"或"转次页"字样；同时将发生额的总数和余额填写在下一页账页的第一行，并在此行的"摘要"栏内注明"承上页"或"承前页"字样，然后从第二行开始登记新业务。

6. 正确结账

凡需要结出余额的账户（每日或期末），结出余额后，应在"借"或"贷"栏内以"借"或"贷"字标明余额的方向；没有余额的账户，应在"借"或"贷"栏内书写"平"字，并在余额栏内用数字"0"表示。

7. 按规定更正错账

记账时，如果账簿记录发生差错，不准涂改、挖补、刮擦，不得用褪色药水消除字迹，也不得重新抄写，必须使用规定的错账更正方法予以更正（参见本章第五节）。

上述各条是登记账簿的要求，也是每一个会计人员必须切实遵守的规则。

五、会计账簿的更换与保管

1. 会计账簿的更换

一般情况下，总账、库存现金日记账和银行存款日记账及大部分明细账，都应每年更换。只有少部分的明细账，如固定资产明细账，不必每年更换。

通常，在每年年度终了，对需要更换新账的账簿内的每一个账户，将其年末余额直接记入新账户的第一页的第一行（注意，不必填制记账凭证），并在摘要栏内注明"上年结转"或"年初余额"字样。

对于在年度中间记满需要更换新账的，其操作也与上述年初更换新账一样。

2. 会计账簿的保管

会计账簿是重要的经济档案和历史资料，必须按照有关规定妥善保管，不得任意销毁。年度结账后，对于更换下来的订本账应编号归档保管；活页账、卡片账应先装订成册，再编号归档保管。每一个企事业单位还应制定档案调阅规定，设置"会计档案调阅登记簿",调阅时必须履行调阅手续,将调阅的日期、调阅人员的姓名、调阅的理由、调阅凭证或账册的名称及编号、批准调阅人姓名、归还的日期等内容,详细地登记在会计档案调阅登记簿上。未经会计主管人员同意,本单位人员不得调阅;未经单位领导批准,外单位人员不得调阅。未经批准,不能将会计档案携带外出或摘录有关数据及影印复制。

第二节 日记账

日记账就是序时账,特别强调按照经济业务发生的先后顺序逐日逐笔登记。按照序时账记载经济业务的范围不同,又将其分为普通日记账和特种日记账。

一、普通日记账

普通日记账是用来记录全部经济业务发生情况的簿籍。它的特点是将发生的每一笔经济业务,按其发生时间的先后顺序,根据原始凭证逐笔登记。企业可以通过普通日记账把每一笔经济业务转化为会计分录,再登记分类账。其常见的格式为二栏式,分为借方金额栏和贷方金额栏。会计分录序时、整齐地排列在账页上,所以,普通日记账又称为分录簿(或分录日记账)(见表7-3)。

表7-3 普通日记账 第×页

202×年		摘要	账户名称	借方	贷方	过账
月	日					
12	1	提取现金	库存现金	100 000		√
			银行存款		100 000	√
	1	支付工资	应付职工薪酬	100 000		√
			库存现金		100 000	√
	2	购买设备	固定资产	50 000		√
			应交税费	6 500		√
			银行存款		56 500	√
		……				

使用普通日记账可以序时、集中地记录所有的经济业务,但显然不利于会计人员的分工,在工作中肯定会遇到许多困难,尤其是在经济业务量较大时。因此,在手工记账环境下,普通日记账很少被采用,但其适用于会计电算化。

二、特种日记账

由于在一本账簿中记录所有的经济业务存在着明显的不足,人们就在普通日记账的基础上发展了既序时又分类记录的特种日记账。比如,专门记录购货业务的日记账——购货日记账,专门记录销货业务的日记账——销货日记账。像这种专门用来记录某一类经济业务发生情况的账簿,就称为特种日记账。企业中最常见的特种日记账有库存现金日记账和银行存款日记账。而且,根据有关制度,每一个经济单位都必须设置库存现金日记账和银行存款日记账，用以序时核算库存现金和银行存款的收入、支出和结存情况，借以加强对货币资金的管理。

（一）库存现金日记账

库存现金日记账一般采用三栏式账页格式，即"借方"栏（即收入栏）、"贷方"栏（即支出栏）和"余额"栏（即结存栏），分别用来记录库存现金的增加额、减少额和结存额。其格式如表7-4所示。

表7-4　库存现金日记账

202×年		凭证		摘要	对方科目	借方	贷方	借或贷	余额
月	日	种类	编号						
5	1			期初余额				借	1 000
	2	现付	1	预支丁一差旅费	其他应收款		800	借	200
	2	银付	1	提取现金	银行存款	1 000		借	1 200
	2	现付	2	购办公用品	管理费用		200	借	1 000
	2	现收	1	王三退差旅费余款	其他应收款	100		借	1 100
	2			本日合计		1 100	1 000	借	1 100
				……					
	31			本日合计		1 300	1 120	借	1 050
5	31			本月合计		9 800	9 750	借	1 050

库存现金日记账是由出纳人员根据审核无误的库存现金收款凭证、库存现金付款凭证，逐日逐笔序时地予以登记（库存现金日记账由出纳人员据现收、现付逐日逐笔登记）。但由于从银行提取现金，习惯上只填制银行存款付款凭证，此时库存现金日记账中借方栏就应根据该银行存款付款凭证予以登记（见表7-4中第二笔业务）。每日终了，出纳人员应分别结计出当日的现金增加额（如表7-4中2日的借方发生额1 100元）、现金减少额（如表7-4中2日的贷方发生额1 000元）及余额（如表7-4中的1 100元），并将库存现金日记账的账面余额与库存现金实有数核对，借以检查每日的现金收付情况等。该项工作称为"日清"。同样，月末要计算本月现金的增加额、减少额及月末余额，并与库存现金实有数进行核对，此称为"月结"。也就是实务中对库存现金日记账，要做到"日清月结"。

值得一提的是，库存现金日记账中"对方科目"栏，是指针对一笔具体的业务编制的记账凭证中与"库存现金"科目所对应的那个会计科目。例如，表7-4中"现付1"所反映的经济业务的记账凭证（会计分录）是：

借：其他应收款　　　　　　　　　　　　　　　　　800
　　贷：库存现金　　　　　　　　　　　　　　　　　　　　800

在这笔会计分录中，与"库存现金"科目所对应的科目就是"其他应收款"。

（二）银行存款日记账

银行存款日记账是用来逐日逐笔登记银行存款的增加、减少和结存情况的日记账。其格式一般也采用三栏式，基本结构与库存现金日记账相同（如表7-5所示）。

表 7-5　银行存款日记账

202×年		凭证		摘要	对方科目	借方	贷方	借或贷	余额
月	日	种类	编号						
5	1			期初余额				借	61 000
	2	银收	1	收到货款	应收账款	50 000		借	111 000
	2	银付	1	提取现金	库存现金		1 000	借	110 000
	2	银付	2	购买设备	固定资产		30 000	借	80 000
	2	现付	1	多余现金存入银行	库存现金	1 500		借	81 500
	2			本日合计		51 500	31 000	借	81 500
				……					
	31			本日合计		32 300	25 000	借	235 000
5	31			本月合计		320 800	146 800	借	235 000

　　银行存款日记账是由出纳人员根据审核无误的银行存款收款凭证、银行存款付款凭证，逐日逐笔序时地予以登记（银行存款日记账由出纳人员据银收、银付逐日逐笔登记）。但由于将现金存入银行的业务，习惯上只填制库存现金付款凭证，此时银行存款日记账中借方栏就应根据该库存现金付款凭证予以登记（参见表 7-5 中第四笔业务）。每日终了，出纳人员应分别结计出当日的银行存款增加额（如表 7-5 中 2 日的借方发生额 51 500 元）、银行存款减少额（如表 7-5 中 2 日的贷方发生额 31 000 元）及余额（表 7-5 中的 81 500 元），并定期（一般每月一次）与银行对账单核对（参见本书第八章的内容）。

　　出纳人员登记库存现金日记账和银行存款日记账后，还应把各种收付款凭证交由会计人员据以登记总账和有关的明细账。通过"库存现金"和"银行存款"总账与日记账的定期核对，达到控制、监督货币资金使用的目的。

　　另外，若一个企业开设多个银行存款账户，应根据不同的银行开设银行存款日记账，以便于和银行核对账目，且有利于企业对银行存款进行管理。同时，为了实现会计工作各岗位的职责分离，出纳人员不得登记库存现金日记账和银行存款日记账以外的任何账簿。

　　应当指出的是，上述特种日记账采用三栏式账页格式，是就一般情况而言的。如果涉及库存现金、银行存款的业务量很大时，还可以在三栏式账页的借方栏、贷方栏（即收入栏、支出栏）中，再按其对应科目设置若干专栏，即所谓的多栏式特种日记账。

第三节　分类账

　　分类账是账簿体系的主干。各企事业单位除了设置库存现金日记账和银行存款日记账外，还应该设置分类账，用来全面、系统、分类地反映企业的各项经济业务，以便为编制财务报表提供必要的资料。分类账按其所提供资料的详细程度的不同，又可分为总分类账和明细分类账。

一、总分类账

总分类账简称总账，是按照一级科目或总账科目开设账户，用以全面、系统、总括地反映全部经济业务情况的簿籍。总账必须采用订本式账簿，按会计科目的编号顺序设置账户，每个账户按业务量的大小预留若干账页。总账核算只要求使用货币量度，故其格式一般采用借、贷、余三栏式（见表7-6）。

表 7-6 原材料总账

202×年		凭证		摘要	借方	贷方	借或贷	余额
月	日	种类	编号					
12	1			期初余额			借	265 000
	2	转	1	甲材料入库	41 000			
	3	转	2	生产领用		131 200		
	14	转	6	乙材料入库	40 000			
12	31			本月合计	81 000	131 200	借	214 800

总账的登账依据和方法，取决于所采用的账务处理程序，可以直接根据记账凭证逐笔登记，也可以把各种记账凭证汇总填制成汇总记账凭证或科目汇总表，再予以登记。关于账务处理程序和总账的登记方法将在第九章中予以介绍。

二、明细分类账

明细分类账简称明细账，是按二级科目或明细科目开设的，分类、连续地记录或反映有关经济业务详细情况的簿籍。明细账受总账统驭，提供详细、具体的核算资料，是对总账的必要补充，也是编制财务报表的依据之一。

明细账一般采用活页式账簿，也可以采用卡片式账簿。其账页格式因其记录的经济业务内容的不同，可以分为三栏式、数量金额式和多栏式。

（一）三栏式明细账

三栏式明细分类账的格式与总账的三栏式格式相同，即在账页上只设置"借""贷""余"三个金额栏，适用于那些只需要进行金额核算而不需要进行数量核算的债权、债务结算业务。如"应收账款""应付账款"等科目的明细账就采用三栏式账页（见表7-7）。

表 7-7 应收账款明细账

二级科目 红光公司

202×年		凭证		摘要	借方	贷方	借或贷	余额
月	日	种类	编号					
12	1			期初余额			借	200 000
	2	转	1	赊销商品	42 000			
	3	收	1	收回原销货款		200 000		

表7-7(续)

202×年		凭证		摘要	借方	贷方	借或贷	余额
月	日	种类	编号					
	14	转	2	赊销商品	40 000			
12	31			本月合计	82 000	200 000	借	82 000

(二)数量金额式明细账

数量金额式明细账，其账页中设有"收入"（即借方）、"发出"（即贷方）和"结存"（即余额）三大栏，每一大栏下再设置"数量""单价""金额"三小栏。这种格式适用于既需要进行金额核算又需要进行实物数量核算的各种实物资产的明细分类核算。如"原材料""库存商品"等科目的明细分类核算就需要采用数量金额式账页。其格式见表7-8。

表7-8 原材料明细账

二级科目 甲材料

202×年		凭证字号	摘要	收入			发出			结存		
月	日			数量/千克	单价/元	金额/元	数量/千克	单价/元	金额/元	数量/千克	单价/元	金额/元
12	1		月初余额							2 000	80.00	160 000
	2	转1	材料入库	500	82.00	41 000				2 500		201 000
	3	转2	A产品领用				1 200	80	96 000	1 300		105 000
12	31		本月合计	500		41 000	1 200		96 000	1 300		105 000

(三)多栏式明细账

多栏式明细账是根据经济业务的特点和提供资料的要求，在"借方"栏或"贷方"栏内再分设若干个小专栏，以提供更加详细的资料。比如，若在会计期末，经理人员被告知本期管理费用是10万元，那么他的第一反应就是想知道这10万元都被用在了何处，职工薪酬、折旧费、办公费用等各占据了多少，而这些详细资料的提供，就需要会计人员在日常进行会计核算时分项予以记录。也就是说，应该在管理费用明细账页的借方栏内分设多个项目栏，这就是所谓的借方多栏式账页。

借方多栏式适用于借方需要设置多个明细项目的账户，如"生产成本""管理费用"等成本费用类的明细核算（见表7-9）。

表7-9 管理费用明细账   单位：元

202×年		凭证		摘要	借方							贷方	余额
月	日	种类	编号		工资费	办公费	折旧费	差旅费	招待费	其他	合计		
12	6	银付	5	法律咨询费						4 000	4 000		
	12	转	5	差旅费				480			480		
	16	银付	9	购买办公品		600					600		

表7-9（续）

202×年		凭证		摘要	借方							贷方	余额
月	日	种类	编号		工资费	办公费	折旧费	差旅费	招待费	其他	合计		
	26	银付	12	业务招待费					36 900		36 900		
	28	银付	14	电费						1 500	1 500		
	31	转	7	行管人员薪酬	20 000						20 000		
	31	转	8	办公楼折旧费			1 400				1 400		
	31	转	9	摊销报刊费						420	420		
	31	转	13	转至本年利润								65 300	
12	31			本月合计	20 000	600	1 400	480	36 900	5 920	65 300	65 300	0

　　贷方多栏式适用于贷方需要设置多个明细项目的账户，如"营业外收入""主营业务收入"等收入类的明细核算（见表7-10）。

表7-10　营业外收入明细账　　　　单位：元

202×年		凭证		摘要	贷方			
月	日	种类	编号		盘盈所得	没收押金	罚款收入	合计
12	6	现收	5	罚款收入			700	700
	12	转	14	没收押金		1 500		1 500
	26	转	29	现金盘盈	300			300
	31	转	50	转至本年利润	300	1 500	700	2 500
12	31			本月合计	0	0	0	0

　　注1：表7-9内"□"符号表示红字。

　　注2：表7-9内"转50"这笔业务，应为"营业外收入"账户的借方发生额，而该账户格式未设有借方栏，故以红字反映在"贷方"栏。

　　借贷方多栏式适用于借贷方都需要设置多个明细项目的账户，如"本年利润"账户的明细核算（见表7-11）。

表7-11　本年利润明细账

202×年		凭证字号	摘要	借方				贷方				借或贷	余额
月	日			主营业务成本	管理费用	……	合计	主营业务收入	其他业务收入	……	合计		

　　明细账可以直接根据记账凭证、原始凭证或原始凭证汇总表逐日逐笔登记，也可以定期汇总登记。一般来说，固定资产、债权债务等明细账应当逐笔登记；库存商品、

原材料等可以逐笔登记，也可以定期汇总登记。总之，各单位应根据本单位业务量的大小、经营管理的需要，以及所记录的经济业务内容而定。而且，为了检查和核对账目，在明细账的摘要栏内应将有关经济业务的内容简明扼要地填写清楚；明细账在每次登账之后，还要结出余额。

第四节 对账和结账

一、对账

对账是指在会计期末对有关账簿记录进行核对，以保证账簿记录正确性的工作。我国的《会计基础工作规范》中规定，各单位应当定期对会计账簿记录的有关数字与库存实物、货币资金、有价证券、往来单位或者个人等进行相互核对，保证账证相符、账账相符、账实相符。其目的在于使期末编制财务报表的数据真实、可靠。对账工作每年至少进行一次。

对账工作的内容一般应包括以下几方面：

（一）账证核对

账证核对，是指核对会计账簿记录与原始凭证、记账凭证的时间、凭证字号、内容、金额是否一致，记账方向是否相符。

账证核对是将账簿记录与据以记账的记账凭证核对，必要时再与原始凭证核对。日常核对应逐笔进行，期末核对可采用抽查的方法，以检查所记账目是否正确。核对中若发现账证不符，应查明原因，采用规定的错账更正方法进行更正。

（二）账账核对

账账核对，是指核对不同会计账簿之间的账簿记录是否相符。具体包括下述四项内容：

（1）总账有关账户的核对。既核对全部账户本期借方发生额合计数与全部账户本期贷方发生额合计数是否相符，又核对全部账户期末借方余额合计数与全部账户期末贷方余额合计数是否相符。核对时可采用编制"试算平衡表"的方法，如编制"总分类账户本期发生额和余额试算平衡表"。

（2）总账与明细账核对。总分类账户的借、贷方本期发生额和期末余额与其所属明细分类账的借、贷方本期发生额和期末余额之和核对相符。核对时可编制"明细分类账本期发生额及余额明细表"与有关总分类账的本期发生额及余额进行核对。

（3）总账与日记账核对。核对库存现金、银行存款总分类账的本期发生额和期末余额与库存现金、银行存款日记账的本期发生额和期末余额是否相符。

（4）核对会计部门的财产物资明细账与财产物资保管和使用部门的有关明细账是否相符。

（三）账实核对

账实核对，是指核对会计账簿记录与各项财产物资、货币资金、债权债务等实有数额是否相符，也称为"财产清查"。具体包括下述内容：

（1）库存现金日记账账面余额与现金实际库存数相核对。库存现金日记账的账面余额应每天与现金实际库存数进行核对，做到日清月结。

（2）银行存款日记账账面余额定期与银行对账单相核对。银行存款日记账的账面余额应同开户银行寄送企业的银行对账单相核对，一般至少每月核对一次。

（3）各种财物明细账账面余额与财物实存数额相核对。原材料、库存商品、固定资产等财产物资明细账的账面余额应与其实有数量相核对。

（4）各种应收、应付款明细账账面余额与有关债务、债权单位或者个人核对。各种应收款、应付款、银行借款等结算款项，应定期寄送对账单同有关单位或个人进行核对。

二、结账

结账，是指按照规定将一定时期内所发生的经济业务登记入账，并将各种账簿结算清楚的账务处理工作。具体要求在会计期末将各账户余额结清或转至下期，使各账户记录暂告一段落。

及时结账有利于准确、及时地确定当期的经营成果，掌握会计期间内资产、负债、所有者权益的增减变化及其结果，同时为编制财务报表提供所需的资料。

（一）结账的程序

结账的程序和具体内容如下：

（1）将本期内所发生的各项经济业务以及期末账项调整业务全部登记入账。若发生漏账、错账，应及时补记、更正。注意，既不能提前结账，也不能将本期发生的经济业务推至下期登账。

（2）成本类账户的结转。期末应将本期发生的"制造费用"分配记入有关成本核算对象，将本账户本期发生额转入"生产成本"账户；本期完工产品的生产成本，应从"生产成本"账户的贷方转到"库存商品"账户的借方。

（3）虚账户的结转。将损益类账户转入"本年利润"账户，结平全部损益类账户。

（4）实账户的结转。结算出资产、负债、所有者权益账户的本期发生额和余额，并结转至下期。

（二）结账的方法

结账工作可分为月结、季结和年结三种。

1. 月结

月结在每月末进行。需要结出当月发生额的，应当在"摘要"栏内注明"本月合计"（本月发生额和余额）字样，并在下面通栏划单红线。需要结出本年累计发生额的，应当在"摘要"栏内注明"本年累计"字样，并在下面通栏划单红线；12月末的"本年累计"就是全年累计发生额。全年累计发生额下面应当通栏划双红线。

2. 季结

季结在每季末进行。其结账方法与月结相同，但"摘要"栏中应注明"本季合计"。

3. 年结

年结在年末进行，所有总账账户都应当结出全年发生额和年末余额。年度终了，要把各账户的余额结转到下一会计年度，并在"摘要"栏注明"结转下年"字样；在下一会计年度新建有关会计账簿的第一行"余额"栏内填写上年结转的余额，并在"摘要"栏注明"上年结转"字样。

总分类账户的具体填制方法如表 7-12 所示。

表 7-12　总分类账户

账户名称：银行存款

20×1年 月	20×1年 日	凭证号数	摘要	借方	贷方	借/贷	余额
1	1		上年结转			借	46 000
	6	（略）		310 000		借	356 000
	16			60 000		借	416 000
	25				225 000	借	191 000
1	31		本月合计	370 000	225 000	借	191 000
2	5			50 000		借	241 000
	26				110 000	借	131 000
2	28		本月合计	50 000	110 000	借	131 000
3	12				97 000	借	34 000
	18			260 000		借	294 000
	28				124 000	借	170 000
3	31		本月合计	260 000	221 000	借	170 000
			本季合计	680 000	556 000	借	170 000
			⋮				
12	31		本年合计	2 660 000	2 570 000	借	136 000
20×2年							
1	1		上年结转			借	136 000

第五节　错账更正

记账作为一项手工工作，难免会出差错。记账差错有不同情况，诸如记账凭证填错，包括会计科目用错、记账方向错误、文字和数字错误，或者过账时笔误以及结账时发生的计算错误等。对于记账过程中出现的差错，应区别不同情况，按照规定的方法予以更正。必须强调的是，此处所讲的错账，都是已经根据记账凭证登记入账后才发现出错。在这一前提条件下，才存在运用下述某种方法予以更正的问题。如果是在填制记账凭证时发现出错，则将该张记账凭证销毁，再填制一张正确的记账凭证即可。

一、划线更正法

划线更正法，是指用划单红线注销原有错误记录，另用蓝字作正确记录以更正错误的方法。这种方法适用于记账凭证没有差错，但账簿记录中文字或数字出错，在记账当时或在结账前就发现错误的更正。

采用划线更正法的具体做法是：先将账簿中出现错误的文字或数字用红笔划一单红线注销，然后在错误的文字或数字上方的空白处登记正确的文字或数字，同时记账人员要在更正处盖章以示负责。

比如，过账时，将记账凭证上一笔经济业务的发生额 358.57 元在账簿中误记为 385.57 元，则其更正结果如下：

358.57 王某某

385.57

必须注意，对于错误的金额，不可只划销整笔数字中的个别错误数字，而应将整笔数字全部划销，且划销的部分要保持原有字迹仍可辨认，以备查考。但对文字上的错误，则更改个别错误即可。

二、红字更正法

红字更正法，是指用红字冲销或冲减原有数额，以更正或调整账簿记录的一种方法。其适用于记账凭证出错，且已登记入账的情况。

第一，记账以后发现据以过账的记账凭证中记账方向、会计科目都没有出错，只是所记金额大于应记金额。

【例 7-1】 202×年 5 月 12 日某企业生产车间一般性耗料领用原材料 480 元。

记账人员填制的记账凭证（为节省篇幅，以会计分录代替）如下：

（1）5 月 12 日，登记车间一般性耗料费用。

借：制造费用   4 800

  贷：原材料   4 800

已经登记入账，如图 7-1 所示。

图 7-1　登记入账 1

显然上述处理的结果，是将"原材料""制造费用"都多记了 4 320 元，所以要将这多记的 4 320 元冲销，而红字可以起到冲销的作用。

5 月 31 日结账时发现上述错误，则具体操作如下：

（2）5 月 31 日，更正 5 月 12 日错账。

借：制造费用   4 320

  贷：原材料   4 320

注意：在实务中，为更正错账所填制的记账凭证中，借贷方发生额 4 320 应该以红字书写。但鉴于印刷问题，在教学中所编制的上述分录中，以 ☐ 表示红字。更正结果如图 7-2 所示。

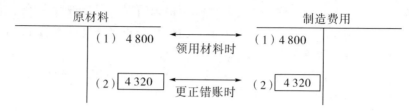

图 7-2 更正结果 1

由于这种更正错账的方法仅需要编制一张红字记账凭证，故也可称为红字冲销法。

第二，记账以后发现据以过账的记账凭证本身就已发生了错误，包括借贷方发生额虽然正确但填错了科目，或者会计科目和借贷方发生额均已出错，总之是会计科目出现了差错。

【例 7-2】某企业 202×年 5 月 12 日生产车间一般性耗料领用原材料 480 元。

记账人员填制的记账凭证如下：

（1）5 月 12 日，登记车间一般性耗料费用。

借：管理费用　　　　　　　　　　　　　　　　　　　　　　　4 800

　　贷：原材料　　　　　　　　　　　　　　　　　　　　　　　　　4 800

已经登记入账，如图 7-3 所示。

图 7-3 登记入账 2

此笔业务处理借方科目出错，则只要能将错账冲销（红冲），再填制一张正确的记账凭证（蓝字）就可以了，所以也可将此方法称为红冲蓝更法。

5 月 31 日结账时发现上述错误，则具体操作如下：

（2）5 月 31 日，冲销 5 月 12 日错账。

借：管理费用　　　　　　　　　　　　　　　　　　　　　　　4 800

　　贷：原材料　　　　　　　　　　　　　　　　　　　　　　　　　4 800

（3）5 月 31 日，更正 5 月 12 日错账。

借：制造费用　　　　　　　　　　　　　　　　　　　　　　　480

　　贷：原材料　　　　　　　　　　　　　　　　　　　　　　　　　480

更正结果如图 7-4 所示。

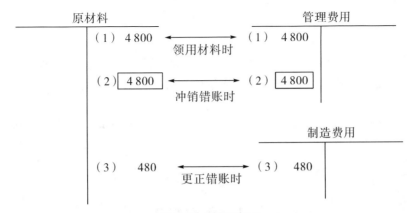

图 7-4　更正结果 2

三、补充登记法

补充登记法，是指用蓝字补充原有金额，以更正或调整账簿记录的一种方法。其适用于记账凭证中会计科目及记账方向都对，只是所记金额小于应记金额的情况。

【例 7-3】某企业 202×年 5 月 12 日生产车间一般性耗料领用原材料 480 元。

记账人员填制的记账凭证如下：

(1) 5 月 12 日，登记车间一般性耗料费用。

借：制造费用　　　　　　　　　　　　　　　　　　　　　　　　48

　　贷：原材料　　　　　　　　　　　　　　　　　　　　　　　　　　48

已经登记入账，如图 7-5 所示。

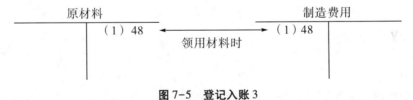

图 7-5　登记入账 3

5 月 31 日结账时发现上述错误，则具体操作如下：

(2) 5 月 31 日，更正 5 月 12 日错账

借：制造费用　　　　　　　　　　　　　　　　　　　　　　　432

　　贷：原材料　　　　　　　　　　　　　　　　　　　　　　　　　432

更正结果如图 7-6 所示。

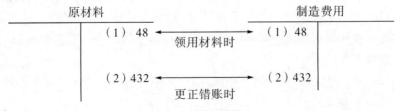

图 7-6　更正结果 3

【本章小结】

会计账簿是由一定格式、相互联系的账页所组成的。设置和登记账簿是会计核算的一种专门方法，对充分发挥会计在经济管理中的作用具有重要意义。会计账簿根据不同的标准有不同的分类；会计主体应按照一定的原则、方法设置和登记会计账簿，并按照规定对账簿予以对账和结账；对于记账过程中的错误应采用规定的错账更正法予以更正。

【阅读材料】

走近 XBRL 全球账簿分类标准

为促进会计信息的电子化交换、提高会计信息的利用效率、落实《企业会计信息化工作规范》规定，财政部从 2014 年年初开始着手制定企业会计软件数据接口标准。《企业会计软件数据接口标准业务元素清单（征求意见稿）》提出"接口标准以国际通行的可扩展商业报告语言全球账簿分类标准（XBRLGL）技术为基础制定"，把这一技术引入了广大会计人的视野，激起会计信息化大潮中的又一朵浪花。

一、全面的标准化数据格式

什么是 XBRL？XBRL 与 XBRLGL 有何关联？自 20 世纪 90 年代末美国提出可扩展商业报告语言以来，XBRL 已经成为财务信息处理的重要技术之一，在发达国家和发展中国家迅速传播应用。在 XBRL 蓬勃发展的同时，我们也看到，国际、国内对这一新技术的应用大多数停留在财务报告层面，往往不涉及企业的核算层次，没有在原始交易时就在核算的基本元素上打上 XBRL 标记。

一个机构提供的商业报告信息，通常是另一个机构信息处理过程的信息来源。这样前后衔接的处理过程通常称为商业报告的信息供应链。目前的 XBRL 报告，通常是某个行业或者地区的外部商业报告，处理的大都是商业报告信息供应链上中高端的汇总数据，通常称之为财务报告。而 XBRL 全球账簿分类标准是针对商业报告信息供应链上中低端的明细数据，这些数据与特定的行业、特定的会计准则没有关系，具有更高的通用性和灵活性。

XBRLGL 不是"总分类账"，而是"全球账簿"，意在表明可以处理任何交易级信息。这一技术是一种全面的标准化数据格式，可以展现明细的财务和非财务信息，可以作为不同应用系统之间数据交换的枢纽，支持从汇总报告向下钻取到明细数据。XBRLGL 在从最初的记账凭证到最终的商业报告的各层次数据之间架起一座"桥梁"，为企业管理人员、会计审计人员、投资方、监管机构提供更准确、更透明的数据。

可见，XBRLGL 是会计界的"世界语"。通过对会计语言"字""词""句"的标准化，旨在消除会计信息交流的障碍，构建没有"孤岛"的会计信息化乐园。

二、摸索中前行

2010 年 10 月，财政部发布企业会计准则通用分类标准并部署实施和扩展，极大地推动了中国 XBRL 应用的进程。

企业会计准则通用分类标准与 XBRLGL，既有相同点也有不同点，还相互关联。两者都是 XBRL 分类标准，都严格遵循其技术规范。

财政部开发的企业会计准则通用分类标准实现了会计报告数据的标准化，XBRL 国际组织开发的 XBRLGL 分类标准实现了会计凭证、账簿数据的标准化。通过上卷与下钻处理，两者定义的元素之间存在汇总与明细的关系，你中有我，我中有你。

多年以来，在财政部会计司、银监会财会部的指导下，XBRLGL 的研究和推动工作从未停歇。

2009 年 9 月，上海召开首届 XBRLGL 研讨会。2011 年 9 月，财政部印发《会计改革与发展"十二五"规划纲要》，提出适时研究引入 XBRLGL 技术。2012 年 12 月，全国会计信息化标准化技术委员会成立，将 XBRLGL 纳入会计信息标准体系。2013 年 11 月，XBRL 中国地区组织体验中心开设相关课程。2014 年 4 月，上海国家会计学院举办了针对这一技术应用的高端研修与培训班。

近几年，我国积极参与 XBRL 国际组织中文标签的开发，在国际会议上发表相关学术论文，让世界听到了更多的中国声音；同时，结合中国标准化信息化的成果，探索中国的 XBRLGL 应用模式，描绘出了企业会计软件数据接口标准的技术路线图。XBRLGL 正在中国会计信息化的道路上探索前行。

经过十余年的发展和完善，XBRLGL 已经成为一项成熟的信息交换格式标准，用于保存各种企业运营数据以及会计或 ERP 系统中的数据定义。目前，这一技术在全球范围内广泛应用于对会计分类账的审计检查、在异构环境中实现数据合并、在需要时提供明细报告、实现系统间交易级会计数据迁移等方面。随着中国会计人对 XBRLGL 认识和研究的深入，这一技术必将在会计应用领域发挥出更大的作用。

资料来源：贾欣泉. 走近 XBRL 全球账簿分类标准［N］. 中国会计报，2015-01-30.

第八章

财产清查

【结构框架】

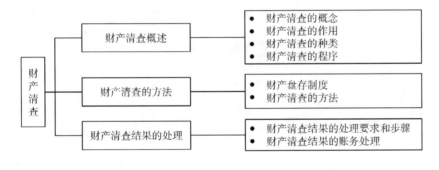

【学习目标】

通过本章的学习,学生需要了解财产清查的意义、种类,掌握财产物资的盘存制度,理解财产清查的具体方法;掌握银行存款余额调节表的编制方法;熟悉财产清查结果的账务处理方法。

【课程思政】

知识点	思政元素挖掘	思政元素浅析	综合能力提升引导
财产清查种类	(1) 部分和整体辩证关系； (2) 廉政建设、法治意识	(1) 全面清查、定期清查中财产物资的盈余和短缺，涉及企业组织内部各个环节各个部门的责任心和功利心； (2) 局部清查和不定期清查事实突发事件和部门主管，涉及部门主管的廉政和对财经法纪的遵守及部门工作人员的安全意识和法治观念	(1) 培养学生严格按照有关规则办事的责任心以及遵纪守法的态度和精神； (2) 培养学生在面对违规甚至违法行为的不敢不想违法犯罪的思维意识；
财产清查作用	(1) 实事求是的美德； (2) 客观公正，内容和形式的完美统一	(1) 财产物资是客观唯一的，盈余和短缺源自于管理和主观； (2) 账实相符应该是必然的，偏差存在于制度和日常及安全工作的细节，是单位和具体人员的素质	(3) 培养学生善于发现、分析和解决问题的能力
财产清查结果的处理	(1) 具体问题具体分析； (2) 事物发展的无限性	(1) 问题区别对待和解决是补救和整改完善的基本程序； (2) 完善财经法律法规建设，规避企业财产物资的风险	

第一节 ◈ 财产清查概述

一、财产清查的概念

反映和监督企业财产物资的保管和使用情况，保护财产的安全与完整，提高各项财产的使用效果，是会计核算的基本任务之一。一个单位的财产，通常包括其所拥有的各项财产物资、货币资金以及债权债务结算款项。根据财产管理的要求，各单位应通过账簿记录来反映和监督上述各项财产的增减变化和结存情况。为了保证账簿记录正确，各单位应加强会计凭证的日常审核，定期核对账簿记录，做到账证相符、账账相符。但是，账簿记录的正确不能说明账簿所做的记录真实可靠。这是因为，有很多的客观原因使各项财产的账面数额与实际结存数额出现差异，即账实不符。在实际工作中，造成账实不符的原因是多方面的。有时是工作上的差错；有时是外界的影响有些是可以避免的，有些是不能或不能完全避免的；有时还会发生人力所不可抗拒的自然灾害或意外损失等。概括起来，主要有以下几个方面的原因：

（1）财产物资保管过程中的自然损溢。如由于物理、化学性质或气候变化引起的自然损溢和短缺。

（2）管理不善造成的损溢。比如计量不准；错收错付；保管不善造成残损、霉变；记账错误，造成重复登账或漏登账；贪污盗窃造成的损失等。

（3）自然灾害和意外事故造成的损失。

（4）结算过程中由于账单未到或拒付等原因造成债权债务与往来单位账面记录不一致。

综上所述，财产清查是通过对财产物资、货币资金和往来款项进行实地盘点与核对，以查明其实有数同账面数是否相符的一种专门的会计方法。财产清查的范围极为广泛：从形态上看，既包括各种实物的清点，也包括各种债权、债务和结算款项的查询核对；从存放地点看，既包括对存放在本企业的财产物资的清查，也包括对存放在外单位的实物和款项的清查。另外，对其他单位委托代为保管或加工的材料物资，也同样要进行清查。

财产清查的目的是查明并保证各资产项目的账实一致。企业和行政、事业等单位的各种财产物资，其增减变动及结存情况，都是以会计账簿来记录、反映的。准确地反映各项资产的真实情况，是经济管理对会计核算的客观要求，也是会计核算的基本原则。然而，在客观上却存在着种种可能导致账实不符的原因。

二、财产清查的作用

为了保证会计账簿记录的真实、准确，建立健全财产物资的管理制度，确保财产物资的安全与完整，就必须运用财产清查这一行之有效的会计核算方法，对企业的各项财产物资进行定期或不定期的清查，以保证账实相符，提高各项财产物资的使用效果。财产清查主要有以下几方面的作用：

（1）保证会计资料的真实性。

（2）保护财产物资的安全完整，加强经济责任。

（3）保证财经纪律和结算纪律的贯彻执行。

（4）促进企业经营管理工作的改进，提高经济效益。

三、财产清查的种类

财产清查总是在具体的时间、地点和一定范围内进行的。为了正确使用财产清查方法，必须对其进行分类考察。财产清查可以按不同的标准进行分类。

（一）按清查的对象和范围划分，可分为全面清查和局部清查

1. 全面清查

全面清查就是对所有的财产进行全面的盘点与核对。全面清查涉及企业的全部财产，如全部固定资产、存货、货币资金、有价证券、结算资金、在途商品、代外单位加工及保管的各种财产物资等。

全面清查工作量大，通常在以下几种情况下才进行全面清查：

（1）在年终结算之前，以确保年度财务报表的真实可靠，需要进行全面清查。

（2）在企业撤销、解散、合并或改变隶属关系时，为明确经济责任，需要进行全面清查。

（3）在需要对企业进行清产核资时，为准确核定资产，必须进行全面清查。

（4）企业股份制改制前，需要进行全面清查。

（5）单位主要负责人调离前，需要进行全面清查。

2. 局部清查

局部清查是根据需要，对部分财产进行盘点与核对。由于全面清查费力，难以经常进行，所以企业应时常进行局部清查。其清查的主要对象是流动性较大的财产，如库存现金、材料、在产品和产成品等。局部清查一般在以下几种情况下进行：

（1）流动性较大的物资，如材料、产成品等，除了年度清查外，年内还要轮流盘点或重新抽查一次。

（2）对于各种贵重物资，每月应清查盘点一次。

（3）对于银行存款和银行借款，每月同银行核对一次。

（4）库存现金由出纳人员在每日终了时，自行清查一次。

（5）各种往来款项，每年至少要核对一至两次。

另外，对发现某种物品被盗或者由于自然力造成物品毁损，以及其他责任事故造成物品损失等，都应及时进行局部清查，以便查明原因，及时处理，并调整账簿记录。

（二）按清查的时间划分，可分为定期清查和不定期清查

1. 定期清查

定期清查是指根据管理制度的规定或预先安排的时间，对财产物资、货币资金和往来款项进行盘点和核对。这种清查通常在年末、季末、月末结账时进行，目的主要在于保证会计核算资料的真实、正确。定期清查根据不同需要，可以全面清查，也可以局部清查。一般情况下，年末进行全面清查，季末、月末则只进行局部清查。

2. 不定期清查

不定期清查是指事先并不规定清查时间，而是根据实际需要临时决定对财产物资进行盘点与核对。不定期清查一般在以下几种情况下进行：

（1）更换财产物资和库存现金保管人员时，为分清经济责任，需要对有关人员所保管的财产物资和库存现金进行清查。

（2）发生非常灾害和意外损失时，要对受灾损失的财产进行清查，以查明损失情况。

（3）上级主管部门、财政和审计部门，要对本单位进行会计检查时，应按检查要求及范围进行清查，以验证会计资料的真实可信。

（4）按照有关规定，进行临时性的清产核资工作，以摸清企业的家底。

根据上述情况进行不定期清查，其对象和范围可以是全面清查，也可以是局部清查，应根据实际需要而定。

四、财产清查的程序

财产清查是一项工作量大、涉及面广的工作，为了保证财产清查的质量，达到清查的目的，应该按科学合理的程序进行财产清查。财产清查一般可分为准备阶段、实施清查阶段、分析和处理阶段。

（一）准备阶段

财产清查涉及管理部门、财务会计部门、财产物资保管部门，以及与本单位有业务和资金往来的外部有关单位和个人。为了保证财产清查工作有条不紊地进行，财产清查前必须有组织、有领导、有步骤地做好准备工作。

1. 组织准备

财产清查前，应建立由单位有关负责人、会计主管人员、专业人员和职工代表参加的财产清查领导小组，具体负责组织财产清查工作。应根据财产清查的目的和要求，

制订财产清查计划，确定财产清查的时间、进度、对象范围、清查人员的分工及清查中出现问题后的解决方法、原则等。

2. 业务准备

财产清查前，有关部门应做好下列工作，为财产清查做好准备：

（1）会计人员应将有关账目结算清楚，做到账证、账账相符，为清查工作提供可靠依据。

（2）财产物资保管人员和有关部门，在清查截止日，应将全部业务填好凭证登记入账并结出余额。同时，要对所保管的财产物资进行整理，贴上标签，标明品种、规格、结存数量，以便盘点查对。

（3）清查人员应准备好各种计量器具，并准备好清查盘点用的单据和表格。

（二）实施清查阶段

财产清查的重要环节是盘点财产物资的实存数量。为明确责任，在财产清查过程中，实物保管人员必须在场，并参加盘点工作。盘点结果应由清查人员填写"盘存单"，详细说明各项财产物资的编号、名称、规格、计量单位、数量、单价、金额等，并由盘点人员和实物保管人员分别签字盖章。盘存单是实物盘点结果的书面证明。其一般格式如表8-1所示。

表8-1　盘存单　　　　　　　　编号

单位名称　　　　　　　　　　　　　盘点时间
财产类别　　　　　　　　　　　　　存放地点

编号	名称	规格	计量单位	数量	单价	金额	备注

盘点人签章：　　　　　　　　　实物保管人签章：

（三）分析和处理阶段

盘点完毕，会计部门应根据盘存单上所列物资的实际结存数与账面结存记录进行核对，对于账实不符的，编制实存账存对比表，确定财产物资盘盈或盘亏的数额。"实存账存对比表"是调整账面记录的重要原始凭证，也是分析盘盈盘亏原因、明确经济责任的重要依据。其一般格式如表8-2所示。

表8-2　实存账存对比表

单位名称　　　　　　　　　　年　月　日

编号	类别及名称	计量单位	单价	实存		账存		对比结果				备注
				数量	金额	数量	金额	盘盈		盘亏		
								数量	金额	数量	金额	

第二节 财产清查的方法

一、财产盘存制度

财产盘存制度是指在日常会计核算中采取什么方式来确定各项财产物资的账面结存额的一种制度，具体包括永续盘存制和实地盘存制两种。

（一）永续盘存制

永续盘存制，也称账面盘存制，是指通过账簿记录连续反映各项财产物资增减变化及结存情况的方法。采用这种方法，要求平时在各种财产物资的明细账上，根据会计凭证将各项财产物资的增减数额都必须连续进行登记，并随时在账面上结算各项存货的结存数并定期与实际盘存数对比，确定存货盘盈盘亏。使用永续盘存制可以随时反映某一存货在一定会计期间内收入、发出及结存的详细情况（见表8-3），有利于加强对存货的管理与控制，取得库存积压或不足的资料，以便及时组织库存品的购销或处理，加速资金周转。可根据下列公式结出账面余额：

期末存货结存数量＝期初存货结存数量＋本期增加存货数量－本期发出存货数量

期末存货结存金额＝期初存货结存金额＋本期增加存货金额－本期发出存货金额

存货的收入、发出数量平时都要根据有关的会计凭证在存货明细账中进行连续记录，并随时结算出账面结存数量，期末存货的账面结存金额根据会计主体采用的成本计算方法（如先进先出法、加权平均法、移动平均法等）的不同分别确定。由于存货明细账记录中已经计算出了期末结存数，清查的目的仅在于查明账实是否相符以及账实不符的原因，并通过调整账簿记录做到账实一致。

表8-3 原材料明细账

二级科目：A材料

202×年		凭证字号	摘要	收入			发出			结存		
月	日			数量/千克	单价/元	金额/元	数量/千克	单价/元	金额/元	数量/千克	单价/元	金额/元
12	1		月初余额							1 000	20.00	20 000
	11	转11	车间领用材料				500	20.00	10 000	500	20.00	10 000
	14	银付2	购入材料	500	20.00	10 000				1 000	20.00	20 000
	25	转34	车间领用材料				500	20.00	10 000	500	20.00	10 000
	28	转45	赊购材料	1 000	20.00	20 000				1 500	20.00	30 000
	31		合计	1 500	20.00	30 000	1 000	20.00	20 000	1 500	20.00	30 000

（二）实地盘存制

实地盘存制是指对各项财产物资平时只在明细账中登记增加数，不登记减少数，月末根据实地盘点的结存数倒挤出财产物资减少数，并据以登记有关账簿的一种方法（见表8-4）。本期减少数的计算公式如下：

期末存货金额＝期末存货盘点数量×存货单价

本期减少金额＝期初账面结存金额＋本期增加金额－期末存货金额

表 8-4　原材料明细账

二级科目：A 材料

202×年		凭证字号	摘要	收入			发出			结存		
月	日			数量/千克	单价/元	金额/元	数量/千克	单价/元	金额/元	数量/千克	单价/元	金额/元
12	1		月初余额							1 000	20.00	20 000
	14	银付 2	购入材料	500	20.00	10 000						
	28	转 45	赊购材料	1 000	20.00	20 000						
			盘点				1 000	20.00	20 000	1 500	20.00	30 000
	31		合计	1 500	20.00	30 000	1 000	20.00	20 000	1 500	20.00	30 000

采用实地盘存制，平时对财产物资的减少数可以不作明细记录，这大大简化了核算手续，减少了工作量。但其不能随时反映财产物资的收发存动态，难以利用账簿记录来加强对财产物资的管理。

相对于永续盘存制而言，实地盘存制的核算手续不够严密。在采用永续盘存制时，为了防止账实不符，需要对各项财产物资进行清查盘点。若发现账实不符，则及时按实存数调整账面记录，以达到账实一致。而在采用实地盘存制时，由于以实际盘点数作为计算减少数的依据，容易出现人为的差错，会掩盖管理中存在的问题，因此，除了特殊情况（如笨重、量大、价格低廉、领发手续复杂且不便于分次办理凭证手续的某些材料物资等），一般不采用实地盘存制。

二、财产清查的方法

（一）实物资产的清查

实物资产的清查是指对固定资产、原材料、在产品、委托加工材料和库存商品等，应从质量上和数量上进行清查，并核定其实际价值。对实物资产的清查通常有以下几种方法：

（1）实地盘点法。这是通过逐一清点或使用计量器计量的方法确定物资实存数量的一种方法。这种方法适用于原材料、机器设备和库存商品等多数财产物资的清查。

（2）抽样盘存法。这是通过测算总体积或总重量，再抽样盘点单位体积和单位重量，然后测算出总数的方法。这种方法适用于那些价值小、数量多、质量比较均匀的财产物资，如煤、盐、装包前仓库里的粮食等。

（3）技术推算法。这是通过量方、计尺等技术推算的方法来确定财产物资结存数量的一种方法。这种方法适用于难以逐一清点的物资，如散装的饲料、化肥等。

（4）函证核对法。这是通过去函、去人调查，并与本单位实存数相核对的一种方法。这种方法适用于委托加工、保管的材料和物品的清查。

（二）库存现金的清查

库存现金的清查应采用实地盘点法，即通过盘点库存现金的实有数，然后与库存现金日记账相核对，确定账存与实存是否相等。库存现金清查包括以下两种情况：

一是由出纳人员每日清点库存现金的实有数，并与库存现金日记账的余额相核对，以确保账实相符。这是出纳人员的职责。

二是由清查人员定期或不定期地进行清查。清查时，出纳人员必须在场，配合清查人员清查账务处理是否合理合法、账簿记录有无错误，以确定账实是否相符。对于临时挪用和借给个人的库存现金，不允许以白条收据抵库；对于超过银行核定限额的库存现金要及时送存开户银行，不允许任意坐支库存现金。

库存现金盘点结束后，应根据实地盘点的结果及与库存现金日记账核对的情况及时填制"库存现金盘点报告表"。库存现金盘点报告表也是重要的原始凭证，它既起"实物盘存单"的作用，又起"实存账存对比表"的作用。也就是说，库存现金盘点报告表既能反映库存现金的实存数，是据以调整账面记录的原始凭证，又是分析库存现金余缺的依据。所以，库存现金盘点报告表应由盘点人员和出纳员认真填写，共同签章。其一般格式如表8-5所示。

表8-5　库存现金盘点报告表

单位名称：　　　　　　　　　　年　　月　　日

实存金额	账存金额	对比结果		备注
		盘盈	盘亏	

盘点人员签章　　　　　　　　　　　　　　　　　出纳员签章

（三）银行存款的清查

银行存款的清查，主要是将银行送来的对账单上银行存款的余额与本单位银行存款日记账的账面余额逐笔进行核对，以查明账实是否相符。在同银行核对账目之前，应先详细检查本单位银行存款日记账的正确性与完整性，然后与银行送来的对账单逐笔核对。但由于办理结算手续和凭证传递时间的原因，即使企业和银行双方记账过程中都没有错误，企业银行存款日记账的余额和银行对账单的余额也可能不一致。产生这种不一致的原因是可能存在未达账项。所谓未达账项，是指由于结算凭证传递时间的原因，造成企业与银行之间对于同一项业务，一方先收到结算凭证、先收款或付款、记账，而另一方尚未收到结算凭证、未收款或未付款、未记账。企业与银行之间的未达账项大致有以下四种类型：

（1）企业存入银行的款项，企业已经作为存款入账，而开户银行尚未办妥手续，未记入企业存款户，简称"企收银未收"。

（2）企业开出支票或其他付款凭证，已作为存款减少登记入账，而银行尚未支付或办理，未记入企业存款户，简称"企付银未付"。

（3）企业委托银行代收的款项或银行付给企业的利息，银行已收妥登记入账，而企业没有接到有关凭证尚未入账，简称"银收企未收"。

（4）银行代企业支付款项后，已作为款项减少记入企业存款户，但企业没有接到通知尚未入账，简称"银付企未付"。

上述任何一种情况的发生，都会导致企业银行存款日记账的余额与银行对账单的余额不一致。因此，在对银行存款的清查中，除了对发现记账造成的错误要及时进行处理外，还应注意有无未达账项。如果发现有未达账项，应通过编制"银行存款余额调节表"予以调节，以检验双方的账面余额是否相符。银行存款余调节表的编制方法是：在企业、银行两方面余额的基础上各自补记一方已入账而另一方尚未入账的数额，以消除未达账项的影响，求得双方的一致。需要注意的是，银行存款余额调节表不能作为记账的原始依据，对于银行已入账而企业尚未入账的未达账项，企业应在收到有关结算凭证后再进行有关账务处理。

【例 8-1】某公司 202×年 8 月 31 日银行存款日记账的余额为 560 000 元，银行转来对账单的余额为 740 000 元，经过逐笔核对发现有下列未达账项：

（1）企业收到销货款 20 000 元，已记银行存款增加，银行尚未记增加。

（2）企业支付购料款 180 000 元，已记银行存款减少，银行尚未记减少。

（3）银行代收某公司汇来购货款 100 000 元，银行已登记存款增加，企业尚未记增加。

（4）银行代企业支付购料款 80 000 元，银行已登记存款减少，企业尚未记减少。

根据以上资料编制银行存款余额调节表（如表 8-6 所示）。

表 8-6　银行存款余额调节表

202×年 8 月 31 日　　　　　　　　　　　　　　　　单位：元

项　目	金　额	项　目	金　额
企业银行存款日记账余额	560 000	银行对账单余额	740 000
加：银行已收企业未收款	100 000	加：企业已收银行未收款	20 000
减：银行已付企业未付款	80 000	减：企业已付银行未付款	180 000
调节后的存款余额	580 000	调节后的存款余额	580 000

（四）往来款项的清查

企业的往来款项一般包括应收账款、其他应收款、预付账款、应付账款、其他应付款和预收账款等。对这些往来款项的清查，一般采取"函证核对法"进行，也就是采取同对方经济往来单位核对账目的方法。清查时，首先将本企业的各项应收、应付等往来款项正确完整地登记入账，然后逐户编制一式两联的往来款项对账单，送交对方单位并委托对方单位进行核对。如果对方单位核对无误，应在回单上盖章后退回本单位；如果对方发现数字不符，应在回单上注明不符的具体内容和原因后退回本单位，作为进一步核对的依据。"往来款项对账单"的格式如图 8-1 所示。

往来款项对账单

单位：

　　你单位×年×月×日购入我单位×产品××台，已付货款××元，尚有××元货款未付，请核对后将回单联寄回。

　　　　　　　　　　　　　　　　　　　　　　核查单位：（盖章）

　　　　　　　　　　　　　　　　　　　　　　202×年×月×日

·····················沿此虚线裁开，将以下回单联寄回！·····················

往来款项对账单（回联）

核查单位：

　　你单位寄来的"往来款项对账单"已经收到，经核对相符无误（或不符，应注明具体内容）。

　　　　　　　　　　　　　　　　　　　　　　××单位（盖章）

　　　　　　　　　　　　　　　　　　　　　　202×年×月×日

图 8-1　"往来款项对账单"的格式

发出"往来款项对账单"的单位收到对方的回单联后，对其中不符或错误的账目应及时查明原因，并按规定的手续和方法进行更正，最后再根据清查的结果编制"往来款项清查报告表"。其一般格式如表8-7所示。

表8-7　往来款项清查报告表

××企业　　　　　　　　　　　　　　　×年×月×日

明细科目		清查结果		不符单位及原因分析					备注
名称	金额	相符	不符	不符单位名称	争执中款项	未达账项	无法收回	拖付款项	

记账人员签章　　　　　　　　　　　　　　　清查人员签章

第三节　财产清查结果的处理

一、财产清查结果的处理要求和步骤

通过财产清查，必然会发现财产管理上和会计核算方面存在的各种问题。对于这些问题都必须认真查明原因，根据国家有关的政策、法令和制度的规定，认真予以处理。

（1）认真查明账实不符的性质和原因，并确定处理办法。

（2）积极处理多余物资和清理长期不清的债权和债务。

（3）总结经验教训，建立健全财产管理制度。

（4）及时调整账目，做到账实相符。

对于财产清查的账务处理，应当分两个步骤进行：

第一步，审批之前，将已查明的财产物资盘盈、盘亏和损失等，根据清查中取得的原始凭证（如实存账存对比表）编制记账凭证，据以登记有关账簿，做到账实相符。调整账簿记录的原则是：以"实存"为准，当盘盈时，补充账面记录；当盘亏时，冲销账面记录。在调整了账面记录，做到账实相符之后，就可以将所编制的"实存账存对比表"和所撰写的文字说明，按照规定程序一并报送有关领导和部门批准。

第二步，当有关领导部门对所呈报的财产清查结果提出处理意见后，企业单位应严格按照批复意见编制有关的记账凭证，进行批准后的账务处理，登记有关账簿，并追回由于责任者个人原因所造成的财产损失。

二、财产清查结果的账务处理

（一）账户设置

为了反映和监督企业在财产清查中查明的各种财产盘盈、盘亏和毁损及其处理情况，应设置"待处理财产损溢"账户。该账户属于资产类账户，用于核算财产物资盘盈、盘亏和毁损情况及处理情况。其借方登记发生的待处理财产盘亏、毁损数和结转已批准处理的财产盘盈数，贷方登记发生的待处理财产盘盈数和结转已批准处理的财产盘亏和毁损数。账户的余额在借方，表示尚未批准处理的财产物资的净损失；余额在贷方，表示尚未批准处理的财产物资的净溢余。为了进行明细核算，可在"待处理财产损溢"账户下设置"待处理固定资产损溢"和"待处理流动资产损溢"两个明细账户。"待处理财产损溢"账户的结构如图 8-2 所示。

借方	待处理财产损溢	贷方
（1）清查确定的各种待处理 　　财产物资的盘亏和毁损数 （2）经批准后结转的各种财产 　　物资的盘盈数		（1）清查确定的各种待处理 　　财产物资的盘盈数 （2）经批准后结转的各种财产 　　物资的盘亏和毁损数
期末余额：尚未批准处理的 各种待处理财产物资净损失额		期末余额：尚未批准处理的 各种待处理财产物资净溢余额

图 8-2 "待处理财产损溢"账户的结构

（二）固定资产盘盈和盘亏的账务处理

1. 固定资产盘盈的核算

固定资产是单位价值较高、使用期限较长的一种有形资产，因此，对于管理规范的企业而言，在清查中发现盘盈的固定资产是比较少见的，也是不正常的，并且固定资产盘盈会影响财务报表使用者对企业以前年度财务状况、经营成果和现金流量的判断。所以，企业在财产清查中应将盘盈的固定资产作为前期差错处理，通过"以前年度损益调整"账户核算。

盘盈的固定资产，应按以下规定确定其入账价值：如果同类或类似固定资产存在活跃市场的，按同类或类似固定资产的市场价格，减去按该项资产的新旧程度估计的价值损耗后的余额，作为入账价值；如果同类或类似资产不存在活跃市场的，按该项固定资产的预计未来现金流量的现值，作为入账价值。企业应按上述规定确定的入账价值，借记"固定资产"账户，贷记"以前年度损益调整"账户。

2. 固定资产盘亏的核算

所谓固定资产盘亏，是指在清查中，实际固定资产数量和价值低于固定资产账面数量及价值而发生的固定资产损失。在审批前，应按账面净值借记"待处理财产损溢——待处理固定资产损溢"账户；审批后，根据上级批准意见，借记"营业外支出"账户，贷记"待处理财产损溢——待处理固定资产损溢"账户。

3. 账务处理举例

【例 8-2】某公司在财产清查中，发现账外设备一台，其重置价值为 48 000 元。

　　借：固定资产　　　　　　　　　　　　　　　　　　　48 000
　　　　贷：以前年度损益调整　　　　　　　　　　　　　　　　48 000

【例 8-3】某公司在财产清查中发现短缺设备一台，原价 80 000 元，已提折旧 20 000 元。

（1）发现盘亏固定资产，报经批准前应先调整账面记录。应作会计分录如下：

借：待处理财产损溢——待处理固定资产损溢   60 000

  累计折旧   20 000

  贷：固定资产   80 000

（2）经董事会批准盘亏设备列为"营业外支出"处理。根据批准文件作会计分录如下：

借：营业外支出   60 000

  贷：待处理财产损溢——待处理固定资产损溢   60 000

（三）库存现金盘盈和盘亏的账务处理

在库存现金清查中，发现现金短缺或溢余时，应及时根据"库存现金盘点报告表"进行账务处理。现金短缺或溢余，应先通过"待处理财产损溢"账户调整账簿，待查明原因后，根据批准的处理意见进行账户处理。

对于库存现金的短缺，由人员过失造成的，应确认赔偿，计入其他应收款；由企业负担损失部分，经确认计入管理费用。对于库存现金溢余，属于应支付给有关人员或单位的，计入其他应付款；属于无法查明原因的账款计入营业外收入。

【例8-4】某公司在清查盘点库存现金时，发现短缺800元，其中500元是由出纳员的过失造成的，300元系无法查明的其他原因造成的。

（1）财产清查中发现库存现金短缺应先调整账簿记录，做到账实相符，根据"库存现金盘点报告表"作会计分录如下：

借：待处理财产损溢——待处理流动资产损溢   800

  贷：库存现金   800

（2）上述库存现金短缺经董事会批准后予以转销。

根据批准文件，短缺库存现金应由出纳员赔偿500元，其余300元记入"管理费用"账户，作会计分录如下：

借：其他应收款——×××   500

  管理费用   300

  贷：待处理财产损溢——待处理流动资产损溢   800

【例8-5】某公司在进行现金清查中发现长款80元。

（1）批准前，根据"库存现金盘点报告表"作会计分录如下：

借：库存现金   80

  贷：待处理财产损溢——待处理流动资产损溢   80

（2）经核查，该款项未能查明原因，报经批准后，作企业的收益处理，则会计分录如下：

借：待处理财产损溢——待处理流动资产损溢   80

  贷：营业外收入   80

（四）存货盘盈和盘亏的账务处理

1. 存货盘盈的核算

对于存货的盘盈，经查明是收发计量或核算上的误差等原因造成的，应及时办理有关手续，以实际数为标准调整账面记录，借记有关账户，贷记"待处理财产损溢——待处理流动资产损溢"账户；报经有关部门批准后，再冲减管理费用，借记"待处理财产损溢——待处理流动资产损溢"账户，贷记"管理费用"账户。

存货和固定资产的盘盈都属于前期差错，但存货盘盈通常金额较小，不会影响财务报表使用者对企业以前年度的财务状况、经营成果和库存现金流量进行判断，因此，存货由于流动快，不容易区别具体年份，按管理权限报经批准后冲减"管理费用"，不作为前期差错，调整以前年度的报表。

2. 存货盘亏和毁损的核算

发生盘亏和毁损的存货，在上级主管部门下发批准意见前，应先结转到"待处理财产损溢——待处理流动资产损溢"账户的借方，批准以后再根据造成盘亏和毁损的原因，分别情况进行处理。

（1）属于非正常损失的，能确定过失人的由过失人负责赔偿，列入"其他应收款"；属于自然灾害造成的损失，扣除保险公司赔款和残值后，列入"营业外支出"账户。

（2）属于正常损失的，经批准后转作管理费用，应借记"管理费用"账户，贷记"待处理财产损溢——待处理流动资产损溢"账户。

3. 账务处理举例

【例8-6】某公司在财产清查中，发现E材料盘盈1 000千克，价值5 000元。

（1）财产清查中发现材料盘盈应先调整账面记录，做到账实相符。根据"实存账存对比表"作会计分录如下：

借：原材料——E材料 5 000
　　贷：待处理财产损溢——待处理流动资产损溢 5 000

（2）上述E材料盘盈，经董事会批准后予以转销。

经查明E材料的盘盈是由于计量不准造成的，经董事会批准，直接冲减期间费用记入"管理费用"账户。根据批准文件作会计分录如下：

借：待处理财产损溢——待处理流动资产损溢 5 000
　　贷：管理费用 5 000

【例8-7】某公司在财产清查中，发现B材料短缺和毁损，价值7 000元。

（1）在清查中发现盘亏材料，在报经批准前应先调整账面记录，使账实相符。根据"实存账存对比表"作会计分录如下：

借：待处理财产损溢——待处理流动资产损溢 7 000
　　贷：原材料——B材料 7 000

（2）上项盘亏的材料，报批准后予以转销。材料盘亏，报经董事会批准分别作如下处理：

材料短缺的800元由过失人赔偿；由非常灾害造成的材料毁损3 500元，列入"营业外支出"；另2 700元材料短缺是由经营不善造成的，列入"管理费用"。

根据上述处理意见，作会计分录如下：

借：其他应收款——××× 800
　　营业外支出 3 500
　　管理费用 2 700
　　贷：待处理财产损溢——待处理流动资产损溢 7 000

需要指出的是，如果企业清查的各种财产的损溢，在期末结账前尚未批准处理，应在对外提供财务会计报告时先按上述规定进行预处理，并在财务报表附注中作出说明；如果其后批准处理的金额与已处理的金额不一致，应调整会计报表相关项目的年初数。

【本章小结】

为了完整地核算和监督财产清查中查明的各种财产盘盈、盘亏和毁损的价值和处理情况，企业应设置"待处理财产损溢"账户。财产清查结果的账务处理分报经审批前和审批后两个阶段进行。企业应查明财产损益的原因，根据不同原因记入相关账户，在期末结账前处理完毕，处理后"待处理财产损溢"账户应无余额。

【阅读材料】

"互联网+"与大会计时代

互联网技术正以前所未有的速度蓬勃发展，并以前所未有的深度和广度介入经济社会的各个领域，引起了商业模式、交易方式、管理活动等方面的重大变革，同样也对会计行业产生了重大而深刻的影响。

在职能拓展方面，互联网技术改变了传统的事后核算模式，实现会计核算与业务活动的同步集成，会计监督、内部控制与业务流程的有机融合，更好地促进会计工作对经济活动的实时反映和有效监控，更好地为内部管理服务。

在核算技术方面，互联网技术解决了电子信息在单位之间的快速传递，电子合同、电子发票等电子档案将逐步取代纸质凭证，大量会计资料以电子形式生成、传递和保存，会计工作将逐步实现无纸化。特别是利用可扩展商业报告语言（XBRL）技术强大的识别、分析、比较、汇总等功能，会计信息由人工识别转化为计算机识别，由单一信息整合为系统信息，由多次录入信息改进为一次性编报信息，会计信息的准确性、时效性、集成度都将得到大幅提升。

在组织形式方面，互联网的发展促进了会计核算与业务活动在物理空间上的适度分离，依靠高效率、高度集成的软件系统和通信技术，使会计工作从分散式的独立核算模式向集中式的财务共享模式转变。

在服务模式方面，利用现代信息技术和互联网平台，会计服务机构将线下业务发展为以线上业务为主，打破了会计服务的地域限制，实现了实时记账和实时财务咨询，将为客户提供更多、更高效、更便捷的会计服务。同时，互联网的发展也为会计管理部门的政务公开、电子政务、网上交流等服务提供了有效平台，促进了会计管理部门管理服务模式的进一步转变。

可以说，互联网及其承载的技术和思想，正在推动着生产方式和生产关系的深刻变革，也推动着会计行业的深刻变革与跨越式发展。

在看到互联网给会计行业发展带来积极影响的同时，我们也应当深刻认识到互联网给会计行业所带来的冲击和挑战。

比如，在观念更新方面，我们要认识到，"互联网+"中的"+"不仅是技术上的"+"，更是思维、理念、模式上的"+"。"互联网+"需要会计行业突破传统思维、传统模式的禁锢，以更加积极、开放的心态，深入了解互联网对会计工作本身及其所处环境产生的影响，主动利用互联网平台，在生产方式、组织形式、知识结构、服务模式等方面变革调整。

比如，在标准建设方面，随着互联网发展所出现的新的产业形态、商业模式、交易工具、业务活动，必然要求会计法律法规、准则制度适应各方面的要求，进一步规范会计活动，提高会计信息质量。

比如，在系统集成方面，不同会计核算系统之间、会计核算系统与相关业务系统之间、行业监管平台之间，都需要建立统一的数据标准和数据接口，以利于会计数据的跨平台传递和有效利用。

比如，在信息安全方面，伴随着互联网、移动设备、云计算和社交媒体等新技术、新载体的大量采用，会计信息系统将面临被外部攻击的风险。如何防范会计数据被截取、篡改、损坏、丢失、泄露等风险，都将是各单位和政府监管部门所面临的重要现实问题。

以上现实问题，要求会计管理部门正确认识互联网的发展趋势，主动抓住机遇、迎接挑战。

第一，进一步加强标准制度建设。努力适应经济社会发展要求，特别是针对互联网环境下经济活动中出现的新情况、新问题以及对会计提出的新要求，及时完善相关规范，包括会计准则、内部控制规范、会计信息化规范、会计基础工作规范、会计档案管理办法等；同时，应从政策层面支持会计服务创新，积极打造"互联网+会计"众创空间，推动会计服务从线下走到线上，从国内市场走向国际市场。

第二，积极推进会计信息化建设。着力研究会计信息化对会计工作形态、组织架构、业务流程的影响，以推广应用可扩展商业报告语言（XBRL）技术标准为抓手，加强部门协调，推动监管部门积极应用；研究制定各类单位会计数据标准及相关业务交换标准，实现会计信息化与经营管理信息化的有机融合，加强会计数据的深度利用。加强会计信息安全问题的研究，适时出台基于互联网环境下的内部控制规范，指导各单位积极应对互联网环境下的各类风险。

第三，努力推进会计工作转型升级。加强政策指导，加快推进管理会计体系建设，引导各单位深入应用管理会计，并有效利用互联网技术，促进会计管理工作转型升级。

第四，大力培养会计领军人才。改进培养模式，完善课程体系，引导会计领军人才自觉运用互联网思维创新会计管理模式，更好地为单位实现战略目标服务；加强互联网、信息化等知识普及、培训，使广大会计人员能够较好地运用现代信息技术和互联网平台。同时，要有效利用互联网技术，进一步创新人才培养方式，为会计人员提供远程教育服务。

第五，继续转变会计管理职能。会计管理部门应当充分利用互联网平台，搞好政务公开、电子政务，促进会计管理职能转变和简政放权，增强会计政策制定的公众参与度，努力为行业发展提供便捷、高效服务。

互联网时代，代表着创新、变革与融合。会计行业正是在创新、变革与融合中不断发展壮大。1979年财政部拨款560万元支持长春第一汽车制造厂进行会计电算化试点，标志着会计与计算机融合的萌芽；1991年财政部发布的《会计改革纲要（试行）》中，提出建立"数出一门，资料共享"的会计信息中心改革构想，可以认为是会计大数据的雏形；2010 年财政部推出 XBRL 技术标准，为会计、互联网、大数据等技术的有机融合提供了技术平台，预示着一个新的会计时代的到来。会计行业正是沿着创新、变革、融合的道路，不断发展、不断壮大。我们相信，在财政部的正确领导下，在会计同仁的共同努力下，会计行业能够继续传承创新、变革、融合的精神，并不断发扬光大，共同去迎接美好的大会计时代。

资料来源：高一斌."互联网+"与大会计时代 ［J］. 金融会计，2015（9）：5-6.

KUAIJIXUE JICHU JIAOCHENG

第九章

账务处理程序

【结构框架】

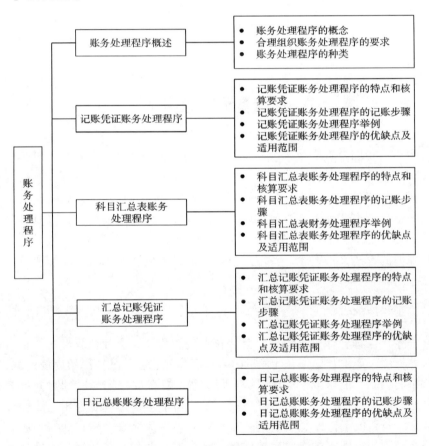

【学习目标】

本章主要阐述各种凭证和账簿结合使用的方式，以及账务处理程序问题。通过本章的学习，学生需要了解合理建立账务处理程序的意义和基本要求；熟悉各种账务处理程序的基本内容，包括凭证、账簿的设置，以及各自的程序和优缺点；掌握三种基本的账务处理程序的内容及适用范围。

【课程思政】

知识点	思政元素挖掘	思政元素浅析	综合能力提升引导
账务处理程序概念、种类	爱岗敬业	（1）会计人员应熟知各种账务处理程序，以便会计工作能够有条不紊地进行，确保及时提供有关方面需要的决策有用的会计信息	（1）培养学生选择账务处理程序的能力，即在三种主要账务处理程序中选择其一；
三种主要的账务处理程序	（1）实事求是；（2）全局思维	对于发生的一笔经济业务，是填制通用记账凭证还是专用记账凭证？是否要据记账凭证逐笔登记总账？各账簿之账页格式如何？结合企业具体情况加以运用；（2）每种账务处理程序各具优缺点及适用性，会计人员应站在企业如何方便、快捷、优质地提供会计信息的角度灵活地加以运用	（2）培养学生针对具体企业灵活运用账务处理程的能力，即在三种主要账务处理程序的基础上，创造性地设置会计凭证和会计账簿的组织以及记账程序（步骤）

第一节 账务处理程序概述

在前述各章中，我们分别介绍了账户的设置、会计凭证的填制和审核、日记账及明细账簿的登记等会计核算方法。明确企业经济业务发生后，会计人员首先取得（或填制）凭证，然后据审核无误的会计凭证再予以登账，期末，通过编制财务报表的形式向外传递财务信息。也就是说，填制凭证、登记账簿、编制报表是会计核算的三个基本环节，这些环节是每个企事业单位进行账务处理的共性。但是就其个性而言，企业登记总分类账簿的方法又不完全一致。这也就形成了不同的记账程序，即账务处理程序。

一、账务处理程序的概念

账务处理程序，也称会计核算程序、会计核算组织程序、会计核算形式，是指运用各种会计核算方法，产生和提供会计信息的方法和步骤，也就是从原始凭证的取得、汇总至记账凭证的填制、汇总，再至日记账、明细账、总账的登记最后到财务报表编制的步骤和方法。在实务操作中，对于发生的一笔经济业务，是填制通用记账凭证还是专用记账凭证，是否要据记账凭证逐笔登记总账，各账簿之账页格式如何等所有这些，财会部门都必须按照国家的有关政策法规，结合本企业的具体情况，明确规定各种凭证、各种账簿和报表之间的衔接关系，并把它们有机地结合起来，以便会计工作能够有条不紊地进行，确保及时提供有关方面需要的决策有用的会计信息。具体来讲，账务处理程序包括两部分内容：其一是会计凭证和会计账簿的组织；其二是记账程序（步骤）。会计凭证组织是指会计凭证的种类、格式和各种凭证之间的关系；会计账簿组织是指账簿的种类、格式和各种账簿之间的关系；记账程序是指从会计凭证的取得、填制、传递，到会计账簿的登记，直至编制财务报表整个过程的具体步骤。为了保证账簿记录的正确性和完整性，通常还需要在编制财务报表之前，增加一些环节，诸如进行有关账项调整和进行试算平衡等。

二、合理组织账务处理程序的要求

由于各企业的组织规模、业务性质、经济业务的繁简程度以及管理上的要求可能不尽相同，甚至差别很大，这就要求企业根据自身的特点，制定出恰当的账务处理程序，以做好会计工作。合理的、适用的账务处理程序，一般应符合以下要求：

（1）要与企业自身的规模大小、业务繁简程度相适应。

（2）要能及时全面地提供会计信息，以满足有关方面使用会计信息的需要。

（3）要有利于节约人力和物力，尽可能简化不必要的核算手续，即体现效益大于成本的原则，提高会计工作效率，节约账务处理成本。

三、账务处理程序的种类

前面已述及填制凭证、登记账簿、编制报表是会计核算的三个基本环节。但由于企业设置的账簿既有日记账、明细账，还有总账，而日记账、明细账因其要提供详细信息，必须逐笔登记，但总账是提供总括信息的账簿，故企业既可根据记账凭证逐笔登记总账，也可先汇总记账凭证再据以登记总账。因此，在实际工作中，常用的账务处理程序主要有以下几种：

（1）记账凭证账务处理程序。

（2）科目汇总表账务处理程序。

（3）汇总记账凭证账务处理程序。

（4）日记总账账务处理程序。

以上各种账务处理程序既有相同点，又有各自的特点，其区别主要在于登记总账的依据和方法不同。

第二节 记账凭证账务处理程序

一、记账凭证账务处理程序的特点和核算要求

记账凭证账务处理程序，既是各种账务处理程序中最基本的程序，也是其他各种账务处理程序的基础。其主要特点是根据各种记账凭证逐笔登记总账。采用该账务处理程序，记账凭证可采用通用格式，也可采用专用格式；账簿一般设置有库存现金日记账、银行存款日记账、总分类账和明细分类账。日记账及总分类账一般采用三栏式，明细分类账可根据需要分别采用三栏式、数量金额式或多栏式。

二、记账凭证账务处理程序的记账步骤

记账凭证账务处理程序如图9-1所示。

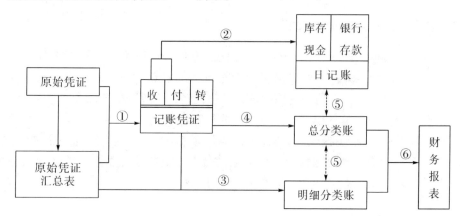

图9-1　记账凭证账务处理程序

说明：

①根据原始凭证或原始凭证汇总表填制记账凭证（通用或专用）。

②根据收款凭证、付款凭证逐笔登记库存现金日记账和银行存款日记账。

③根据记账凭证和原始凭证（或原始凭证汇总表）逐笔登记明细账。

④根据记账凭证逐笔登记总账。

⑤月终，日记账余额及各种明细账余额的合计数，分别与总分类账中有关账户的余额核对相符。

⑥月终，根据总分类账、各明细分类账和有关资料编制财务报表。

三、记账凭证账务处理程序举例

【例9-1】

（一）资料

1. 环球有限责任公司202×年12月初相关账户余额（见表9-1）

表9-1　账户期初余额表

账户名称	借方余额/元	账户名称	贷方余额/元
库存现金	2 000	短期借款	107 000
银行存款	240 000	应付账款	109 200
应收账款	220 400	应付职工薪酬	7 900
预付账款	2 500	预收账款	204 000
其他应收款	1 000	应交税费	52 000
原材料	343 000	应付利息	2 000
库存商品	522 000	本年利润	1 100 375
生产成本	114 700	盈余公积	102 000
固定资产	1 049 000	实收资本	595 000
累计折旧	（115 000）	利润分配	100 125
合计	2 379 600	合计	2 379 600

2. 有关部分明细账资料

（1）原材料 343 000 元，其中，甲材料 3 000 千克，单价 80 元，计 240 000 元。乙材料 1 800 千克，单价 50 元，计 90 000 元。丙材料 650 千克，单价 20 元，计 13 000 元。

（2）生产成本 114 700 元，皆为 A 产品 770 件在产品的成本，其中直接材料费用为 65 000 元，生产工人薪酬为 35 000 元，制造费用为 14 700 元。

（3）库存商品：A 产品 1 200 件，每件生产成本 350 元。B 产品 600 件，每件生产成本 170 元。

（4）应收账款：应收福源公司货款 26 500 元。应收莲花公司货款 193 900 元。

（5）应付账款：应付光明公司货款 10 000 元。应付星光公司货款 9 200 元。应付祥和公司货款 90 000 元。

3. 环球有限责任公司 202×年 12 月份发生的经济业务

（1）1 日，开出转账支票 28 250 元，购入新机器一台，取得增值税专用发票一张，注明价 25 000 元，增值税额 3 250 元。

（2）1 日，向华东工厂购入甲材料 500 千克，货款 40 000 元，增值税额为 5 200 元，以转账支票结算，料未入库。

（3）2 日，以转账支票支付上项材料运费 1 090 元，取得增值税专用发票一张，注明运费 1 000 元，增值税额 90 元，材料已到，并验收入库。

（4）3 日，为生产 A 产品领用甲材料 1 200 千克，80 元/千克；生产 B 产品领用乙材料 700 千克，50 元/千克；行政管理部门领用丙材料 10 千克，20 元/千克。

（5）3 日，采购员钱兴预借差旅费 500 元，以现金付讫。

（6）4 日，开出支票支付上月应交税费 32 000 元。

（7）5 日，售给兴达公司 B 产品 400 件，每件售价 300 元，货款 120 000 元，增值税额为 15 600 元，款项尚未收到。

（8）6 日，以支票支付法律咨询费 4 000 元，取得增值税普通发票。

（9）6 日，以支票支付广告费 31 000 元，取得增值税普通发票。

（10）7 日，开出现金支票提取现金 600 元备用。

（11）8 日，向光明公司购入乙材料 800 千克，货款 40 000 元，增值税额为 5 200 元，款未付，料未入库。

（12）9 日，以现金支付下年度报刊订阅费 720 元。

（13）10 日，以银行存款支付本月工资 93 000 元。

（14）11 日，售给华夏公司 A 产品 200 件，每件售价 500 元，货款100 000 元，增值税额为 13 000 元，合计 113 000 元，收到转账支票一张。

（15）12 日，采购员钱兴出差返回报销差旅费 480 元，归还余额 20 元。

（16）14 日，向联谊公司出售 A 产品 900 件，货款 450 000 元，增值税额为 58 500 元，款已收讫。

（17）14 日，8 日向光明公司所购乙材料已到货，并验收入库。

（18）15 日，向银行借入短期借款 10 000 元，存入企业存款户。

（19）16 日，以银行存款支付厂部管理部门办公用品购置费 678 元，取得增值税专用发票一张，注明价 600 元，增值税额 78 元。

（20）17 日，以银行存款预付明年上半年保险费 2 400 元，取得增值税普通发票。

（21）19 日，以现金 200 元支付违约罚款。

（22）20 日，收回现金 1 000 元，系职工王英预借差旅费（王英出差因故取消）。

（23）20 日，将现金 1 000 元送存银行。

（24）25 日，用银行存款归还已到期的短期借款 27 000 元。

（25）26 日，用银行存款支付业务招待费 36 700 元。

（26）27 日，以银行存款 19 200 元偿还上月所欠光明公司货款 10 000 元及星光公司货款 9 200 元。

（27）28 日，以银行存款支付电费 9 400 元，其中车间照明用电 7 900 元，企业管理部门耗电 1 500 元。

（28）31 日，分配本月职工工资 93 000 元，其中 A 产品生产工人工资42 000元，B 产品生产工人工资 20 000 元，车间管理人员工资 11 000 元，企业管理人员工资 20 000 元。

（29）31 日，计提本月生产部门固定资产折旧费 5 900 元，行政管理部门固定资产折旧费 1 400 元。

（30）31 日，摊销应由本月负担的报刊订阅费 60 元、保险费 360 元。

（31）31 日，以银行存款支付本季短期借款利息 3 000 元（其中含本年 10、11 两个月已预提的利息费 2 000 元）。

（32）31 日，将本月份发生的制造费用 24 800 元计入产品生产成本（按生产工人工资比例分配）。

（33）31 日，结转本月完工入库产成品的成本：A 产品 770 件全部完工验收入库，B 产品尚未完工。

（34）31 日，结转本月已销产品生产成本。

（35）31 日，将有关收入、费用结转至"本年利润"账户。

（36）31 日，计算本月应交所得税，所得税税率25%，并结出净利润。

（37）31 日，将全年实现净利润结转"利润分配"账户。

（38）31 日，按全年净利润的 10%提取法定盈余公积金 119 000 元。

（39）31 日，按规定计算应付投资者利润 500 000 元。

（40）31 日，将"利润分配"的其他明细账户的余额结转至"利润分配——未分配利润"明细账。

（二）要求：采用记账凭证账务处理程序进行相关账务处理

第一步，填制记账凭证（限于篇幅，以下用会计分录代替记账凭证）。

（1）12 月 1 日，银付 1

借：固定资产   25 000

    应交税费——应交增值税（进项税额）   3 250

      贷：银行存款   28 250

（2）12 月 1 日，银付 2

借：在途物资——甲材料   40 000

    应交税费——应交增值税（进项税额）   5 200

      贷：银行存款   45 200

（3）12 月 2 日，银付 3

借：在途物资——甲材料 1 000

应交税费——应交增值税（进项税额） 90

贷：银行存款 1 090

12 月 2 日，转 1

借：原材料——甲材料 41 000

贷：在途物资——甲材料 41 000

（4）12 月 3 日，转 2

借：生产成本——A 产品 96 000

——B 产品 35 000

管理费用 200

贷：原材料 131 200

（5）12 月 3 日，现付 1

借：其他应收款——钱兴 500

贷：库存现金 500

（6）12 月 4 日，银付 4

借：应交税费 32 000

贷：银行存款 32 000

（7）12 月 5 日，转 3

借：应收账款——兴达公司 135 600

贷：主营业务收入——B 产品 120 000

应交税费——应交增值税（销项税额） 15 600

（8）12 月 6 日，银付 5

借：管理费用 4 000

贷：银行存款 4 000

（9）12 月 6 日，银付 6

借：销售费用 31 000

贷：银行存款 31 000

（10）12 月 7 日，银付 7

借：库存现金 600

贷：银行存款 600

（11）12 月 8 日，转 4

借：在途物资——乙材料 40 000

应交税费——应交增值税（进项税额） 5 200

贷：应付账款——光明公司 45 200

（12）12 月 9 日，现付 2

借：预付账款 720

贷：库存现金 720

（13）12 月 10 日，银付 8

借：应付职工薪酬 93 000

贷：银行存款 93 000

（14）12 月 11 日，银收 1

借：银行存款   113 000

    贷：主营业务收入——A 产品   100 000

        应交税费——应交增值税（销项税额）   13 000

（15）12 月 12 日，转 5

借：管理费用   480

    贷：其他应收款——钱兴   480

12 月 12 日，现收 1

借：库存现金   20

    贷：其他应收款——钱兴   20

（16）12 月 14 日，银收 2

借：银行存款   508 500

    贷：主营业务收入——A 产品   450 000

        应交税费——应交增值税（销项税额）   58 500

（17）12 月 14 日，转 6

借：原材料——乙材料   40 000

    贷：在途物资——乙材料   40 000

（18）12 月 15 日，银收 3

借：银行存款   10 000

    贷：短期借款   10 000

（19）12 月 16 日，银付 9

借：管理费用   600

    应交税费——应交增值税（进项税额）   78

    贷：银行存款   678

（20）12 月 17 日，银付 10

借：预付账款   2 400

    贷：银行存款   2 400

（21）12 月 19 日，现付 3

借：营业外支出   200

    贷：库存现金   200

（22）12 月 20 日，现收 2

借：库存现金   1 000

    贷：其他应收款   1 000

（23）12 月 20 日，现付 4

借：银行存款   1 000

    贷：库存现金   1 000

（24）12 月 25 日，银付 11

借：短期借款   27 000

    贷：银行存款   27 000

（25）12 月 26 日，银付 12

借：管理费用   36 700

    贷：银行存款   36 700

（26）12 月 27 日，银付 13

借：应付账款——光明公司　　　　　　　　　　　　　　　10 000
　　　　　　　——星光公司　　　　　　　　　　　　　　9 200
　　贷：银行存款　　　　　　　　　　　　　　　　　　　　　　19 200

（27）12 月 28 日，银付 14

借：制造费用　　　　　　　　　　　　　　　　　　　　　7 900
　　管理费用　　　　　　　　　　　　　　　　　　　　　1 500
　　贷：银行存款　　　　　　　　　　　　　　　　　　　　　　9 400

（28）12 月 31 日，转 7

借：生产成本——A 产品　　　　　　　　　　　　　　　42 000
　　　　　　　——B 产品　　　　　　　　　　　　　　20 000
　　制造费用　　　　　　　　　　　　　　　　　　　　11 000
　　管理费用　　　　　　　　　　　　　　　　　　　　20 000
　　贷：应付职工薪酬　　　　　　　　　　　　　　　　　　　　93 000

（29）12 月 31 日，转 8

借：制造费用　　　　　　　　　　　　　　　　　　　　5 900
　　管理费用　　　　　　　　　　　　　　　　　　　　1 400
　　贷：累计折旧　　　　　　　　　　　　　　　　　　　　　　7 300

（30）12 月 31 日，转 9

借：管理费用　　　　　　　　　　　　　　　　　　　　　420
　　贷：预付账款　　　　　　　　　　　　　　　　　　　　　　420

（31）12 月 31 日，银付 15

借：财务费用　　　　　　　　　　　　　　　　　　　　1 000
　　应付利息　　　　　　　　　　　　　　　　　　　　2 000
　　贷：银行存款　　　　　　　　　　　　　　　　　　　　　　3 000

（32）12 月 31 日，转 10

借：生产成本——A 产品　　　　　　　　　　　　　　　16 800
　　　　　　　——B 产品　　　　　　　　　　　　　　8 000
　　贷：制造费用　　　　　　　　　　　　　　　　　　　　　　24 800

（33）12 月 31 日，转 11

借：库存商品——A 产品　　　　　　　　　　　　　　　269 500
　　贷：生产成本——A 产品　　　　　　　　　　　　　　　　269 500

（34）12 月 31 日，转 12

借：主营业务成本　　　　　　　　　　　　　　　　　　453 000
　　贷：库存商品——A 产品　　　　　　　　　　　　　　　　385 000
　　　　　　　　——B 产品　　　　　　　　　　　　　　　68 000

（35）12 月 31 日，转 13

借：本年利润　　　　　　　　　　　　　　　　　　　　550 500
　　贷：主营业务成本　　　　　　　　　　　　　　　　　　　　453 000
　　　　销售费用　　　　　　　　　　　　　　　　　　　　　31 000
　　　　管理费用　　　　　　　　　　　　　　　　　　　　　65 300
　　　　财务费用　　　　　　　　　　　　　　　　　　　　　1 000
　　　　营业外支出　　　　　　　　　　　　　　　　　　　　　200

12 月 31 日，转 14

借：主营业务收入   670 000

    贷：本年利润   670 000

（36）12 月 31 日，转 15

借：所得税费用   29 875

    贷：应交税费——应交所得税   29 875

12 月 31 日，转 16

借：本年利润   29 875

    贷：所得税费用   29 875

（37）12 月 31 日，转 17

借：本年利润   1 190 000

    贷：利润分配——未分配利润   1 190 000

（38）12 月 31 日，转 18

借：利润分配——提取法定盈余公积   119 000

    贷：盈余公积   119 000

（39）12 月 31 日，转 19

借：利润分配——应付股利   500 000

    贷：应付股利   500 000

（40）12 月 31 日，转 20

借：利润分配——未分配利润   619 000

    贷：利润分配——提取法定盈余公积   119 000

         ——应付股利   500 000

需要说明的是，上述是针对不同的业务编制的专用记账凭证。当然，企业也可以选择编制通用记账凭证。

第二步，根据收款凭证、付款凭证，按业务发生时间的先后顺序逐笔登记库存现金日记账和银行存款日记账。

限于篇幅，此处将该步骤省略。但需要强调的是，日记账应该在每日终了进行结账，即进行所谓的"日清"工作。

第三步，根据记账凭证或结合原始凭证，按业务发生时间的先后顺序逐笔登记明细账。

实际工作中明细账应根据需要采用不同的账页格式，包括三栏式、数量金额式和多栏式。此处只演示原材料和库存商品明细账的登账过程及结果（见表 9-2 至表 9-6）。

表 9-2 原材料明细账

二级科目：甲材料

202×年		凭证字号	摘 要	收 入			发 出			结 存		
月	日			数量/千克	单价/元	金额/元	数量/千克	单价/元	金额/元	数量/千克	单价/元	金额/元
12	1		月初余额							3 000	80.00	240 000
	2	转1	材料入库	500	82.00	41 000				3 500		281 000
	3	转2	A 产品领用				1 200	80.00	96 000	2 300		185 000
12	31		本月合计	500	—	41 000	1 200	—	96 000	2 300	—	185 000

表9-3 原材料明细账

二级科目： 乙材料

202×年		凭证字号	摘要	收入			发出			结存		
月	日			数量/千克	单价/元	金额/元	数量/千克	单价/元	金额/元	数量/千克	单价/元	金额/元
12	1		月初余额							1 800	50.00	90 000
	3	转2	B产品领用				700	50.00	35 000	1 100		55 000
	14	转6	材料入库	800	50.00	40 000				1 900		95 000
12	31		本月合计	800	—	40 000	700	—	35 000	1 900	—	95 000

表9-4 原材料明细账

二级科目： 丙材料

202×年		凭证字号	摘要	收入			发出			结存		
月	日			数量/千克	单价/元	金额/元	数量/千克	单价/元	金额/元	数量/千克	单价/元	金额/元
12	1		月初余额							650	20.00	13 000
	3	转2	管理部门耗用				10	20.00	200	640		12 800
12	31		本月合计				10	—	200	640	—	12 800

表9-5 库存商品明细账

二级科目： A产品

202×年		凭证字号	摘要	收入			发出			结存		
月	日			数量/件	单价/元	金额/元	数量/件	单价/元	金额/元	数量/件	单价/元	金额/元
12	1		月初余额							1 200	350.00	420 000
	11	银收1	销售给华夏公司				200			1 000		
	14	银收2	销售给联谊公司				900			100		
	31	转12	完工入库	770		269 500				870		
	31		本月合计	770		269 500	1 100	350.00	385 000	870		304 500

表9-6 库存商品明细账

二级科目： B产品

202×年		凭证字号	摘要	收入			发出			结存		
月	日			数量/件	单价/元	金额/元	数量/件	单价/元	金额/元	数量/件	单价/元	金额/元
12	1		月初余额							600	170.00	102 000
	5	转3	销售给兴达公司				400			200		
12	31		本月合计				400	170.00	68 000	200	170.00	34 000

第四步，根据记账凭证，按业务发生时间的先后顺序逐笔登记总账（见表9-7至表9-36）。

表9-7　**库存现金**　总分类账户

202×年 月	日	凭证 字	号	摘要	借方 百	十	万	千	百	十	元	角	分	贷方 百	十	万	千	百	十	元	角	分	借或贷	余额 百	十	万	千	百	十	元	角	分
12	1			期初余额																			借				2	0	0	0	0	0
	3	现付	1	预支差旅费														5	0	0	0	0	借				1	5	0	0	0	0
	7	银付	7	提现					6	0	0	0	0										借				2	1	0	0	0	0
	9	现付	2	预付报刊费														7	2	0	0	0	借				1	3	8	0	0	0
	12	现收	1	差旅费余额						2	0	0	0										借				1	4	0	0	0	0
	19	现付	3	支付罚款														2	0	0	0	0	借				1	2	0	0	0	0
	20	现收	2	退回差旅费				1	0	0	0	0	0										借				2	2	0	0	0	0
	20	现付	4	现金存银行													1	0	0	0	0	0	借				1	2	0	0	0	0
12	31			本月合计				1	6	2	0	0	0				2	4	2	0	0	0	借				1	2	0	0	0	0

表9-8　**银行存款**　总分类账户

202×年 月	日	凭证 字	号	摘要	借方 百	十	万	千	百	十	元	角	分	贷方 百	十	万	千	百	十	元	角	分	借或贷	余额 百	十	万	千	百	十	元	角	分
12	1			期初余额																			借		2	4	0	0	0	0	0	0
	1	银付	1	购买设备											2	8	2	5	0	0	0	0										
	1	银付	2	支付购料款											4	5	2	0	0	0	0	0										
	2	银付	3	付材料运费													1	0	9	0	0	0										
	4	银付	4	付上月税款												3	2	0	0	0	0	0										
	6	银付	5	付咨询费														4	0	0	0	0										
	6	银付	6	付广告费													3	1	0	0	0	0										
	7	银付	7	提现														6	0	0	0	0										
	10	银付	8	支付工资												9	3	0	0	0	0	0										
	11	银收	1	售A收款		1	1	3	0	0	0	0	0																			
	14	银收	2	售A收款		5	0	8	5	0	0	0	0																			
	15	银收	3	向银行借款			1	0	0	0	0	0	0																			
	16	银付	9	付办公费														6	7	8	0	0										
	17	银付	10	预付保险费														2	4	0	0	0										
	20	现付	4	现金存银行				1	0	0	0	0	0																			
	25	银付	11	归还借款												2	7	0	0	0	0	0										
	26	银付	12	付招待费													3	6	7	0	0	0										
	27	银付	13	归还欠款												1	9	2	0	0	0	0										
	28	银付	14	支付电费													9	4	0	0	0	0										
	31	银付	15	支付利息														3	0	0	0	0										
12	31			本月合计		6	3	2	5	0	0	0	0		3	3	3	5	1	8	0	0	借		5	3	8	9	8	2	0	0

表 9-9　**应收账款**　总分类账户

202×年		凭证		摘要	借方									贷方									借或贷	余额								
月	日	字	号		百	十	万	千	百	十	元	角	分	百	十	万	千	百	十	元	角	分		百	十	万	千	百	十	元	角	分
12	1			期初余额																			借		2	2	0	4	0	0	0	0
	5	转	3	销售 B 产品		1	3	5	6	0	0	0	0																			
12	31			本月合计		1	3	5	6	0	0	0	0										借		3	5	6	0	0	0	0	0

表 9-10　**预付账款**　总分类账户

202×年		凭证		摘要	借方									贷方									借或贷	余额								
月	日	字	号		百	十	万	千	百	十	元	角	分	百	十	万	千	百	十	元	角	分		百	十	万	千	百	十	元	角	分
12	1			期初余额																			借					2	5	0	0	0	0
	9	现付	2	预付报刊费					7	2	0	0	0																			
	17	银付	10	预付保险费				2	4	0	0	0	0																			
	31	转	9	摊销报刊费等														4	2	0	0	0										
12	31			本月合计				3	1	2	0	0	0					4	2	0	0	0	借				5	2	0	0	0	0

表 9-11　**其他应收款**　总分类账户

202×年		凭证		摘要	借方									贷方									借或贷	余额								
月	日	字	号		百	十	万	千	百	十	元	角	分	百	十	万	千	百	十	元	角	分		百	十	万	千	百	十	元	角	分
12	1			期初余额																			借					1	0	0	0	0	0
	3	现付	1	预支差旅费					5	0	0	0	0																			
	12	转	5	报销差旅费														4	8	0	0	0										
	12	现收	1	差旅费余款															2	0	0	0										
	20	现收	2	退回差旅费														1	0	0	0	0	0										
12	31			本月合计					5	0	0	0	0					1	5	0	0	0	0	平						—	0	—	

表 9-12　**原材料**　总分类账户

202×年		凭证		摘要	借方									贷方									借或贷	余额								
月	日	字	号		百	十	万	千	百	十	元	角	分	百	十	万	千	百	十	元	角	分		百	十	万	千	百	十	元	角	分
12	1			期初余额																			借		3	4	3	0	0	0	0	0
	2	转	1	甲材料入库			4	1	0	0	0	0	0																			
	3	转	2	生产领用											1	3	1	2	0	0	0	0										
	14	转	6	乙材料入库			4	0	0	0	0	0	0																			
12	31			本月合计			8	1	0	0	0	0	0		1	3	1	2	0	0	0	0	借		2	9	2	8	0	0	0	0

表 9-13　**在途物资**　总分类账户

月	日	凭证字	凭证号	摘要	借方	贷方	借或贷	余额
12	1	银付	2	购料，未入库	4 0 0 0 0 0 0			
	2	银付	3	付运费	1 0 0 0 0 0			
	2	转	1	甲材料入库		4 1 0 0 0 0 0		
	8	转	4	购料，未入库	4 0 0 0 0 0 0			
	14	转	6	乙材料入库		4 0 0 0 0 0 0		
12	31			本月合计	8 1 0 0 0 0 0	8 1 0 0 0 0 0	平	－ 0 －

表 9-14　**库存商品**　总分类账户

月	日	凭证字	凭证号	摘要	借方	贷方	借或贷	余额
12	1			期初余额			借	5 2 2 0 0 0 0 0
	31	转	11	A 完工入库	2 6 9 5 0 0 0 0			
	31	转	12	结转已售成本		4 5 3 0 0 0 0 0		
12	31			本月合计	2 6 9 5 0 0 0 0	4 5 3 0 0 0 0 0	借	3 3 8 5 0 0 0 0

表 9-15　**生产成本**　总分类账户

月	日	凭证字	凭证号	摘要	借方	贷方	借或贷	余额
12	1			期初余额			借	1 1 4 7 0 0 0 0
	3	转	2	生产耗料	1 3 1 0 0 0 0 0			
	31	转	7	分配工资	6 2 0 0 0 0 0			
	31	转	10	转入制造费用	2 4 8 0 0 0 0			
	31	转	11	完工入库		2 6 9 5 0 0 0 0		
12	31			本月合计	2 1 7 8 0 0 0 0	2 6 9 5 0 0 0 0	借	6 3 0 0 0 0 0

表 9-16　**固定资产**　总分类账户

月	日	凭证字	凭证号	摘要	借方	贷方	借或贷	余额
12	1			期初余额			借	1 0 4 9 0 0 0 0 0
	1	银付	1	购买设备	2 5 0 0 0 0 0			
12	31			本月合计	2 5 0 0 0 0 0		借	1 0 7 4 0 0 0 0 0

表9-17　　累计折旧　总分类账户

202×年		凭证		摘要	借方										贷方										借或贷	余额									
月	日	字	号		百	十	万	千	百	十	元	角	分	百	十	万	千	百	十	元	角	分		百	十	万	千	百	十	元	角	分
12	1			期初余额																			贷		1	1	5	0	0	0	0	0
	31	转	8	计提折旧													7	3	0	0	0	0										
12	31			本月合计													7	3	0	0	0	0	贷		1	2	2	3	0	0	0	0

表9-18　　短期借款　总分类账户

202×年		凭证		摘要	借方										贷方										借或贷	余额									
月	日	字	号		百	十	万	千	百	十	元	角	分	百	十	万	千	百	十	元	角	分		百	十	万	千	百	十	元	角	分
12	1			期初余额																			贷		1	0	7	0	0	0	0	0
	15	银收	3	向银行借款													1	0	0	0	0	0										
	25	银付	11	归还借款				2	7	0	0	0	0																			
12	31			本月合计				2	7	0	0	0	0				1	0	0	0	0	0	贷			9	0	0	0	0	0	0

表9-19　　应付账款　总分类账户

202×年		凭证		摘要	借方										贷方										借或贷	余额									
月	日	字	号		百	十	万	千	百	十	元	角	分	百	十	万	千	百	十	元	角	分		百	十	万	千	百	十	元	角	分
12	1			期初余额																			贷		1	0	9	2	0	0	0	0
	8	转	4	赊购材料													4	5	2	0	0	0										
	27	银付	13	归还到期款			1	9	2	0	0	0	0																			
12	31			本月合计			1	9	2	0	0	0	0				4	5	2	0	0	0	贷		1	3	5	2	0	0	0	0

表9-20　　预收账款　总分类账户

202×年		凭证		摘要	借方										贷方										借或贷	余额									
月	日	字	号		百	十	万	千	百	十	元	角	分	百	十	万	千	百	十	元	角	分		百	十	万	千	百	十	元	角	分
12	1			期初余额																			贷			2	0	4	0	0	0	0
12	31			本月合计																			贷			2	0	4	0	0	0	0

表9-21　　应付职工薪酬　总分类账户

202×年		凭证		摘要	借方										贷方										借或贷	余额									
月	日	字	号		百	十	万	千	百	十	元	角	分	百	十	万	千	百	十	元	角	分		百	十	万	千	百	十	元	角	分
12	1			期初余额																			贷				7	9	0	0	0	0
	10	银付	8	支付工资				9	3	0	0	0	0																			
	31	转	7	分配工资													9	3	0	0	0	0										
12	31			本月合计				9	3	0	0	0	0				9	3	0	0	0	0	贷				7	9	0	0	0	0

表 9-22　应交税费　总分类账户

202×年 月	日	凭证 字	凭证 号	摘要	借方 百	十	万	千	百	十	元	角	分	贷方 百	十	万	千	百	十	元	角	分	借或贷	余额 百	十	万	千	百	十	元	角	分
12	1			期初余额																			贷			5	2	0	0	0	0	0
	1	银付	1	购买设备				3	2	5	0	0	0																			
	1	银付	2	购料进项				5	2	0	0	0	0																			
	2	银付	3	购材料运费						9	0	0	0																			
	4	银付	4	交纳上月税			3	2	0	0	0	0	0																			
	5	转	3	销货销项税												1	5	6	0	0	0	0										
	8	转	4	购料进项税				5	2	0	0	0	0																			
	11	银收	1	销货销项税												1	3	0	0	0	0	0										
	14	银收	2	销货销项税												5	8	5	0	0	0	0										
	16	银付	9	购办公用品						7	8	0	0																			
	31	转	15	计交所得税												2	9	8	7	5	0	0										
12	31			本月合计			4	5	8	1	8	0	0		1	1	6	9	7	5	0	0	贷		1	2	3	1	5	7	0	0

表 9-23　应付股利　总分类账户

202×年 月	日	凭证 字	凭证 号	摘要	借方 百	十	万	千	百	十	元	角	分	贷方 百	十	万	千	百	十	元	角	分	借或贷	余额 百	十	万	千	百	十	元	角	分
12	31	转	19	分配利润										5	0	0	0	0	0	0	0	0										
12	31			本月合计										5	0	0	0	0	0	0	0	0	贷		5	0	0	0	0	0	0	0

表 9-24　应付利息　总分类账户

202×年 月	日	凭证 字	凭证 号	摘要	借方 百	十	万	千	百	十	元	角	分	贷方 百	十	万	千	百	十	元	角	分	借或贷	余额 百	十	万	千	百	十	元	角	分
12	1			期初余额																			贷				2	0	0	0	0	0
	31	银付	15	支付利息费				2	0	0	0	0	0																			
12	31			本月合计				2	0	0	0	0	0										平							—	0	—

表 9-25　实收资本　总分类账户

202×年 月	日	凭证 字	凭证 号	摘要	借方 百	十	万	千	百	十	元	角	分	贷方 百	十	万	千	百	十	元	角	分	借或贷	余额 百	十	万	千	百	十	元	角	分
12	1			期初余额																			贷		5	9	5	0	0	0	0	0
12	31			本月合计																			贷		5	9	5	0	0	0	0	0

表 9-26　盈余公积　总分类账户

202×年 月	日	凭证 字	号	摘要	借方	贷方	借或贷	余额
12	1			期初余额			贷	102000.00
	31	转	18	提取盈余公积		119000.00		
12	31			本月合计		119000.00	贷	221000.00

表 9-27　利润分配　总分类账户

202×年 月	日	凭证 字	号	摘要	借方	贷方	借或贷	余额
12	1			期初余额			贷	100125.00
	31	转	17	转入净利润		119000.00		
	31	转	18	提取盈余公积	119000.00			
	31	转	19	分配利润	500000.00			
	31	转	20	结转其明细账	619000.00	619000.00		
12	31			本月合计	1238000.00	1809000.00	贷	671125.00

表 9-28　本年利润　总分类账户

202×年 月	日	凭证 字	号	摘要	借方	贷方	借或贷	余额
12	1			期初余额			贷	1100375.00
	31	转	13	转入费用	550500.00			
	31	转	14	转入收入		670000.00		
	31	转	16	所得税费用	29875.00			
	31	转	17	转出净利润	119000.00			
12	31			本月合计	1770375.00	670000.00	平	—0—

表 9-29　制造费用　总分类账户

202×年 月	日	凭证 字	号	摘要	借方	贷方	借或贷	余额
12	28	银付	14	电费	7900.00			
	31	转	7	工资费	11000.00			
	31	转	8	折旧费	5900.00			
	31	转	10	分配结转		24800.00		
12	31			本月合计	24800.00	24800.00	平	—0—

表 9-30　**主营业务收入**　总分类账户

月	日	字	号	摘要	借方百	十	万	千	百	十	元	角	分	贷方百	十	万	千	百	十	元	角	分	借或贷	余额百	十	万	千	百	十	元	角	分
12	5	转	3	赊销B产品											1	2	0	0	0	0	0	0										
	11	银收	1	现销A产品											1	0	0	0	0	0	0	0										
	14	银收	2	现销A产品												4	5	0	0	0	0	0										
	31	转	14	转至本年利润		6	7	0	0	0	0	0	0																			
12	31			本月合计		6	7	0	0	0	0	0	0		6	7	0	0	0	0	0	0	平							−0−		

表 9-31　**主营业务成本**　总分类账户

月	日	字	号	摘要	借方百	十	万	千	百	十	元	角	分	贷方百	十	万	千	百	十	元	角	分	借或贷	余额百	十	万	千	百	十	元	角	分
12	31	转	12	结转销售成本		4	5	3	0	0	0	0	0																			
	31	转	13	转至本年利润											4	5	3	0	0	0	0	0										
12	31			本月合计		4	5	3	0	0	0	0	0		4	5	3	0	0	0	0	0	平							−0−		

表 9-32　**管理费用**　总分类账户

月	日	字	号	摘要	借方百	十	万	千	百	十	元	角	分	贷方百	十	万	千	百	十	元	角	分	借或贷	余额百	十	万	千	百	十	元	角	分
12	3	转	2	行管耗料					2	0	0	0	0																			
	6	银付	5	付咨询费					4	0	0	0	0																			
	12	转	6	差旅费					4	8	0	0	0																			
	16	银付	9	付办公费					6	0	0	0	0																			
	26	银付	12	业务招待费				3	6	7	0	0	0																			
	28	银付	14	水电费					1	5	0	0	0																			
	31	转	7	工资费				2	0	0	0	0	0																			
	31	转	8	折旧费					1	4	0	0	0																			
	31	转	9	摊销报刊费等					4	2	0	0	0																			
	31	转	13	转至本年利润												6	5	3	0	0	0	0										
12	31			本月合计			6	5	3	0	0	0	0			6	5	3	0	0	0	0	平							−0−		

表 9-33　<u>销售费用</u>　总分类账户

202×年		凭证		摘要	借方									贷方									借或贷	余额								
月	日	字	号		百	十	万	千	百	十	元	角	分	百	十	万	千	百	十	元	角	分		百	十	万	千	百	十	元	角	分
12	6	银付	6	广告费			3	1	0	0	0	0	0																			
	31	转	14	转至本年利润												3	1	0	0	0	0	0										
12	31			本月合计			3	1	0	0	0	0	0			3	1	0	0	0	0	0	平						-0-			

表 9-34　<u>财务费用</u>　总分类账户

202×年		凭证		摘要	借方									贷方									借或贷	余额								
月	日	字	号		百	十	万	千	百	十	元	角	分	百	十	万	千	百	十	元	角	分		百	十	万	千	百	十	元	角	分
12	31	银付	15	本月利息费				1	0	0	0	0	0																			
	31	转	13	转至本年利润													1	0	0	0	0	0										
12	31			本月合计				1	0	0	0	0	0				1	0	0	0	0	0	平						-0-			

表 9-35　<u>所得税费用</u>　总分类账户

202×年		凭证		摘要	借方									贷方									借或贷	余额								
月	日	字	号		百	十	万	千	百	十	元	角	分	百	十	万	千	百	十	元	角	分		百	十	万	千	百	十	元	角	分
12	31	转	15	计交所得税			2	9	8	7	5	0	0																			
	31	转	16	转至本年利润												2	9	8	7	5	0	0										
12	31			本月合计			2	9	8	7	5	0	0			2	9	8	7	5	0	0	平						-0-			

表 9-36　<u>营业外支出</u>　总分类账户

202×年		凭证		摘要	借方									贷方									借或贷	余额								
月	日	字	号		百	十	万	千	百	十	元	角	分	百	十	万	千	百	十	元	角	分		百	十	万	千	百	十	元	角	分
12	19	现付	3	支付罚款					2	0	0	0	0																			
	31	转	13	转至本年利润														2	0	0	0	0										
12	31			本月合计					2	0	0	0	0					2	0	0	0	0	平						-0-			

第五步，账账核对。

实务中在编制财务报表之前，往往先编制总分类账户本期发生额及余额试算平衡表（见表 9-37），既可以起到试算平衡的作用，又可以为报表编制汇集相关的数据。

表 9-37　总分类账户本期发生额及余额试算平衡表

202×年12月31日　　　　　　　　　　　　单位：元

账户名称	期初余额		本期发生额		期末余额	
	借方	贷方	借方	贷方	借方	贷方
库存现金	2 000		1 620	2 420	1 200	
银行存款	240 000		632 500	333 518	538 982	
应收账款	220 400		135 600		356 000	
预付账款	2 500		3 120	420	5 200	
其他应收款	1 000		500	1 500	0	
在途物资			81 000	81 000	0	
原材料	343 000		81 000	131 200	292 800	
库存商品	522 000		269 500	453 000	338 500	
固定资产	1 049 000		25 000		1 074 000	
累计折旧		115 000		7 300		122 300
短期借款		107 000	27 000	10 000		90 000
应付账款		109 200	19 200	45 200		135 200
应付职工薪酬		7 900	93 000	93 000		7 900
预收账款		204 000				204 000
应交税费		52 000	45 818	116 975		123 157
应付利息		2 000	2 000			0
应付股利				500 000		500 000
实收资本		595 000				595 000
盈余公积		102 000		119 000		221 000
利润分配		100 125	1 238 000	1 809 000		671 125
本年利润		1 100 375	1 770 375	670 000		0
生产成本	114 700		217 800	269 500	63 000	
制造费用			24 800	24 800		0
主营业务收入			670 000	670 000		0
主营业务成本			453 000	453 000		0
销售费用			31 000	31 000		0
管理费用			65 300	65 300		0
财务费用			1 000	1 000		0
营业外支出			200	200		0
所得税费用			29 875	29 875		0
合计	2 494 600	2 494 600	5 918 208	5 918 208	2 669 682	2 669 682

第六步，结合总账和明细账编制财务报表（略）。

四、记账凭证账务处理程序的优缺点及适用范围

从上述操作中可以看出，随着每一笔经济业务的发生，会计人员需要做的工作是：填制记账凭证；逐笔登记日记账；逐笔登记明细账；逐笔登记总账；期末编制财务报表。该程序容易理解，也便于掌握，且总分类账记录比较详细，便于查账。但是由于总账的登记也是根据记账凭证逐笔进行的，当每期的业务量较大时，势必造成登记总账的工作量也较大。所以，记账凭证账务处理程序一般适用于规模较小、经济业务量也较小的企业。

那么能否减少登记总账的工作量呢？由于总账是提供总括信息的账簿，所以，当经济业务量较大时，可以采取根据每一笔经济业务填制的记账凭证定期汇总后再予以登记总账的方法，这样就可以简化登记总账的工作了。

第三节 科目汇总表账务处理程序

一、科目汇总表账务处理程序的特点和核算要求

科目汇总表账务处理程序的特点就是根据定期编制的科目汇总表登记总账。

采用该账务处理程序时，记账凭证同样既可采用通用格式，也可采用专用格式；同时还需设置科目汇总表，也称记账凭证汇总表（一般格式见表9-37所示），以便定期汇总记账凭证。其账簿组织与上述记账凭证账务处理程序相似。

科目汇总表按科目定期（5日、10日或15日等）分借方、贷方发生额分别加以汇总。在实际工作中，科目汇总表多长时间汇总填列一次，取决于企业业务量的大小。

二、科目汇总表账务处理程序的记账步骤

科目汇总表账务处理程序如图9-2所示。

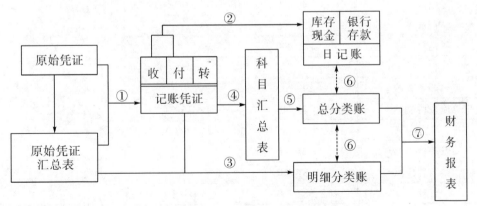

图9-2 科目汇总表账务处理程序

说明：
①根据原始凭证或原始凭证汇总表填制记账凭证。

②根据收款凭证和付款凭证逐笔登记库存现金日记账和银行存款日记账。

③根据记账凭证或原始凭证（或原始凭证汇总表）逐笔登记各种明细分类账。

④根据各种记账凭证定期编制科目汇总表。

⑤根据科目汇总表登记总分类账。

⑥月终，日记账余额及各种明细账余额的合计数，分别与总分类账中有关账户的余额核对相符。

⑦月终，根据总分类账、各明细分类账和有关资料编制财务报表。

三、科目汇总表财务处理程序举例

【例9-2】有关资料见例9-1。

第一步，填制记账凭证。

第二步，根据收款凭证、付款凭证逐笔登记库存现金日记账、银行存款日记账。

第三步，根据记账凭证或原始凭证逐笔登记明细分类账。

上述三个步骤的过程和结果与例9-1相同，故此处从略。

第四步，根据记账凭证定期编制科目汇总表（见表9-38至表9-40）。

表9-38　科目汇总表

202×年12月1日至10日　　　　　　　　　　　　　　　　第　1　号

会计科目	本期发生额		记账凭证起讫号数
	借方	贷方	
库存现金	600	1 220	1~13
银行存款		235 140	
应收账款	135 600		
预付账款	720		
其他应收款	500		
在途物资	81 000	41 000	
原材料	41 000	131 200	
生产成本	131 000		
固定资产	25 000		
应付账款		45 200	
应付职工薪酬	93 000		
应交税费	45 740	15 600	
主营业务收入		120 000	
管理费用	4 200		
销售费用	31 000		
合计	589 360	589 360	

表 9-39 科目汇总表

202×年 12 月 11 日至 20 日   第 2 号

会计科目	本期发生额		记账凭证起讫号数
	借方	贷方	
库存现金	1 020	1 200	
银行存款	632 500	3 078	
预付账款	2 400		
其他应收款		1 500	
在途物资		40 000	
原材料	40 000		14~23
短期借款		10 000	
应交税费	78	71 500	
主营业务收入		550 000	
管理费用	1 080		
营业外支出	200		
合 计	677 278	677 278	

表 9-40 科目汇总表

202×年 12 月 21 日至 31 日   第 3 号

会计科目	本期发生额		记账凭证起讫号数
	借方	贷方	
银行存款		95 300	
预付账款		420	
库存商品	269 500	453 000	
生产成本	86 800	269 500	
制造费用	24 800	24 800	
累计折旧		7 300	
短期借款	27 000		
应付账款	19 200		
应付职工薪酬		93 000	
应交税费		29 875	
应付股利		500 000	
应付利息	2 000		24~40
盈余公积		119 000	
利润分配	1 238 000	1 809 000	
本年利润	1 770 375	670 000	
主营业务收入	670 000		
主营业务成本	453 000	453 000	
管理费用	60 020	65 300	
销售费用		31 000	
财务费用	1 000	1 000	
所得税费用	29 875	29 875	
营业外支出		200	
合 计	4 651 570	4 651 570	

第五步，根据科目汇总表登记总账。

限于篇幅，此处只列示库存现金及银行存款总账的登记结果（见表9-41、表9-42）。

表9-41　**库存现金**　总分类账户

202×年 月	日	凭证 字	号	摘要	借方	贷方	借或贷	余额
12	1			期初余额			借	2 0 0 0 0 0
	10	科汇	1	1~10 发生额	6 0 0 0 0	1 2 2 0 0 0		
	20	科汇	2	11~20 发生额	1 0 2 0 0 0	1 2 0 0 0 0		
12	31			本月合计	1 6 2 0 0 0	2 4 2 0 0 0	借	1 2 0 0 0 0

表9-42　**银行存款**　总分类账户

202×年 月	日	凭证 字	号	摘要	借方	贷方	借或贷	余额
12	1			期初余额			借	2 4 0 0 0 0 0 0
	10	科汇	1	1~10 发生额		2 3 5 1 4 0 0 0		
	20	科汇	2	11~20 发生额	6 3 2 5 0 0 0 0	3 0 7 8 0 0		
	31	科汇	3	21~31 发生额		9 5 3 0 0 0 0		
12	31			本月合计	6 3 2 5 0 0 0 0	3 3 3 5 1 8 0 0	借	5 3 8 9 8 2 0 0

第六步，账账核对（略）。

第七步，结合总账和明细账编制财务报表（略）。

四、科目汇总表账务处理程序的优缺点及适用范围

由表9-41、表9-42不难发现，根据科目汇总表登记总账，大大减少了登记总账的工作量，而且还可以利用科目汇总表进行试算平衡。由于采用科目汇总表汇总之后再予以登记总账，即使企业的经济业务相对较多，登记总账的工作量也是可以减少的，所以科目汇总表账务处理程序适用于规模大、业务量也较大的企业。

值得说明的是，为便于编制科目汇总表，使在分别汇总计算其借方和贷方金额时不易发生差错，平时填制记账凭证时，应尽可能使账户之间的对应关系保持"一借一贷"。最好填制单项记账凭证，以便汇总。

此外，由于科目汇总表是定期汇总每一科目的本期借方、贷方发生额，而并不按对应账户进行归类汇总，故科目汇总表反映不出账户的对应关系，不便于分析检查经济业务的来龙去脉。上述表9-42中，银行存款账户贷方三笔发生额反映的是银行存款每十天内减少的额度，但若进一步追问"每一笔减少的额度是为何减少的"，银行存款总账就无法提供这一信息，从科目汇总表中也无法解释。那么是否存在这样一种账务处理程序：与记账凭证账务处理程序相比，它可以减少登记总账的工作量；与科目汇总表账务处理程序相比，汇总的信息也能够反映账户之间的对应关系？

第四节 汇总记账凭证账务处理程序

一、汇总记账凭证账务处理程序的特点和核算要求

汇总记账凭证账务处理程序的主要特点是定期根据记账凭证编制汇总记账凭证，然后再据以登记总账。

在这种账务处理程序中，记账凭证必须采用专用格式，分别按收款、付款及转账业务设置收款凭证、付款凭证及转账凭证三种专用格式。同时，还需要设置汇总收款凭证、汇总付款凭证及汇总转账凭证，其一般格式见表9-42至表9-49。该程序下的账簿组织与记账凭证账务处理程序下的账簿组织基本相同。

汇总记账凭证应分别按相应的记账凭证汇总填制。具体来说，汇总收款凭证，应根据库存现金和银行存款的收款凭证，按库存现金或银行存款科目的借方设置，并分别按其对应的贷方科目加以归类；汇总付款凭证，应根据库存现金和银行存款的付款凭证，按库存现金或银行存款科目的贷方设置，并分别按其对应的借方科目加以归类；汇总转账凭证，应根据各种转账凭证，按每一贷方科目设置，并分别按其对应的借方科目加以归类。每种汇总记账凭证，定期（如五天或十天）汇总填列一次，每月编制一张汇总记账凭证，月终结出合计数，据以登记总分类账。为了方便填制汇总转账凭证，平时填制转账凭证时，应使账户的对应关系保持一借一贷或一贷多借。

二、汇总记账凭证账务处理程序的记账步骤

汇总记账凭证账务处理程序如图9-3所示。

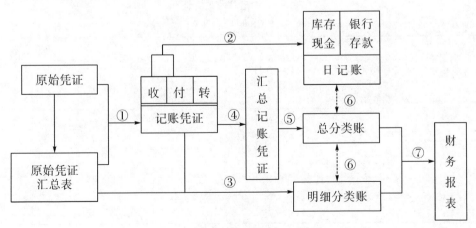

图9-3 汇总记账凭证账务处理程序

说明：

①根据原始凭证或原始凭证汇总表填制专用记账凭证。

②根据收款凭证和付款凭证逐笔登记库存现金日记账和银行存款日记账。

③根据记账凭证或原始凭证（或原始凭证汇总表）逐笔登记各种明细分类账。

④根据各种记账凭证定期编制汇总记账凭证。

⑤根据汇总记账凭证登记总分类账。

⑥月终，日记账余额及各种明细账余额的合计数，分别与总分类账中有关账户的余额核对相符。

⑦月终，根据总分类账、各明细分类账和有关资料编制财务报表。

三、汇总记账凭证账务处理程序举例

【例9-3】有关资料见例9-1。

第一步，填制专用记账凭证。

第二步，根据收款凭证、付款凭证逐笔登记库存现金日记账、银行存款日记账。

第三步，根据记账凭证或原始凭证逐笔登记明细分类账。

上述三个步骤的过程和结果与例9-1相同，故此处略。

第四步，根据记账凭证定期编制汇总记账凭证（见表9-43至表9-48）。

表9-43　汇总收款凭证

借方科目：库存现金　　　　　　　　　　202×年12月　　　　　　　　第　1　号

贷方科目	金额				总账页数	
	1—10日收款凭证第　号至第　号	11—20日收款凭证第1号至第2号	21—31日收款凭证第　号至第　号	合计	借方	贷方
其他应收款		1 020		1 020		
合　计		1 020		1 020		

表9-44　汇总收款凭证

借方科目：银行存款　　　　　　　　　　202×年12月　　　　　　　　第　2　号

贷方科目	金额				总账页数	
	1—10日收款凭证第　号至第　号	11—20日收款凭证第1号至第3号	21—31日收款凭证第　号至第　号	合计	借方	贷方
短期借款		10 000		10 000		
应交税费		71 500		71 500		
主营业务收入		550 000		550 000		
合　计		631 500		631 500		

表9-45 汇总付款凭证

贷方科目：库存现金　　　　　　　　　202×年12月　　　　　　　　　第 3 号

借方科目	金额				总账页数	
	1—10日 收款凭证 第　号至第　号	11—20日 收款凭证 第　号至第　号	21—31日 收款凭证 第　号至第　号	合计	借方	贷方
银行存款		1 000		1 000		
预付账款	720			720		
其他应收款	500			500		
营业外支出		200		200		
合　计	1 220	1 200		2 420		

表9-46 汇总付款凭证

贷方科目：银行存款　　　　　　　　　202×年12月　　　　　　　　　第 4 号

借方科目	金额				总账页数	
	1—10日 收款凭证 第1号至第8号	11—20日 收款凭证 第9号至第10号	21—31日 收款凭证 第11号至第15号	合计	借方	贷方
库存现金	600			600		
预付账款		2 400		2 400		
在途物资	41 000			41 000		
固定资产	25 000			25 000		
短期借款			27 000	27 000		
应付账款			19 200	19 200		
应付 职工薪酬	93 000			93 000		
应交税费	40 540	78		40 618		
应付利息			2 000	2 000		
管理费用	4 000	600	38 200	42 800		
销售费用	31 000			31 000		
财务费用			1 000	1 000		
制造费用			7 900	7 900		
合　计	235 140	3 078	95 300	333 518		

表9-47　汇总转账凭证

贷方科目：在途物资　　　　　　　202×年12月　　　　　　　　　第　5　号

借方科目	金额				总账页数	
	1—10日收款凭证第1号至第　号	11—20日收款凭证第6号至第　号	21—31日收款凭证第　号至第　号	合计	借方	贷方
原材料	41 000	40 000		81 000		
合　计	41 000	40 000		81 000		

表9-48　汇总转账凭证

贷方科目：原材料　　　　　　　　202×年12月　　　　　　　　　第　6　号

贷方科目	金额				总账页数	
	1—10日收款凭证第2号至第　号	11—20日收款凭证第　号至第　号	21—31日收款凭证第　号至第　号	合计	借方	贷方
生产成本	131 000			131 000		
管理费用	200			200		
合　计	131 200			131 200		

　　其余汇总转账凭证填制方法与上述以"在途物资"科目、"原材料"科目为主编制的汇总转账凭证（见表9-47、表9-48）类似，限于篇幅此处省略。

　　第五步，根据汇总记账凭证登记总账。

　　限于篇幅，此处只列示库存现金及银行存款总账的登记结果（见表9-49、表9-50）。

表9-49　库存现金　总分类账户

202×年		凭证		摘要	借方								贷方								借或贷	余额							
月	日	字	号		百	十	万	千	百	十	元	角	分	百	十	万	千	百	十	元	角	分		百	十	万	千	百	十	元	角	分
12	1			期初余额																			借				2	0	0	0	0	0
	31	汇总	1	1—31发生额				1	0	2	0	0	0																			
	31	汇总	3	1—31发生额													2	4	2	0	0	0										
	31	汇总	4	1—31发生额					6	0	0	0	0																			
12	31			本月合计				1	6	2	0	0	0					2	4	2	0	0	0	借				1	2	0	0	0	0

表 9-50　**银行存款　总分类账户**

202×年		凭证		摘要	借方									贷方									借或贷	余额								
月	日	字	号		百	十	万	千	百	十	元	角	分	百	十	万	千	百	十	元	角	分		百	十	万	千	百	十	元	角	分
12	1			期初余额																			借		2	4	0	0	0	0	0	0
	31	汇总	2	1—31发生额		6	3	1	5	0	0	0	0																			
	31	汇总	3	1—31发生额			1	0	0	0	0	0																				
	31	汇总	4	1—31发生额											3	3	3	5	1	8	0	0										
12	31			本月合计		6	3	2	5	0	0	0	0			3	3	3	5	1	8	0	0	借		5	3	8	9	8	2	0	0

第六步，账账核对（略）。

第七步，结合总账和明细账编制财务报表（略）。

四、汇总记账凭证账务处理程序的优缺点及适用范围

从上述操作过程中我们不难发现，该程序的优点是平时只填制专用凭证，无须过入总账，定期把若干张专用记账凭证分现收、银收、现付、银付及转账凭证归类汇总，月终根据汇总记账凭证一次过入总分类账，大大简化了登记总账的工作。而且，由于采取的是分类且按照对应的科目进行汇总，从而该账务处理程序还能够反映账户之间的对应关系。以表 9-50 为例，贷方发生额反映的是银行存款在 12 月份减少了 336 162元。那么是为何减少的呢？银行存款总账中虽然无法揭示这一信息，但汇总收款凭证（即汇总 4）完全可以解释。由汇总 4 我们可知，本月从银行存款提取现金 600 元、预付款项 2 400 元、购买材料 41 000 元、购买固定资产 25 000 元等。也就是说，汇总记账凭证账务处理程序不仅可以简化登记总账的工作（克服了记账凭证账务处理程序的缺点），而且还可以反映账户之间的对应关系（克服了科目汇总表账务处理程序的缺点）。不过，这种账务处理程序在减少登记总账工作量的同时，却增加了一些填制汇总转账凭证的工作。该程序一般适用于规模较大、业务较多的企业。

第五节 ▧ 日记总账账务处理程序

一、日记总账账务处理程序的特点和核算要求

日记总账账务处理程序的主要特点是设置日记总账。在该程序下，记账凭证既可以采用通用格式，也可以采用专用格式；其账簿组织要求设置库存现金日记账、银行存款日记账、总分类账和明细分类账。其中还需将总分类账设置成日记总账格式（见表 9-51）；明细分类账的设置与记账凭证账务处理程序相同。

二、日记总账账务处理程序的记账步骤

日记总账账务处理程序如图 9-4 所示。

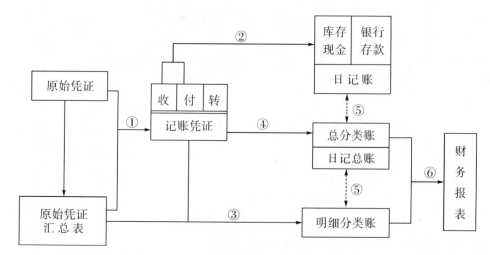

图 9-4   日记总账账务处理程序

说明：

①根据原始凭证或原始凭证汇总表填制记账凭证（通用或专用）。

②根据收款凭证、付款凭证逐笔登记库存现金日记账和银行存款日记账。

③根据记账凭证和原始凭证（或原始凭证汇总表）逐笔登记明细账。

④根据记账凭证逐笔登记日记总账。

⑤月终，日记账余额及各种明细账余额的合计数，分别与总分类账中有关账户的余额核对相符。

⑥月终，根据日记总账、各明细分类账和有关资料编制财务报表。

三、日记总账账务处理程序的优缺点及适用范围

由表 9-51 可以看出，日记总账是将日记账与分类账二者合并，因此又称联合账簿。日记总账账务处理程序的特点就是根据记账凭证直接登记日记总账。日记总账把全部会计科目都集中在一张账页上，可以反映每一笔经济业务所记录的账户对应关系，为检查、分析经济业务提供了方便，而且根据日记总账编制财务报表也可以简化编表工作。但是，当企事业单位的业务量较大，运用的会计科目较多时，账页就会过宽，给登账工作带来麻烦，容易导致错行等；再者，由于是在一本账簿中进行登记，也不便于会计人员的分工。该账务处理程序一般适用于规模小、业务量小且使用会计科目较少的企业。

表 9-51   日记总账

年		凭证		摘　要	发生额	库存现金		银行存款		应收账款		原材料		库存商品		…
月	日	字	号			借方	贷方	借方	贷方	借方	贷方	借方	贷方	借方	贷方	

【本章小结】

账务处理程序就是从原始凭证的取得、汇总至记账凭证的填制，再至日记账、明细账、总账的登记，最后到财务报表编制的步骤和方法。由原始凭证填制记账凭证、由记账凭证登记日记账、由记账凭证或结合原始凭证登记明细账，以及账账核对，直至编制财务报表，实务中的处理方法都是一样的，唯独登记总账的依据不同，可以是根据记账凭证逐笔登记，也可以根据记账凭证汇总后再登记总账，而这就形成了不同的账务处理程序。不同的账务处理程序各有其自身的特点，从而也就有了不同的适用性。

【阅读材料】

当会计核算遇上人工智能

现代会计经过近百年的发展，核算与监督两项基本职能愈发成熟。近年来，财务共享服务中心的兴盛，将这种成熟推至更标准、更统一、更完善的层面。与此同时，另一个领域正不断进步，其对大量行业的补充性或替代性作用越来越明显，工作中似乎总是快人一步且极少出错。

这个领域就是人工智能。

2016年，德勤发文宣布与Kira Systems合作，使用人工智能读取分析财务合同及复杂文件。随后不久，毕马威开始与IBM合作，使用Watson认知计算技术开展审计工作。紧接着的2016年8月，中国会计学会会计信息化年会在温州召开，会议重头戏之一的辩论赛论题是"人工智能系统是否必将会取代人类传统会计工作"。在刚刚步入2017年之时，数个学术界权威刊物和组织也相继发起人工智能如何"入侵"会计的讨论。

接踵而至的信息无不表明，会计已经不得不面对人工智能的挑战了。对这次碰撞的结果，此时下定论还为时尚早，但不可否认的是，人工智能在基础会计工作中，尤其是核算部分有非常可靠的实施方法，一旦成熟，将为企业节省大量财务运营成本。

一、人工智能定义的四个误区

人工智能是依靠算法和程序，让非人物体像人一样思考和行动，同时，其思考和行动是理性的、有序的、自主的。在探索人工智能如何与会计核算结合之前，我们先了解什么是人工智能及笔者总结出的研发人工智能应用的四个主要误区。

误区一，人工智能就是自动化。自动化古时就有，兴于工业革命，是较大的概念范畴。放在今天，笔者认为人工智能只是实现自动化的一条途径，且很多时候研发人工智能不是为了实现自动化。核算规则预制进电算化系统、预算核算造表映射、标签式代入生成等都是实现核算自动化的方法，但它们和人工智能最大的区别在于后者能如人一般举一反三。

误区二，大数据是人工智能的核心。近些年人们聊互联网，嘴上不挂着"大数据"就总觉得有所缺失。大数据是好东西，然而真正懂大数据、做大数据的是极少数。笔者认为，大数据与人工智能是两个完全不同的领域，只能说优质的大数据库是人工智能的基础，而非核心。科学合理的算法模型和持之以恒的训练态度才是做好人工智能的关键所在。

误区三，人工智能成本高昂。听闻"人工智能"之初，总觉得何其"高大上"，企业要做相关应用，一定非常"烧钱"。其实不然。网上的资源非常丰富，很大部分使用起来并无障碍。关于算法模型，也有大量书籍介绍，配合一定数学和计算机基础，也能快速掌握基础层面。相较钱而言，更需要的是一个愿意为之努力和拼搏的团队。

误区四，机器学习等于人工智能。机器学习是人工智能的一个领域，而不是等同关系。任何一种能鉴识、推理、执行、训练的程序都可以称为人工智能。若要让机器掌握以上行为，就需要通过机器学习方式进行，但人工智能的实施主体绝不是只有机器。

二、如何应用人工智能

据了解，有团队从人工智能定义出发，正在研发一款代号"AA"的软件，目的是通过这款软件可以实现系统自动读取分析企业历史账务信息，并通过分析形成的命令流，对当下和未来的经济事项进行自动核算，同时在这一过程中不断完善"自我"。未来，你只需要将封装在移动储存介质中的"AA"插入系统，一部分的会计事项就再也不需人工作业。随着时间的推移，"AA"懂的会计核算规则也越来越多，最终每一份凭证的会计签名处不再是"杨某某""翁某某"……而是"AA"（当然你也可以把名称修改为任何你想要的）。这就是人工智能应用于会计核算的场景之一，廉价而高效，准确而稳定。

三、纸质文档电子化方式

将纸上的汉字和数字转为电子文档的方式主要有三种：一是通过识别软件读取，如 OCR（一种文字识别软件）；二是利用人工转换；三是集成机器学习，直接临摹。第三种方式近年发展缓慢，技术问题也较多，远没到可直接应用的地步，因此我们通常采用第一种方式和第二种方式结合的途径开展关键词电子化工作。当纸质凭证经过扫描成为影像时，"AA"的"眼睛"——OCR 开始工作，先识别影像的版式，这一步主要确定原始凭证种类关键词，解析出"入库单""清单"或"合同"……再读取重要信息关键词，列示出发票项目"办公用品"，或清单金额"500 元"，或差旅明细表中人数"3"……最后与核算科目形成的关键词通过算法进行匹配，计算出相关性百分比，锁定核算科目。

然而，OCR 要达到非常高的准确率还需要不断进行全干涉训练，且这项技术从现在来看，离企业财务信息差错底线还有一定距离，对无法识别的关键词需要依靠人工提取。财务众包模式是性价比最高的人工提取手段。当 OCR 不能识别时会给"AA"大脑返回相关命令，"AA"随即将不能识别的部分接入财务众包平台，众包商根据平台提示补充完整关键词信息。随着时间的推移，OCR 可被训练得越发灵敏，且国家正力推电子发票，相信在不久的将来，全自动化的满足所有场景的人工智能会计核算软件就能问世。

"AA"工作的最后一步是将核算完成的信息接入企业账务系统，生成总账、明细账及相关报表。我们正在畅想并为之努力，能在有一天，把"AA"打造为机器人，行走在职场中，任何财务需求只需要一个响指便来到你身边，温柔地说："你好，我是AA，有什么可以帮你？"你用移动储存介质无线导入经济事项的相关附件，"AA"即刻完成财务工作，多么美好！

资料来源：翁崇凌，王泽. 当会计核算遇上人工智能［N］. 中国会计报，2017-03-24.

第十章

财务报告

【结构框架】

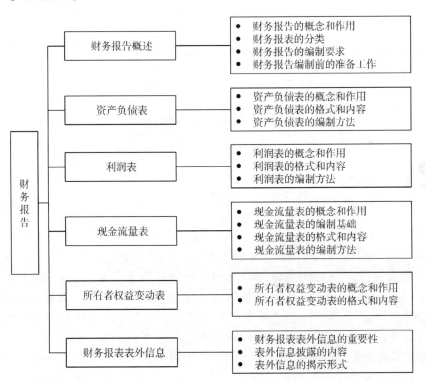

【学习目标】

通过本章的学习，学生需要了解财务报告的含义、种类、作用和编制要求；重点掌握资产负债表和利润表的格式、编制原理、内容和编制方法；理解现金流量表、所有者权益变动表和表外信息的基本内容。

【课程思政】

知识点	思政元素挖掘	思政元素浅析	综合能力提升引导
财务报告的分类和编制要求	(1) 诚实守信; (2) 坚持准则; (3) 职业道德	(1) 提供真实的报表是会计信息披露的要求; (2) 严格按照准则的要求编制规范的报表; (3) 提供高质量的报表、提供有价值的信息是会计人员职业道德的要求	(1) 填制报表的能力:根据报表填制的要求、不同项目的填制方法填制报表; (2) 综合分析问题的能力:根据报表项目数据之间的内在联系分析报表,帮助管理者做出经营决策;
资产负债表、利润表、现金流量表、所有者权益变动表的编制	(1) 客观公正、诚实守信; (2) 系统、联系地分析报表之间的内在关联	(1) 报表数据填制的真实性、客观性; (2) 报表内部各项目之间的勾稽关系	(3) 获取信息的能力:企业财务状况的信息不仅仅来自四大报表,从表外附注中也可以获得一些重要信息
表外信息的内容	系统分析财务状况	理解报表数据的局限性,利用表外信息综合分析企业的财务状况,以便做出财务决策	

第一节 财务报告概述

一、财务报告的概念和作用

财务报告(Financial Report)是对企业财务状况、经营成果和现金流量的结构性表述的书面文件,又称为财务会计报告。2014 年 1 月 26 日,财政部发布了修订版《企业会计准则第 30 号——财务报表列报》(财会〔2014〕7 号),规定自 2014 年 7 月 1 日起在所有执行企业会计准则的企业范围内施行,鼓励在境外上市的企业提前执行,2006 年 2 月 15 日发布的《企业会计准则第 30 号——财务报表列报》同时废止。按修订版《企业会计准则第 30 号——财务报表列报》和《企业财务会计报告条例》的规定,一套完整的财务报表至少包括四表一注;四表是指资产负债表、利润表、现金流量表和所有者权益变动表,一注是指报表附注。编制财务报告是会计核算的基本方法之一。我国《企业财务会计报告条例》规定:企业不得编制和对外提供虚假的或隐瞒重要事实的财务报告;企业负责人对本企业财务报告的真实性、完整性负责。

企业等单位虽然对发生的每一项经济业务按照会计核算的要求进行了有关会计确认、计量、记录,填写和审核了会计凭证,并分类登记到有关的会计账簿中,形成了相应的分类会计信息;但是,会计账簿中记录的信息仍然是分散的,不能系统、直观而又概括地提供信息资料。因此,企业必须定期将账簿中的资料进行进一步的加工和处理,编制成财务报告,全面、综合地提供企业的财务状况、经营成果和现金流量等相关会计信息,以供其利益相关者决策使用。财务报告的作用主要体现在以下几个方面:

1. 为企业的投资者和潜在投资者进行投资决策提供信息资料

企业的投资者（包括潜在投资者）需要通过财务报告来分析企业的盈利能力以及投入资本的保值增值情况。只有投资者认为企业有着良好的发展前景，企业的所有者才会保持或增加投资，潜在投资者才能把资金投向该企业。

2. 为企业的债权人进行信贷决策提供信息资料

企业债权人包括企业借款的银行和一些金融机构以及购买企业债券的单位与个人等。一般而言，企业的债权人需要通过财务报告来研究企业偿债能力的大小，评价对企业的借款或其他债权是否能及时、足额收回。

3. 为政府有关部门对企业进行检查和监督提供信息资料

财政、税务、审计和工商等政府相关部门通过企业财务报告提供的信息，可以检查监督企业资金的使用是否合法、合理，利润的计算和分配是否符合国家法律和会计制度的规定，税金的计算和缴纳是否符合税法的规定，从而有助于相关部门对企业实施管理和监督。

4. 为企业管理当局和员工加强企业经营管理提供信息资料

企业管理当局通过财务报告可以了解企业财务状况的好坏、经营业绩的优劣以及现金的流动情况，以分析目前经营管理中存在的问题与不足并找出原因，从而采取有效措施解决这些问题，使企业不仅可以利用现有资源获取更多盈利，而且可以使企业盈利能力保持持续增长。

二、财务报表的分类

不同行业和规模的企业，由于其反映的经济内容和管理的要求不尽相同，所编制的财务报表的种类也各异，所以财务报表需要从不同角度进行分类。

1. 按反映的经济内容划分

（1）财务状况报表。这类报表主要是用以总括反映企业财务状况及其变动情况，主要包括资产负债、现金流量表和所有者权益变动表等。

（2）经营成果报表。这类报表主要是用以总括反映企业一定期间经营成果，主要包括利润表等。

（3）成本费用报表。这类报表主要是用以总括反映企业生产经营过程中有关成本费用的形成情况，主要包括制造费用表、期间费用表和单位产品成本表等。

2. 按反映的资金运动状况划分

（1）静态报表。静态报表反映的是企业在特定时点的财务状况，如资产负债表等。

（2）动态报表。动态报表反映的是企业在一定期间内资金循环与周转的情况，如利润表、现金流量表和所有者权益变动表等。

3. 按编制的时间划分

（1）中期财务报表。中期财务报表是以短于一个完整会计年度的报告期间为基础编制的财务报表，包括月报、季报、半年报等。月报要求简明扼要，反映及时；季报和半年报在会计信息的详细程度方面，则介于月报和年报之间。中期财务报表一般包括资产负债表、利润表和现金流量表。

（2）年度财务报表。年度财务报表是以一个完整会计年度的报告期间为基础编制的财务报表，一般包括资产负债表、利润表、现金流量表、所有者权益变动表和财务报表表外信息。年报要求揭示完整，反映全面。

4. 按编制的会计主体划分

（1）个别财务报表。个别财务报表是指各会计主体在日常会计核算的基础上，对账簿记录进行加工而编制的财务报表。

（2）合并财务报表。合并财务报表是以母公司和子公司组成的企业集团为会计主体，根据母公司和所属子公司的个别财务报表，由母公司编制的综合反映企业集团财务状况、经营成果和现金流量的财务报表。

5. 按报送的对象划分

（1）内部报表。内部报表是指为适应企业内部经营管理需要编制的、不对外公布的财务报表，一般不需要规定统一的格式，如成本费用报表。

（2）外部报表。外部报表是指为企业投资者、债权人、政府有关部门和社会公众等外部信息使用者提供的财务报表，一般有统一的格式，如资产负债表、利润表、现金流量表、所有者权益变动表和财务报表表外信息等。

三、财务报告的编制要求

为了使财务报告能够最大限度地满足信息使用者的需求，实现编制财务报告的基本目的，充分发挥会计信息的作用，企业在编制财务报告时应符合以下要求：

1. 数字真实

根据客观性原则的要求，企业应当以实际发生的交易或者事项为依据进行会计确认、计量和报告，如实反映符合确认和计量要求的各项会计要素及其相关信息，保证会计信息真实可靠，内容完整。因此，财务报告必须根据审核无误的账簿记录和相关资料编制，不得以任何方式弄虚作假，报告中的信息必须建立在真实可靠的基础上，以免误导信息使用者。

2. 内容完整

企业提供的财务报告反映的会计信息必须内容完整，以满足各类信息使用者的不同需要。对外提供的财务报告应该按照企业会计准则规定的格式和内容填报，特别是某些重要事项，应当按要求在财务报表附注中予以说明，不得漏编漏报。

3. 编报及时

财务报告必须按照规定的期限和程序，及时编制和报送，以保证报告的及时性。因此，必须加强日常会计核算工作，不能为赶编财务报告而提前结账，更不应为了提前报送而影响报告质量。

4. 便于理解

财务报告提供的信息应该清晰明了，便于理解，需要加以说明的问题，应附有简要的文字说明。但财务报告信息毕竟是一种专业性较强的信息产品，信息使用者若具有一定的企业经营活动和会计方面的相关知识，会更容易理解和利用财务信息。

四、财务报告编制前的准备工作

在编制财务报告前，需要完成以下工作：①严格审核会计账簿的记录和有关资料；②进行全面财产清查、核实债务，发现问题，应及时查明原因，按规定程序报批后，进行相应的财务处理；③按规定的结账日结账，结出有关会计账簿的发生额和余额，并核对各会计账簿之间的余额；④检查相关的会计核算是否按照国家统一会计制度的规定进行；⑤检查是否存在因会计差错、会计政策变更等原因需要调整前期或本期相关项目的情况等。

第二节 资产负债表

一、资产负债表的概念和作用

资产负债表（Balance Sheet）是指反映企业某一特定时点（如月末、季末、年末）财务状况的财务报表。它是根据"资产=负债+所有者权益"的会计等式，依照一定的分类标准和一定的顺序，对企业一定日期的资产、负债和所有者权益项目予以适当安排，按一定的要求编制而成。由于报表中的数据反映的是特定时点的状况，所以该表属于静态报表。

资产负债表属于企业基本财务报表之一，其主要作用表现在以下几方面：

（1）反映企业拥有的资产总额和构成状况。通过资产负债表，企业可以分析在某一特定时点所拥有的经济资源以及分布情况。

（2）反映企业资金的来源渠道和结构状况。通过资产负债表，企业可以分析负债和所有者权益的构成情况，投资者和债权人可以据此评价其资本结构的合理性。

（3）反映企业的财务状况和偿债能力等信息。报表使用者根据资产负债表掌握企业的财务状况，评判其偿还债务的能力，从而为投资和信贷决策提供参考。

二、资产负债表的格式和内容

目前，国际上流行的资产负债表格式主要有账户式和报告式两种。

（一）账户式资产负债表

根据我国《企业会计准则》的规定，企业资产负债表采用账户式格式，如表10-1所示。

表10-1 资产负债表

编制单位：   年 月 日   单位：元

资产	期末余额	年初余额	负债和所有者（股东）权益	期末余额	年初余额
流动资产：			流动负债：		
货币资金			短期借款		
交易性金融资产			交易性金融负债		
衍生金融资产			衍生金融负债		
应收票据			应付票据		
应收账款			应付账款		
应收款项融资			预收款项		
预付款项			合同负债		
其他应收款			应付职工薪酬		

表10-1(续)

资产	期末余额	年初余额	负债和所有者（股东）权益	期末余额	年初余额
存货			应交税费		
合同资产			其他应付款		
持有待售资产			持有待售负债		
一年内到期的非流动资产			一年内到期的非流动负债		
其他流动资产			其他流动负债		
流动资产合计			流动负债合计		
非流动资产：			非流动负债：		
债权投资			长期借款		
其他债权投资			应付债券		
长期应收款			其中：优先股		
长期股权投资			永续债		
其他权益工具投资			长期应付款		
其他非流动金融资产			预计负债		
投资性房地产			递延收益		
固定资产			递延所得税负债		
在建工程			其他非流动负债		
生产性生物资产			非流动负债合计		
油气资产			负债合计		
使用权资产			所有者权益（或股东权益）：		
无形资产			实收资本（或股本）		
开发支出			其他权益工具		
商誉			资本公积		
长期待摊费用			其他综合收益		
递延所得税资产			盈余公积		
其他非流动资产			未分配利润		
非流动资产合计			所有者权益(或股东权益)合计		
资产总计			负债和所有者权益（或股东权益）总计		

这种格式的资产负债表根据"资产=负债+所有者权益"这一会计等式，以等号为界，将资产项目列在表的左侧，负债和所有者权益列在表的右侧，且资产账户的余额一般在借方，负债和所有者权益账户的余额一般在贷方，从而形成了借贷记账法下T型账户的基本格式。资产负债表由表头和表体两部分构成。表头部分应列明报表名称、编表单位名称、资产负债表日和人民币金额单位；表体部分反映资产、负债和所有者权益的内容。

账户式资产负债表的左方为资产项目，按资产的流动性（变现能力）大小排列，流动资产在前，非流动资产在后。在流动资产和非流动资产各项目中也是按照流动性顺序排列，如"货币资金""交易性金融资产"等排在前面，"长期股权投资""固定资产"等则排在后面。

账户式资产负债表的右方为负债和所有者权益项目，一般按求偿权先后顺序排列，负债在前，所有者权益在后。负债项目的排列顺序是流动负债在前，非流动负债在后，在流动负债和非流动负债各项目中也是按照流动性排列的。所有者权益项目按权益的永久程度高低排列，永久程度高的在前，低的在后，它们依次是实收资本、资本公积、盈余公积和未分配利润。

（二）报告式资产负债表

报告式资产负债表是上下结构，资产、负债和所有者权益项目是采用上下垂直排列的形式，使用的是"资产−负债＝所有者权益"的会计等式，突出表现的是企业所有者权益的情况。其简化格式如表 10-2 所示。

表 10-2　资产负债表

编制单位：　　　　　　　　　　年　月　日　　　　　　　　　单位：元

项　　目	期末余额	年初余额
资产：		
各明细项目……		
资产总计		
负债：		
各明细项目……		
负债总计		
所有者权益：		
各明细项目……		
所有者权益总计		

报告式资产负债表虽然便于按顺序阅读，但如果报表内容过多，会使报表显得过长。我国一般不采用这种格式。

三、资产负债表的编制方法

资产负债表各项目的金额分为"年初余额"和"期末余额"两栏，其中"年初余额"栏内各项目金额应根据上年末资产负债表的"期末余额"直接填列。若本年度资产负债表中规定的各项目名称和内容与上年度不一致，应对上年年末资产负债表各项目的名称和数字按照本年度的规定进行调整，再将调整后的金额填入表中的"年初余额"栏。"期末余额"各项目金额根据有关账户的期末余额直接或分析计算填列。应当说明的是，"报表项目"与"会计账户"不是同一个概念，资产负债表中有的项目与相关会计账户的内容不完全相同，因此这些项目的金额不能直接根据账户的期末余额填列，而应根据报表项目的特定要求，对账簿资料进行整理、加工、分析和计算后才能填列。具体填列方法有如下几种：

1. 根据总账账户期末余额直接填列

资产负债表中的大部分项目，都可根据总账账户的期末余额直接填列。

在资产负债表中主要有下列项目是根据这种方法填列的：

（1）资产类项目，包括交易性金融资产、应收票据、开发支出、商誉和递延所得税资产等。

（2）负债类项目，包括短期借款、交易性金融负债、应付票据、应付职工薪酬、应交税费、递延所得税负债等。其中应付职工薪酬、应交税费等账户的期末余额如果在借方，以"－"号填列。

（3）所有者权益类项目，包括实收资本、资本公积、盈余公积等。如果资本公积账户余额在借方，则以"－"号填列。

例如，某企业"交易性金融资产"总账余额借方 300 000 元，"应付职工薪酬"总账借方余额 50 000 元，"实收资本"总账贷方余额 1 000 000 元，那么资产负债表中的"交易性金融资产"为 300 000 元，"应付职工薪酬"为－50 000 元，"实收资本"为 1 000 000 元。

2. 根据若干总账账户期末余额计算填列

资产负债表中的某些项目，需要根据若干个总账账户的期末余额计算填列，主要包括以下一些项目：

（1）资产类"货币资金"项目，应根据"库存现金""银行存款""其他货币资金"三个账户的期末借方余额合计数填列。

例如，某企业"库存现金"账户余额为 2 000 元，"银行存款"账户余额为 300 000 元，"其他货币资金"账户余额为 6 000 元，那么资产负债表中的"货币资金"应为 308 000 元。

（2）资产类"存货"项目，应根据"在途物资（材料采购）""原材料""周转材料""生产成本""库存商品""委托加工物资""发出商品""材料成本差异"等账户的期末余额合计数减去"存货跌价准备"账户的期末贷方余额后的金额填列。

例如，某企业 202×年 8 月份"原材料"账户期末借方余额为 200 000 元，"库存商品"账户期末借方余额为 240 000 元，"生产成本"账户期末借方余额为 60 000 元，"存货跌价准备"账户期末贷方余额为 10 000 元，则本月资产负债表中"存货"项目的期末金额＝200 000+240 000+60 000-10 000＝490 000 元。

（3）所有者权益类的"未分配利润"项目，在月报和季报的编制中，是根据"本年利润"和"利润分配"账户余额所在的方向合并或抵减填列。如果是编制年报，由于年末"本年利润"账户的余额已经转到了"利润分配"账户，所以资产负债表年报中的"未分配利润"项目直接根据"利润分配"账户年末的贷方余额填列。如果"利润分配"账户年末余额在借方，则应加"－"号再填入资产负债表中的未分配利润项目。

例如，某企业 202×年 10 月末"本年利润"账户贷方余额 248 000 元，"利润分配"账户借方余额 90 000 元，那么资产负债表中所有者权益类的"未分配利润"项目期末金额＝248 000-90 000＝158 000 元。

3. 根据总账账户期末余额减去备抵账户或加上附加账户期末余额后的净额填列

（1）资产类"固定资产"项目，应根据"固定资产"账户期末借方余额分别减去"累计折旧"和"固定资产减值准备"账户期末贷方余额后的金额填列。

例如，某企业某月末"固定资产"账户借方余额 1 000 000 元，"累计折旧"账户贷方余额 60 000 元，"固定资产减值准备"账户贷方余额 100 000 元，那么资产负债表中的"固定资产"项目期末金额＝1 000 000-60 000-100 000＝840 000 元。

（2）资产类"应收账款"项目，应根据"应收账款"账户的期末余额减去"坏账准备"账户余额填列。

（3）资产类"长期股权投资"项目，应根据"长期股权投资"账户的期末借方余额减去"长期股权投资减值准备"账户的贷方余额后的金额填列。

（4）资产类"在建工程"项目，应根据"在建工程"账户的期末借方余额减去"在建工程减值准备"账户的贷方余额后的金额填列。

（5）资产类"无形资产"项目，应根据"无形资产"账户的期末借方余额分别减去"累计摊销"和"无形资产减值准备"两个账户贷方余额后的金额填列。

4. 根据明细账户期末余额分析计算填列

这主要是针对"应收账款""预付款项"和"应付账款""预收款项"四个项目，其具体编制方法是：

（1）应收账款项目。"应收账款"项目的数据，应根据"应收账款"总账所属明细账户的期末借方余额合计，加上"预收账款"总账所属明细账户的期末借方余额合计数，减去"坏账准备"科目中相关坏账准备期末余额后的金额分析填列。

（2）预付款项项目。"预付款项"项目的数据，应根据"预付账款"总账所属明细账户的期末借方余额合计，加上"应付账款"账户所属明细账户的期末借方余额合计数，减去"坏账准备"科目中有关预付款项计提的坏账准备期末余额后的金额填列。

（3）应付账款项目。"应付账款"项目的数据，应根据"应付账款"总账所属明细账户的期末贷方余额合计，加上"预付账款"账户所属明细账户的期末贷方余额合计数后的总计数填列。

（4）预收款项项目。"预收款项"项目的数据，应根据"预收账款"总账所属明细账户的期末贷方余额合计，加上"应收账款"账户所属明细账户的期末贷方余额合计数后的总计数填列。

5. 根据总账账户和明细账户期末余额分析计算填列

有些项目，既不能按总账账户期末余额直接或计算填列，也不能按明细账户期末余额直接或计算填列，而需要分析总账账户和明细账户期末余额后再计算填列。

（1）资产类项目中的"长期应收款""长期股权投资""长期待摊费用"，应根据"长期应收款""长期股权投资"和"长期待摊费用"总账账户的期末余额减去一年内到期的长期应收款、长期股权投资和长期待摊费用后的余额填列。一年内到期的金额填入"一年内到期的非流动资产"项目中。

（2）负债类项目中的"长期借款""应付债券""长期应付款""预计负债"项目，应根据"长期借款""应付债券""长期应付款""预计负债"总账账户的期末余额减去明细账中一年内到期的长期借款、应付债券、长期应付款、预计负债后的余额填列。一年内到期的金额填入"一年内到期的非流动负债"项目中。

例如，某企业202×年12月"长期待摊费用"总账账户的期末余额400 000元，其中，将于一年内摊销的数额为120 000元，那么在资产负债表中"长期待摊费用"280 000元，将于一年内摊销的120 000元应列示在流动资产类下的"一年内到期的非流动资产"中。

例如，旭日公司202×年12月31日全部总账账户和所属有关明细账户借贷方余额如表10-3所示。

表 10-3　旭日公司总账和有关明细账户余额表　　　　　单位：元

总　账	明细账	借方余额	贷方余额	总　账	明细账	借方余额	贷方余额
库存现金		5 000		短期借款			230 000
银行存款		300 000		应付账款			500 000
其他货币资金		10 000			E 公司		520 000
交易性金融资产		100 000			F 公司	20 000	
应收票据		80 000		预收账款			30 000
应收账款		160 000			G 公司		70 000
	A 公司	200 000			H 公司	40 000	
	B 公司		40 000	应付职工薪酬			425 000
预付账款		75 000		应交税费		60 000	
	C 公司	100 000		应付股利			100 000
	D 公司		25 000	其他应付款			20 000
在途物资		250 000		长期借款			1 800 000
原材料		595 000		实收资本			3 000 000
生产成本		52 000		资本公积			80 000
库存商品		400 000		盈余公积			150 000
固定资产		4 260 000		利润分配	未分配利润		132 000
累计折旧			400 000				
无形资产		600 000					
累计摊销			80 000				
				总计		6 947 000	6 947 000

补充说明：该公司尚未对企业的应收账款计提坏账准备，长期借款中有一笔去年 7 月 1 日借入的两年期借款，该笔借款为 500 000 元。

根据上述资料编制资产负债表，见表 10-4。

表 10-4　资产负债表

编制单位：旭日公司　　　　　　　202×年 12 月 31 日　　　　　　　单位：元

资产	期末余额	年初余额	负债和所有者（股东）权益	期末余额	年初余额
流动资产：			流动负债：		
货币资金	315 000		短期借款	230 000	
交易性金融资产	100 000		交易性金融负债		
衍生金融资产			衍生金融负债		
应收票据	80 000		应付票据		
应收账款	240 000		应付账款	545 000	
应收款项融资			预收款项	110 000	
预付款项	120 000		合同负债		
其他应收款	1 297 000		应付职工薪酬	425 000	
存货			应交税费	−60 000	
合同资产			其他应付款	120 000	
持有待售资产			持有待售负债		
一年内到期的非流动资产			一年内到期的非流动负债	500 000	

表10-4(续)

资产	期末余额	年初余额	负债和所有者（股东）权益	期末余额	年初余额
其他流动资产			其他流动负债		
流动资产合计	2 152 000		流动负债合计	1 870 000	
非流动资产：			非流动负债：		
债权投资			长期借款	1 300 000	
其他债权投资			应付债券		
长期应收款			其中：优先股		
长期股权投资			永续债		
其他权益工具投资			长期应付款		
其他非流动金融资产			预计负债		
投资性房地产	3 860 000		递延收益		
固定资产			递延所得税负债		
在建工程			其他非流动负债		
生产性生物资产			非流动负债合计	1 300 000	
油气资产			负债合计	3 170 000	
使用权资产			所有者权益（或股东权益）：		
无形资产	520 000		实收资本（或股本）	3 000 000	
开发支出			其他权益工具		
商誉			资本公积	80 000	
长期待摊费用			减：库存股		
递延所得税资产			其他综合收益		
其他非流动资产			盈余公积	150 000	
非流动资产合计	4 380 000		未分配利润	132 000	
			所有者权益(或股东权益)合计	3 362 000	
资产总计	6 532 000		负债和所有者权益（或股东权益）总计	6 532 000	

第三节　利润表

一、利润表的概念和作用

利润表（Income Statement）又称损益表，是反映企业在一定会计期间（如年度、季度或月度）经营成果（或亏损）的财务报表。它是根据"收入-费用=利润"的会计等式，依照收入、费用、利润的一定次序编制而成的，反映一定时期利润形成过程的动态报表。其主要作用表现在如下几方面：

1. 提供反映企业经营业绩的信息

利润指标是企业生产经营活动中管理绩效的集中表现，投资者据此可以考核评价管理当局受托经营责任的履行情况，以及判断资本保值增值情况。通过利润表，企业可以了解不同业务的财务成果信息，分析评价各方面的经营业绩，并与同行业企业进行对比。

2. 提供反映企业盈利能力的信息

企业盈利能力是信息使用者进行相关经济决策的重要依据。盈利能力通常体现为企业经营业绩和其相关指标之间的比率关系，利润表为评价指标的计算提供了基础数据，可以据此评价企业盈利能力的大小。

3. 提供反映企业经营成果分配依据的信息

现代企业是投资者等"外部"集团和管理当局等"内部"集团的共同体，股东的股利、债权人的本息、政府的税收、员工的薪酬、管理人员的奖金等都与利润直接相关。利润指标在企业经营成果分配方面起着重要作用，其数额大小将直接影响企业利益相关者的切身利益。

二、利润表的格式和内容

利润表的格式主要有单步式和多步式两种。

（一）单步式利润表

单步式利润表的基本特点是将本期发生的所有收入汇集在一起，将所有的成本费用汇集在一起，然后将总收入减去总成本费用得出本期利润。其格式见表 10-5。

表 10-5　利润表

编制单位：　　　　　　　　　　　年　月　　　　　　　　　　单位：元

项　　目	期末余额	年初余额
一、收入		
营业收入		
投资收益		
公允价值变动净收益		
营业外收入		
收入总计		
二、费用		
营业成本		
税金及附加		
销售费用		
管理费用		
财务费用		
资产减值损失		
营业外支出		
所得税费用		
费用总计		
三、净利润		

单步式利润表格式简单，编制方便，读者容易理解。但是，它不能准确反映利润形成的过程及各种收入与相应成本费用之间的关系，不能为深入分析提供更多的信息。

（二）多步式利润表

多步式利润表是分步骤地将收入与成本费用加以归类，按利润形成的主要环节列示一些中间性的利润指标，如营业利润、利润总额、净利润，从而得出各步骤的利润额。我国《企业会计准则》规定，应采用多步式利润表格式。2014年7月1日开始施行的《企业会计准则第30号——财务报表列报》规定：在利润表中增设"其他综合收益"和"综合收益总额"两个项目。其基本计算步骤如下：

1. 计算营业利润

营业利润＝营业收入－营业成本－税金及附加－销售费用－管理费用－财务费用－资产减值损失＋公允价值变动收益＋投资收益

2. 计算利润总额

$$利润总额＝营业利润＋营业外收入－营业外支出$$

3. 计算净利润

$$净利润＝利润总额－所得税费用$$

普通股或潜在普通股已公开交易的企业，以及正处于公开发行普通股或潜在普通股过程中的企业，还应当在利润表中列示每股收益信息。

多步式利润表格式见表10-6。

表10-6 利润表

编制单位：　　　　　　　　　　年　月　　　　　　　　　　单位：元

项　目	本期金额	上期金额
一、营业收入		
减：营业成本		
税金及附加		
销售费用		
管理费用		
研发费用		
财务费用		
其中：利息费用		
利息收入		
加：其他收益		
投资收益		
其中：对联营企业和合营企业投资的收益		
净敞口套期收益（损失以"-"号填列）		
以摊余成本计量的金融资产终止确认收益（损失以"-"号填列）		
公允价值变动收益（损失以"-"号填列）		
资产减值损失（损失以"-"号填列）		
信用减值损失（损失以"-"号填列）		
资产处置损益（损失以"-"号填列）		

表10-6(续)

项　目	本期金额	上期金额
二、营业利润（亏损以"-"号填列）		
加：营业外收入		
减：营业外支出		
三、利润总额（亏损总额以"-"号填列		
减：所得税费用		
四、净利润（净亏损以"-"号填列		
（一）持续经营净利润（净亏损以"-"号填列）		
（二）终止经营净利润（净亏损以"-"号填列）		
五、其他综合收益的税后净额		
（一）以后不能重分类进损益的其他综合收益		
（二）以后将重分类进损益的其他综合收益		
六、综合收益总额		
七、每股收益		
（一）基本每股收益		
（二）稀释每股收益		

多步式利润表是通过对不同性质的收入和费用类别进行对比，列示多个层次的利润指标，便于报表使用者正确评价企业管理当局绩效和预测未来盈利能力，但其格式较单步式利润表复杂。利润表通常包括表头和表体两部分。表头应列明报表名称、编表单位名称、财务报表涵盖的会计期间和金额单位等内容；利润表的表体，反映形成经营成果的各个项目和计算过程。

三、利润表的编制方法

利润表各项目的金额分为"本期金额"和"上期金额"两栏，其中"上期金额"栏内各项目金额，应根据上年该期利润表的"本期金额"直接填列，若本年度利润表中规定的各项目名称和内容与上年该期不一致，应对上年该期利润表各项目的名称和数字按照本年度的规定进行调整，再将调整后的金额填入表中的"上期金额"栏。"本期金额"各项目金额根据损益类账户的发生额直接或分析计算填列。具体填列方法有如下几种：

（1）"营业收入"项目。本项目应根据"主营业务收入"和"其他业务收入"账户本期贷方发生额的合计数填列。若发生销售退回和销售折让等借方发生额，则应抵减。

（2）"营业成本"项目。本项目应根据"主营业务成本"和"其他业务成本"账户本期借方发生额的合计数填列。若发生销售退回和销售折让等贷方发生额，则应抵减。

（3）"税金及附加"项目。本项目反映企业经营活动应负担的消费税、城市维护建设税、资源税、土地增值税、房产税、车船税、土地使用税、印花税和教育费附加等，应根据"税金及附加"账户的发生额分析填列。

（4）"销售费用"项目。本项目反映企业在销售过程中发生的广告费、运输费等，应根据"销售费用"账户的发生额分析填列。

（5）"管理费用"项目。本项目反映企业发生的管理费用，应根据"管理费用"账户的发生额分析填列。

（6）"研发费用"项目。本项目根据"管理费用"科目下的"研究费用"明细科目的发生额及"管理费用"科目下的"无形资产摊销"明细科目的发生额分析填列。

（7）"财务费用"项目。本项目反映企业发生的财务费用，应根据"财务费用"账户的发生额分析填列。

（8）"其他收益"项目。本项目根据"其他收益"科目的发生额分析填列。

（9）"投资收益"项目。本项目反映企业以各种方式对外投资所取得的收益，应根据"投资收益"账户的发生额分析填列。若为投资损失，以"－"号填列。

（10）"公允价值变动损益"项目。本项目反映企业确认的交易性金融资产或交易性金融负债的公允价值变动额，应根据"公允价值变动损益"账户的发生额分析填列。

（11）"资产减值损失"项目。本项目反映企业确认的资产减值损失，应根据"资产减值损失"账户的发生额分析填列。

（12）"信用减值损失"项目。本项目应根据"信用减值损失"科目的发生额分析填列，损失以"－"号填列。

（13）"资产处置损益"项目。本项目应根据"资产处置损益"科目的发生额分析填列，如为处置损失，以"－"号填列。

（14）"营业利润"项目。本项目反映实现的营业利润。如为亏损，本项目以"－"号填列。

（15）"营业外收入"项目和"营业外支出"项目。这两个项目是反映企业发生的与其生产经营无直接关系的各项收入和支出，应分别根据"营业外收入"账户和"营业外支出"账户的发生额分析填列。

（16）"利润总额"项目。本项目反映企业实现的利润总额。若为亏损总额，以"－"号填列。

（17）"所得税费用"项目。本项目反映企业按规定从本期损益中减去的所得税，应根据"所得税费用"账户的发生额分析填列。

（18）"净利润"项目。本项目反映企业实现的净利润。若为净亏损，以"－"号填列。

（19）"其他综合收益的税后净额"项目。本项目反映企业根据企业会计准则规定未在损益中确认的各项利得和损失扣除所得税影响后的净额，主要包括可供出售金融资产产生的利得（或损失）、按照权益法核算的在被投资单位其他综合收益中所享有的份额等。

（20）"综合收益总额"项目。本项目反映企业净利润与其他综合收益的合计金额。综合收益是企业在一定时期内除所有者投资和对所有者分配等与所有者之间的资本业务之外的交易或其他事项所形成的所有者权益的变化额。综合收益的构成包括净利润和其他综合收益两部分。前者是企业已实现并已确认的收益，后者是企业未实现但根据会计准则的规定已确认的收益。

(21)"每股收益"项目。企业应当按照属于普通股股东的当期净利润，除以发行在外普通股的加权平均数计算"基本每股收益"。企业存在稀释性潜在普通股的，应当分别调整归属于普通股股东的当期净利润和发行在外普通股的加权平均数，并据以计算"稀释每股收益"。

例如，旭日公司202×年有关损益类账户的发生额资料如表 10-7 所示。

表 10-7　旭日公司 202×年损益类账户资料　　　　　　单位：元

账户名称	借方发生额	贷方发生额
主营业务收入		9 000 000
其他业务收入		40 000
投资收益		150 000
营业外收入		350 000
主营业务成本	5 000 000	
税金及附加	450 000	
其他业务成本	20 000	
销售费用	25 000	
管理费用	850 000	
财务费用	15 000	
资产减值损失	10 000	
营业外支出	180 000	
所得税费用	747 500	

根据表 10-7 中的数据，编制的利润表如表 10-8 所示。

表 10-8　利润表

编制单位：旭日公司　　　　　　　202×年　　　　　　　　　　单位：元

项　　目	本期金额	上期金额
一、营业收入	9 040 000	
减：营业成本	5 020 000	
税金及附加	450 000	
销售费用	25 000	
管理费用	850 000	
研发费用		
财务费用	15 000	
其中：利息费用	15 000	
利息收入		
加：其他收益		
投资收益	150 000	
其中：对联营企业和合营企业投资的收益		
净敞口套期收益（损失以"-"号填列）		
以摊余成本计量的金融资产终止确认收益（损失以"-"号填列）		

表10-8（续）

项　　目	本期金额	上期金额
公允价值变动收益（损失以"-"号填列）		
资产减值损失（损失以"-"号填列）		
信用减值损失（损失以"-"号填列）		
资产处置损益（损失以"-"号填列）		
二、营业利润（亏损以"-"号填列）	2 820 000	
加：营业外收入	350 000	
减：营业外支出	180 000	
三、利润总额（亏损总额以"-"号填列）	2 990 000	
减：所得税费用	747 500	
四、净利润（净亏损以"-"号填列	2 242 500	
（一）持续经营净利润（净亏损以"-"号填列）		
（二）终止经营净利润（净亏损以"-"号填列）		
五、其他综合收益的税后净额		
（一）以后不能重分类进损益的其他综合收益		
（二）以后将重分类进损益的其他综合收益		
六、综合收益总额		
七、每股收益		
（一）基本每股收益		
（二）稀释每股收益		

第四节　现金流量表

一、现金流量表的概念和作用

现金流量表（Cash Flow Statement）是以收付实现制为基础编制的、反映企业一定会计期间内现金及现金等价物流入和流出信息的财务报表。它实际上是资金变动表的一种形式，属于动态报表。现金流量表提供了反映企业财务变动情况的详细信息，为分析、研究企业的资金来源与资金运用情况提供依据。其主要作用如下：

1. 有助于掌握企业现金流入和流出信息

会计人员可以通过现金流量表可以反映企业现金和现金等价物的来源与运用的信息，掌握企业资金增减变动的具体原因，从而评价其增减的合理性，便于对企业整体财务状况做出客观评价。

2. 有助于评价企业的偿债能力和周转能力

借助现金流量表，并配合资产负债表和利润表，有助于会计人员判断企业的现金能否偿还到期债务、支付股利和必要的固定资产投资等，评价企业现金流转效率和利用效果。

3. 有助于分析企业收益质量

会计人员通过编制现金流量表，可以掌握企业经营活动产生的现金流量，将其与按权责发生制编制的利润表中的净利润相对比，可以从现金流量的角度了解企业收益的质量；进一步分析判断是哪些因素影响现金流入，为分析和判断企业的财务前景提供信息。

二、现金流量表的编制基础

现金流量表是以现金和现金等价物作为编制的基础，按照收付实现制进行核算，揭示企业现金流量的信息。现金流量表中的现金是一个广义的概念，它包括现金和现金等价物。

1. 现金

现金是指企业库存现金及可随时用于支付的存款。需要说明的是，银行存款和其他货币资金中有些不能随时用于支付的存款不属于现金。

2. 现金等价物

现金等价物是指企业持有的期限短、流动性强、易于转换为已知金额现金、价值变动风险很小的投资。一项投资被确认为现金等价物必须同时具备四个条件：①期限短；②流动性强；③易于转换为已知金额现金；④价值变动风险很小。现金等价物通常包括三个月到期的短期债券投资，而权益性投资由于变现的金额通常不确定，因而并不属于现金等价物。

3. 现金流量

现金流量是指企业现金和现金等价物的流入和流出。企业从银行提取现金、用现金购买短期的国库券等现金和现金等价物之间的转换不属于现金流量。

三、现金流量表的格式和内容

现金流量表的格式如表10-9所示。

表 10-9 现金流量表

编制单位：××企业　　　　　　　　××年度　　　　　　　　单位：元

项　　目	行次	金额
一、经营活动产生的现金流量：		
销售商品、提供劳务收到的现金		
收到的税费返还		
收到的其他与经营活动有关的现金		
经营活动现金流入小计		
购买商品、接受劳务支付的现金		
支付给职工以及为职工支付的现金		
支付的各项税费		
支付的其他与经营活动有关的现金		
经营活动现金流出小计		
经营活动产生的现金流量净额		

表10-9（续）

项　目	行次	金额
二、投资活动产生的现金流量：		
收回投资收到的现金		
取得投资收益收到的现金		
处置固定资产、无形资产和其他长期资产收回的现金净额		
处置子公司及其他营业单位收到的现金净额		
收到的其他与投资活动有关的现金		
投资活动现金流入小计		
购建固定资产、无形资产和其他长期资产支付的现金		
投资支付的现金		
取得子公司及其他营业单位支付的现金净额		
支付的其他与投资活动有关的现金		
投资活动现金流出小计		
投资活动产生的现金流量净额		
三、筹资活动产生的现金流量：		
吸收投资收到的现金		
取得借款收到的现金		
收到的其他与筹资活动有关的现金		
筹资活动现金流入小计		
偿还债务所支付的现金		
分配股利、利润或偿付利息支付的现金		
支付的其他与筹资活动有关的现金		
筹资活动现金流出小计		
筹资活动产生的现金流量净额		
四、汇率变动对现金及现金等价物的影响		
五、现金及现金等价物净增加额		
加：期初现金及现金等价物余额		
六、期末现金及现金等价物余额		

　　从表10-9中可以看出，现金流量表将企业现金流量按其产生的原因分为三类：经营活动产生的现金流量、投资活动产生的现金流量和筹资产生活动的现金流量。现金流量根据现金的流程，又可分为现金流入量、现金流出量和现金净流量。

　　1. 经营活动产生的现金流量

　　经营活动产生的现金流量是指企业投资活动和筹资活动以外的所有交易和事项所导致的现金流入和流出。流入项目主要有：销售商品、提供劳务收到的现金，收到的税费返还，收到的其他与经营活动有关的现金；流出项目主要有：购买商品、接受劳务支付的现金，支付给职工以及为职工支付的现金，支付的各项税费，支付的其他与经营活动有关的现金。

2. 投资活动产生的现金流量

投资活动产生的现金流量是指企业在投资活动中所导致的现金流入和流出。流入项目主要有：收回投资收到的现金，取得投资收益收到的现金，处置固定资产、无形资产等长期资产收回的现金净额，收到的其他与投资活动有关的现金；流出项目主要有：购建固定资产、无形资产等长期资产支付的现金，投资支付的现金，支付的其他与投资活动有关的现金。

3. 筹资活动产生的现金流量

筹资活动产生的现金流量是指企业在筹资活动中所导致的现金流入和流出。流入项目主要有：吸收投资收到的现金，取得借款收到的现金，收到的其他与筹资活动有关的现金；流出项目主要有：偿还债务所支付的现金，分配股利、利润或偿付利息支付的现金，支付的其他与筹资活动有关的现金。

四、现金流量表的编制方法

按照经营活动现金流量列示的不同，现金流量表的编制方法分直接法和间接法两种。

1. 直接法

直接法是通过现金流入和流出的主要类别来直接反映企业经营活动产生的现金流量的编制方法。直接法一般是以利润表中的营业收入为起点，通过编制调整分录，调整与经营活动有关项目的增减变动，从而计算出经营活动各项现金流量。

2. 间接法

间接法是指以净利润为起点，调整不涉及现金的收入、费用、营业外收支及有关项目的增减变动，从而计算出经营活动产生的现金流量的编制方法。其基本原理是将权责发生制下的净利润调整为收付实现制下的现金净流量。

我国《企业会计准则第 31 号——现金流量表》规定，企业应采用直接法编制现金流量表的基本报表，同时要求采用间接法在补充资料中将净利润调整为经营活动产生的现金净流量。现金流量表的具体编制方法将在财务会计学中讲述。

第五节　所有者权益变动表

一、所有者权益变动表的概念和作用

所有者权益变动表（Statement of Changes in Equity）是反映企业一定期间（如年度、季度或月度）内，所有者权益的各组成部分当期增减变动情况的财务报表。在所有者权益变动表中，综合收益和与所有者（或股东）的资本交易导致的所有者权益的变动，应当分别列示。2007 年以前，所有者权益变动情况是以资产负债表附表形式予以体现的。

所有者权益变动表能够说明所有者权益变动的原因、所有者权益内部结构的变动情况，提供企业收益的全面信息，以及为资产负债表和利润表提供辅助信息。所有者权益变动表已成为与资产负债表、利润表和现金流量表并列披露的第四张报表。

二、所有者权益变动表的格式和内容

所有者权益变动表以矩阵的形式列报，其基本格式如表 10-10 所示。所有者权益变动表至少应当单独列示反映下列项目信息：①综合收益总额，在合并所有者权益变动表中还应单独列示归属于母公司所有者的综合收益总额和归属于少数股东的综合收益总额；②会计政策变更和前期差错更正的累计影响金额；③所有者投入资本和向所有者分配利润等；④按照规定提取的盈余公积；⑤所有者权益各组成部分的期初和期末余额及其调节情况。该报表不仅反映了所有者权益总量的增减变动，而且揭示了所有者权益的来源各构成部分增减变动的信息。

表 10-10　所有者权益变动表

编制单位：××企业　　　　　　　　　　××年度　　　　　　　　　　单位：元

项　　目	本年金额							去年金额						
	实收资本（或股本）	资本公积	减：库存股	其他综合收益	盈余公积	未分配利润	所有者权益合计	实收资本（或股本）	资本公积	减：库存股	其他综合收益	盈余公积	未分配利润	所有者权益合计
一、上年年末余额														
加：会计政策变更														
前期差错调整														
二、本年年初余额														
三、本年增减变动金额（减少以"－"号填列）														
（一）综合收益总额														
（二）所有者投入和减少资本														
1. 所有者投入资本														
2. 股份支付计入所有者权益的金额														
3. 其他														
（三）利润分配														
1. 提取盈余公积														
2. 对所有者（或股东）的分配														
3. 其他														
（四）所有者权益内部结转														
1. 资本公积转增资本（或股本）														
2. 盈余公积转增资本（或股本）														
3. 盈余公积弥补亏损														
4. 其他														
四、本年年末余额														

第六节　财务报表表外信息

一、财务报表表外信息的重要性

编制财务报告的目标由于环境不同而有差异，但核心是为使用者提供有助于决策的信息。财务报表有固定的格式、项目和填列方法，使得表内信息并不能完整地反映一个企业的综合素质。财务报表表外信息是指不能在法定财务报表内反映的，旨在帮助报表使用者透彻理解财务报表的内容，了解企业的基本情况、意外事项和经营战略等的重要信息。凡是对财务信息使用者有用的信息而又无法在财务报表内进行确认的，都应当在表外进行披露。表外信息能弥补表内揭示信息的局限性，使表内的信息更容易理解，更加相关，能提高财务报告的总体水平和层次，突出重要财务会计信息，提升报告信息质量。表外信息的内容十分丰富，对于其揭示的范围，各国和国际性组织还难以做出统一的规范。就信息的生产者——企业而言，对表外信息的提供有许多疑虑，因为表外信息突破了传统的会计观念，过分揭示了企业的商业秘密。现行表外信息的披露不够充分完整、随意性强、避重就轻、报喜不报忧，这些都极大地影响了财务报告的质量。目前，我国很多企业不太重视报表表外信息的提供，或即使提供也十分粗略，这与忽视表外信息的重要性有直接关系。

二、表外信息披露的内容

一般来讲，在财务报表之外，企业还应披露以下信息：①有助于理解财务报表的重要信息；②那些本来可能在报表中反映，但基于成本、效益原因而需要揭示的在其他财务报告中属于相对次要的信息；③采用与财务报表不同基础编制的信息；④用于补充报表信息的统计数据；⑤管理当局的分析、评价与对未来的预测。其中①、②类主要是与会计政策相关的信息，一般包括在财务报表的附注中，构成报表不可分割的组成部分。③、④类信息与报表数据没有直接联系，它们涉及不同的问题，在形式上又灵活多样，其揭示的内容带有较大的随意性和选择性，因此比较适合采用其他财务报告的形式来披露这些辅助性信息。⑤类信息则是对上述各类信息的进一步分析和说明。

财务报表附注是以旁注或脚注等形式对基本报表的信息进行进一步的说明、补充或解释，以便帮助使用者理解和使用报表信息。因为企业发生的经济业务数量繁多、种类各异，每个企业都必须按照一定的程序、方法，把日常发生的大量的、不同性质的经济交易和事项进行确认、分类、计量、汇总成系统的会计核算记录，并定期编制以表格形式表现的财务报表。为了便于使用者理解，一些在报表中被高度概括、浓缩的项目需要进一步分解、解释或补充，这样，附注就逐渐成为财务报表的组成部分。1970年，美国财务会计准则委员会在第4号公告中指出，报表附注是报表整体的一部分，它可说明报表的名称、项目标题或数额，或列示未能以货币单位表示的信息。1984年，美国财务会计准则委员会在第5号概念公告中明确指出，财务报表的附注或表上括号插入的信息，诸如重要的会计政策或资产（负债）的其他计量结果，是对财务报表上确认的信息进一步的阐述或解释等，它们是了解财务报表的组成部分。我国颁布的企业会计制度就财务报表附注应披露的内容做出了明确的规范，具体包括"不符合会计核算前提的说明""重要会计政策和会计估计的说明""重要会计政策和会计估计变更以及重大会计差错更正的说明""或有事项的说明""资产负债表日后事项的说明""关联方关系及其交易的说明""重要资产转让及其出售的说明""企业合并、分立的说明""会计报表重要项目的说明"九项内容。

其他财务报告主要向企业外界提供某些相关的但不符合全部确认标准的信息。我国企业会计准则、企业会计制度规定，这些内容要通过"财务情况说明书"的形式来表现，具体包括：①企业生产经营的基本情况；②利润实现和分配情况；③资金增减和周转情况；④对企业财务状况、经营成果和现金流量有重大影响的其他事项。随着科技的发展，经济环境的不断变革以及经济活动的不断创新，使用者的信息需求也不断增长，现行财务报表提供的历史成本、货币计量信息的局限性日渐暴露出来，报表使用者对企业披露社会责任、人力资源价值、物价变动以及预测报告等信息的要求日益强烈。目前，由于受传统惯例的影响，加上准则等规范的形成，这些对报表使用者有用但不符合会计准则、企业会计制度要求的信息只能通过其他财务报告予以披露。

三、表外信息的揭示形式

由于表外信息内容多、范围广，其揭示的形式也就比较复杂。在会计实务中，表外信息的揭示可采用的形式有以下几种：

（一）旁注

旁注是指在财务报表的有关项目旁直接用括弧加注说明。旁注是最简单的报表注释方法，如果报表上有关项目的名称或金额受到限制或需简要补充时，可以直接用括弧加注说明。这种附注方式将补充信息直接纳入报表主体，不易被报表使用者所忽略，但这类附注不宜过长。

（二）脚注

这种揭示方式主要是对表内项目所采用的会计政策、方法等以及表内无法反映的重要事项所做的补充说明。它只是对报表正文的补充，并不能取代或更正报表正文中的正常分类、计价和描述。脚注主要采用定性揭示并以文字表达为主，只有少量的采用定量揭示，必要时也可采取表格的形式。目前，在会计实务中报表脚注的内容日益增多，其增长幅度大大超过报表的正文。我国企业会计制度中规定了年度报表脚注应披露"不符合会计核算前提的说明""重要会计政策和会计估计的说明"等九项内容。

目前，在会计实务中，报表脚注的内容和分量日益增多，其在财务报表中的位置越来越重要。企业在采用脚注这种揭示方式时，要注意以下几点：①按规范的内容分类披露，根据重要性原则，做到详略得当，便于理解；②说明要实事求是、客观公正、符合实际；③尽量采取定性揭示和定量揭示相结合。

（三）附表

附表是指为了保持财务报表的简明易懂而另行编制一些反映其构成项目及年度内的增减来源与金额的表格。它实际上是财务报表某些重要项目的明细表。我国企业会计制度规定的附表有：①资产减值准备明细表；②应交增值税明细表；③应付职工薪酬明细表；④分部报表（业务分部）；⑤分部报表（地区分部）等。

（四）其他财务报告

其他财务报告一般不受企业会计准则的限制，也不需要接受审计，可以揭示不能列入财务报表的信息，并往往采取评论、分析和预测等多种形式介绍企业的经营规划并预测未来的发展前景。根据现行国际惯例，其内容主要包括：

1. 管理当局的讨论与分析

许多国家要求企业将管理当局的讨论与分析包含在年度报告中对外提供。由于管理当局与企业关系最为密切，并能影响一个企业的未来发展，通过他们对一些重要事项的讨论与分析，可以提高财务报告的有用性。事实上，财务报告信息经常依赖于管理人员的假设和判断。所以，管理当局在讨论与分析中表达的观点对使用者评估信息会大有帮助，但要注意他们提供的信息不可避免地带有较强的主观性。

2. 社会责任报告

世界各国企业社会责任报告披露的内容各不相同。相对而言，欧洲国家处于领先的地位。欧洲会计师联合会在 1987 年发表的一份专门研究报告中建议，企业的社会责任报告应反映：①雇佣标准；②工作条件；③健康与安全；④教育与培训；⑤劳资关系；⑥工资与福利；⑦增值分配；⑧环境影响；⑨企业与外部集团的关系。现阶段我国企业社会责任的有关信息可以从现有会计资料中分离出来，单设财务报告说明。设置社会责任报告时，应分别说明由于企业的生产经营活动对职工、产品、环境、社区等方面带来的效益与损失以及形成的净社会效益，并用文字说明报告中有关项目数据的来源和计算过程，以便政府部门、投资者、债权人、企业职工、顾客和社区等全面了解企业履行社会责任的状况。

3. 人力资源报告

传统会计以货币计量作为计量尺度，但由于人力资源价值的许多特性是货币所无法表现的，所以对人力资源成本和价值进行货币量化反映的同时，还要对其非经济因素，如工作能力、品格、事业心和对企业的忠诚程度等进行模糊计量，将其进行数量等级化或定性化描述。企业可以设置独立的报告来全面反映企业人力资源的价值计算过程或指标体系，充分反映企业拥有人力资源和各种软资产的状况。

4. 物价变动影响报告

在通货膨胀期间，物价变动使实际成本大大低于现行重置成本，按历史成本计价的表内信息严重脱离实际，使收支不能相互配比，使货币成为一种不统一的计量单位。为避免报表使用者误解，企业有必要在表外按重置成本或可变现价值等计价方法调整表内数据，以说明物价变动对表内信息的影响程度，从而弥补表内以历史成本为计量基础的不足。另外，随着资本运营、资产重组等概念的提出和业务实施，以及我国已经加入世界贸易组织，对外披露物价变动方面的信息，是我国对外交往的重要内容之一。因此，要充分认识披露物价变动方面信息的重要性，以促使我国在保持财务报告体系特色的前提下尽快与国际惯例融合。

5. 预测报告

预测报告是指管理当局在对未来经济条件和行动方案进行假设的基础上，对企业未来财务状况和经营成果进行预测的报告。现行财务报告只重视企业盈利信息的计算与报告，比如：资产负债表和损益表所提供的权责发生制下的历史性财务信息，在总体上与现金流量是不相关的；即使是将权责发生制信息转换为收付实现制而编制的现金流量表，提供的也仍然是过去的现金流量，而不是未来的现金流量。经济决策代表未来将要采取的行动，因此决策者最关心的信息自然是对未来前景的预计。正因为这样，预测性信息虽然带有较大的主观性和较低的可证实性，但它对使用者仍有较高的参考价值。《中华人民共和国证券法》规定，上市公司应在招股说明书及上市公告中披露盈利预测信息。但由于预测信息容易导致恶意诉讼，所以企业要注意加强规范和监督，建立预测信息质量保证机制，针对揭示预测性信息制定有关条款。只要预测信息有合理的依据并且是诚实善意的，那么即使预测与实际存在偏差，企业也不必承担责任。

【本章小结】

借助财务报告，可以披露企业的财务状况、经营成果及其变动情况。资产负债表是反映企业在某一特定时日的财务状况，其根据有关账户的期末余额直接或分析计算填列。具体填列方法有：根据总账账户期末余额直接填列、根据若干总账账户期末余额计算填列、根据总账账户期末余额减去备抵账户或加上附加账户期末余额后的净额填列、根据明细账户期末余额分析计算填列、根据总账账户和明细账户期末余额分析计算填列。利润表是反映企业在一定期间内生产经营成果（或亏损）的财务报表，根据损益类账户的发生额直接或分析计算填列。现金流量表是以收付实现制为基础编制的，反映企业一定会计期间内现金及现金等价物流入和流出信息的财务报表。按照经营活动现金流量列示的不同，现金流量表的编制方法分直接法和间接法两种。

【阅读材料】

当社群经济邂逅管理会计大数据报表

随着互联网的发展，大数据应用已趋于更深化、更广泛，移动互联网进一步打破时空局限，自媒体发展加快，网络公民个人参与度提高，在现有的社群概念下，催生了社群经济。对现时代的企业来说，有效利用社群经济精准营销的特点，降低经营成本，提高社群用户黏度，是在不断更新的市场中立于不败之地的关键。

如何准确借助数据技术促进社群经济发展？如何精准挖掘潜在目标客户群体？第五报表——管理会计大数据报表的有效开发、运用能满足企业这方面的要求。当前，企业管理层最重视的四大会计报告即资产负债表、利润表、现金流量表及所有者权益变动表，它们综合反映了企业某一特定日期财务状况、某一会计期间经营成果、现金流量状况等，但用于应对互联网时代爆炸式增长的数据就显得滞后、单一。财政部颁发的《管理会计基本指引》第五章第二十四条指出，单位应有效利用现代信息技术；第二十六条指出，管理会计报表是管理会计活动成果的重要表现形式，旨在为报表使用者提供满足管理需要的信息。第五报表——管理会计大数据报表能有效应对互联网数字用户、数字资产、粉丝效应等数据的收集和分析，进一步帮助企业进行高效决策，促进社群经济的发展。

互联网时代伴生的社群经济，与工业时代经济模式不同。社群经济以情感为纽带，打造社群平台，实现资源聚集，优化顾客体验，其中情感纽带的非消耗性特征还可以帮助企业扩展经营边界，实现跨界经营。在社群经济时代，数据挖掘只是了解用户需求的手段，在此背景下，企业的核心竞争力是提供用户所需要的产品或服务，只有这样才能提高潜在顾客转化率和用户黏度，维系老用户，开发新用户。互联网企业通过管理会计大数据报表进行数据挖掘、分析，寻找潜在客户，了解顾客的需求。在社群经济时代，企业想要抓住社群经济的红利，就必须重视管理会计大数据报表在社群经济中的作用。

管理会计大数据报表促进社群构建。以企业品牌为连接点，为忠实用户和粉丝搭建社群。首先，利用第五报表的集成数据，企业可以了解用户信息反馈的热点地带，建立清晰的社群领域并吸引更多的用户。其次，参考当前市场行情，结合第五报表，企业可以按照多重模块对社群进行市场目标受众分层，进而将用户分流为相应的小社群，聚集对企业有相似认知的社群成员。同时，社群之间亦有着不完全封闭但清晰的边界，在企业主营产品的小社群成员，也可以在该企业其他业务产品板块的社群中。企业在管理会计大数据报表的帮助下构建社群、建立联系，同时也能通过该报表进一步检验社群的类型和性质是否相互融合。

管理会计大数据报表促进社群经营。经营社群的目的在于把外围者和新手转化为熟悉内情的人和成长的人，从而产生社群红利。企业经营社群的第一步就是要用自己的产品、服务引发社群成员的互动。产品的更新换代、推陈出新，服务的精益求精、日臻完善都可以为社群成员策划话题，吸引更多的外围用户进入社群。企业在社群用户交换思想的同时要想完全了解社群，必须通过第五报表进行提取和分析。社群活动包括线上和线下的活动。线上活动没有区域限制，企业可在第五报表反映的数据基础上发展线上活动，实现线上和线下的互通，加速社群经济的变现。同时，企业可以利用第五报表反映成员与成员之间、企业与成员之间、市场与成员之间的关系波动和交流内容，将用户的智慧和专业人士的意见相结合，引导一种新的双向互动的"OGC+UGC"模式，让用户成员参与产品制造过程，使产品服务得到流量和质量的双重保证，也会更加有益于用户的购买行为。这也是社群自我管理的一种表现，它决定了社群的凝聚力，有利于使社群成员有较为明确的身份认同和社群归属感。据第五报表显示，相对活跃的社群成员意味着在社群中的时间更长，参与度更高，社群其他成员对其信任度也更高。企业可以充分利用这部分成员进行有效的社群经营。

管理会计大数据报表促进社群收获。当经营的社群可以自动运转并具有良好的社群生态时，便是收获社群的时候，企业则是通过第五报表的反馈知晓社群生态和运转情况。一方面企业通过平台渠道收获社群。平台渠道的价值主要体现在品牌包装、口碑营销、广告传播、电商导流等方面，这些价值的归集和反映都呈现在第五报表中。企业可以根据报表情况选择性侧重，降低运营成本。收获社群的另一个方面是产业生态价值链。企业通过社群进行低成本、高效率的行业资源整合，打通产业链上下游，实现C2B模式，甚至碰撞出新型商业模式，形成产业链。企业在产业链形成中借助第五报表，具体掌握社群的发展和变化情况，有效形成以特色产品服务为感情纽带的产业链的各个环节，进一步促进社群收获。

互联网发展给诸多企业带来巨大的挑战，也带来了社群经济的机遇。在第五报表的助力下，企业掌握社群数据，通过平台渠道和产业生态价值链的融合实现经济效益，推动社群经济的发展。未来是社群经济的时代。互联网时代下企业以社群经济为支点探索发展模式，通过搭建和运营社群从而收获社群经济效益，是企业明智的未来发展道路之一，而管理会计大数据报表在其中有着不可替代的作用。

资料来源：何雪锋，李奇蔚. 当"社群经济"邂逅管理会计大数据报表［N］. 财会信报，2017-01-09.

第十一章

会计工作的组织

【结构框架】

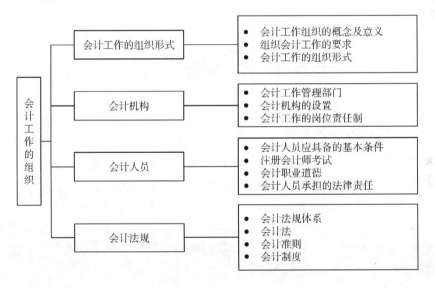

【学习目标】

通过本章的学习，学生需要了解会计工作的组织形式，熟悉会计机构的设置，理解会计人员应具备的基本条件和承担的法律责任，初步掌握会计法规体系的构成。

【课程思政】

知识点	思政元素挖掘	思政元素浅析	综合能力提升引导
会计工作组织形式、会计机构的设置	(1) 爱岗敬业; (2) 团队分工与合作	理解会计工作的完成需要会计人员之间的分工合作	(1) 团队合作能力:高质量的会计信息的提供需要各会计岗位和会计人员的团结合作;
会计人员的职业道德与法律责任	(1) 廉洁自律; (2) 诚实守信; (3) 懂法守法	(1) 严格遵守会计人员职业道德规范,不做假账; (2) 会计人员严格按照会计准则的要求处理业务,遵纪守法,具有良好的职业道德操守	(2) 自觉遵纪守法:学生在明确会计岗位承担相关法律责任的前提下,遵守职业道德;
会计法规体系与会计准则	(1) 坚持原则; (2) 诚实守信	严格按照会计准则核算	(3) 规范提供报表的能力:按照会计法规与会计准则规定提供会计信息

第一节 会计工作的组织形式

一、会计工作组织的概念及意义

会计工作组织就是对会计机构的设置、会计人员的配备、会计制度的制定与执行等各项工作所作的统筹安排。科学地组织会计工作,对完成会计任务、发挥会计在经济管理工作中的作用,具有重要意义。科学地组织会计工作,有利于保证会计工作的质量,提高会计工作的效率;有利于单位内部会计工作同其他经济管理工作更好地分工协作,相互配合;有利于从组织上保证贯彻执行国家经济工作的方针政策,以及财经制度、纪律、法令等,维护所有者的权益。

二、组织会计工作的要求

科学地组织会计工作,必须做到以下几点:

1. 会计工作的组织要在符合国家的统一规定和有关法规的基础上结合各单位生产经营管理的特点进行

各单位必须在国家统一领导下组织会计工作,按照国家统一规定的会计准则和会计制度,处理各单位的会计事项,使各单位会计工作置于国家各职能部门的领导和监督之下。这是做好会计工作的根本保证。

此外,各单位由于经济业务特点不同,在组织会计工作中还可结合各系统、各单位的实际情况,采取不同的组织方式。比如,各部门内部会计机构的设置、会计人员的多少及分工都可以根据需要灵活安排;至于会计核算形式、会计核算方法等,也可以根据各单位的具体情况来确定。

2. 会计工作的组织要有利于保证会计工作质量，简约高效

组织会计工作时，机构设置、职员配备等要精简、合理，会计核算形式也要力求简化，使会计工作的重点从单纯的事后算账转向以事前预测、控制为主，提高会计工作的质量。会计工作内部各环节之间以及会计与统计工作之间也要密切配合，有关指标的核算口径和有关凭证、账簿的设置等方面也应尽可能协调一致。

3. 会计工作的组织要有利于经济责任制的贯彻实行

经济责任制的核心是明确各级的责任，以责为中心，责、权、利相结合。在会计核算组织内部可以建立若干责任中心，实行责任会计，及时地记录、反映、分析和考核各责任中心的财务收支活动和经济效益，为正确处理各责任单位之间的利益关系提供可靠的依据。

三、会计工作的组织形式

会计工作的组织形式是指独立设置会计机构的单位内部组织和管理会计工作的具体形式，一般可分为集中核算与非集中核算两种。

1. 集中核算

集中核算是指会计主体的主要会计核算工作都集中在财务会计部门进行，单位其他部门及下属单位，只对该部门发生的经济业务，填制原始凭证或汇总原始凭证，送交会计部门，经会计部门审核后，据以编制记账凭证，登记账簿，编制财务报表。

实行集中核算组织形式的优点是：可以减少核算层次，便于会计部门及时、全面地掌握本单位的会计核算资料。其不足在于：不便于各部门和下属单位及时了解本部门、本单位的财务会计信息，不便于实行责任会计。

2. 非集中核算

非集中核算又称分散核算，是将会计工作分散在各有关部门进行，各会计部门负责本单位范围内的会计工作，单位内部会计部门以外的其他部门和下属单位，在会计部门的指导下，对发生在本部门或本单位的经济业务进行核算，最后由会计部门进行总分类核算和一部分明细分类核算，并编制对外财务报表。

这种核算工作组织形式的优点是：有利于各业务部门和单位及时掌握本部门或本单位的核算资料，便于进行日常考核和分析，便于实行责任会计。其不足在于：增加了核算层次，增大了核算工作量，还要多配备会计人员，会计工作成本相应增大。

一个单位是实行集中核算还是非集中核算，主要取决于企业规模大小、生产技术特点、所属单位独立的程度、会计人员的数量和质量等因素。一个单位也可以把两种形式结合起来，对一些部门、单位采用集中核算，对另一些业务采用非集中核算；或者对一些业务采用集中核算，对另一些业务采用非集中核算。但一般来说，无论采取哪种组织形式，企业对外的现金收支、银行存款往来、物资购销和债权债务结算都应由会计部门统一办理，集中核算。

第二节 会计机构

一、会计工作管理部门

《中华人民共和国会计法》规定，各级财政部门是会计工作的管理部门，国务院财政部门主管全国的会计工作，县级以上地方各级人民政府财政部门管理本行政区域内的会计工作。在财政部的统一领导下，地方各级财政部门实行分级管理，从而使各级单位的会计工作都纳入了统一的、有效的管理之中，这样有利于规范会计行为，保证会计信息质量。

二、会计机构的设置

会计机构是各单位组织管理本单位会计工作，办理会计事务的职能部门。建立健全会计机构，是做好会计工作、充分发挥会计职能作用的重要前提条件。

《中华人民共和国会计法》第三十六条第一款对会计机构和会计人员的设置作了如下规定："各单位应当根据会计业务的需要，设置会计机构，或者在有关机构中设置会计人员并指定会计主管人员；不具备设置条件的，应当委托经批准设立从事会计代理记账业务的中介机构代理记账。"这一规定包括以下三层含义：

1. 独立设置会计机构

单位规模较大、经济业务较多、财务收支量较大的单位，应独立设置会计机构，以保证会计工作的效率和会计信息的质量。一般来说，大中型企业和具有一定规模的行政事业单位及其他经济组织，为了及时组织本单位各项经济活动和财务收支的核算，实行有效的会计监督，都应独立设置会计机构，如会计（或财务）处、部、科、室、股、组等。

2. 在有关机构中配备会计人员并指定会计主管人员

不具备单独设置会计机构条件的单位，如财务收支数额不大，经济业务比较简单，规模很小的企业、事业、机关、团体单位和个体工商户等，可在单位内部与财务会计工作比较接近的有关机构或综合部门，如计划、统计、办公室等部门，配备专职会计人员，并指定对财务会计工作负责的会计主管人员。

3. 实行代理记账

那些不具备设置会计机构、配备会计人员条件的小型经济组织，可以实行代理记账，委托经批准设立的、从事会计咨询、服务的社会中介机构（如会计师事务所）代理记账。

三、会计工作的岗位责任制

（一）建立会计工作岗位责任制的意义

根据内部控制原理，进行适当的授权、分权，明确相关人员的权责利，是加强企业管理工作的一个重要内容。因此，为了做好会计工作，在独立设置的会计机构内部，应当按照工作内容，将单位全部会计工作划分为若干岗位，规定每个岗位的职责和权限，建立相应的责任制度。建立会计工作岗位责任制，有利于会计工作的程序化和规范化，做到职责清楚，纪律严明，有条不紊，提高效率。

（二）设置会计工作岗位的原则

1. 满足本单位会计业务的需要

各单位应根据所属行业的性质、自身的规模、业务内容和数量以及会计核算与管理的需求，设置相应的会计工作岗位。设置会计工作岗位，要使各个岗位职责分明，便于分工，一般不应出现职责交叉的现象。

2. 符合内部控制制度的要求

设置会计工作岗位时要符合内部控制制度的要求，不相容业务要相互分开。合理的岗位设置可降低舞弊行为发生的可能性。内部会计管理制度是内部控制制度的一项重要内容。其主要包括：分工明确，职责清楚，钱物分开，钱账分管。出纳人员不得兼管稽核、会计档案保管，以及收入、费用、债权债务账目的登记工作；出纳、会计不能一人兼任；出纳与财产物资保管不能一人兼任；采购人员不能兼做出纳或财产物资的保管工作。

另外，为了不断提高会计人员的业务素质，尽可能培养熟悉各方面业务的多面手，会计人员的工作岗位应当有计划地进行轮换、交流。

（三）企业主要会计工作岗位

1. 企业主要会计工作岗位的设置

企业一般可设置以下主要会计工作岗位：①会计机构负责人或会计主管岗位；②出纳岗位；③财产物资核算岗位；④工资核算岗位；⑤成本费用核算岗位；⑥资金核算岗位；⑦债权债务核算岗位；⑧总账与报表岗位；⑨稽核岗位；⑩档案管理岗位等。

这些岗位可以一人一岗，也可一人多岗或多人一岗。会计负责人应根据各岗位工作量与工作要求，根据会计人员的配备情况合理调配、安排。

2. 电算化环境下会计工作岗位的设置

在会计电算化环境下，岗位设置与传统的手工环境下的岗位设置有所不同。会计电算化岗位是指直接管理、操作、维护计算机及会计软件系统的岗位。会计电算化岗位的设置除要考虑会计工作规则外，还要受单位电算化系统模式、规模的制约。具体来说，比较完善的电算化会计系统应设置如下电算化岗位：

（1）系统管理员。系统管理员负责会计电算化过程中的管理及运行工作，要求具备会计和计算机知识，以及相关的会计电算化组织管理的经验。系统管理员可由会计主管兼任。采用中小型计算机和计算机网络会计软件的单位，必须设立此岗位。

（2）系统操作员。系统操作员必须具备会计知识及上机操作知识，达到会计电算化初级知识培训的水平。

（3）数据审核员。数据审核要求具备会计和计算机知识，由具有会计师以上职称的财会人员担任。

（4）系统维护员。系统维护负责计算机硬件、软件的正常运行，要求具备计算机和会计知识，经过会计电算化中级培训。采用大型、小型计算机和计算机网络会计软件的单位，应专门设立此岗位，由专职人员担任。

（5）会计档案管理员。会计档案管理员负责存档各类数据软盘、程序软盘、输出的账表和凭证，以及其他各种会计档案资料的保管，做好软盘、数据及资料的安全保密工作。

第三节 会计人员

一、会计人员应具备的基本条件

会计人员是指从事会计工作的专业技术人员。设置会计机构之后，配备适当的会计人员，是做好会计工作的决定性因素。会计人员在实际工作中，一方面要做好本单位的会计工作；另一方面要严格执行国家的财经方针、政策，对本单位的经济活动、财务收支实行会计监督。因此，会计人员既要具有较高的政治素质，又要求具有较高的业务素质。会计人员应具备的基本条件如下：

（一）具备必要的专业知识和专业技能

会计工作是一项技术性很强的工作。各个会计岗位对专业知识和专业技能的要求有所不同。我国对不同专业水平的会计人员设立了不同的专业技术职务。会计专业技术职务分为高级会计师、会计师、助理会计师、会计员。高级会计师是高级职务，会计师是中级职务，助理会计师为初级职务，会计员是持有会计资格证的人员。会计师、助理会计师、会计员职务的取得采用考试形式，高级会计师职务的取得采用评审结合的方式。

（1）报名参加会计专业技术资格考试的人员，应具备下列基本条件：

①坚持原则，具有良好的职业道德品质。

②认真执行《中华人民共和国会计法》和国家统一的会计制度，以及有关的财经法律、法规、规章制度，无严重违反财经纪律的行为。

③履行岗位职责，热爱本职工作。

（2）报名参加会计专业技术初级资格考试的人员，除应具备上述基本条件外，还必须具有教育部门认可的高中以上学历。

（3）报名参加会计专业技术中级资格考试的人员，除应具备上述基本条件外，还必须具备下列条件之一：

①取得大学专科学历，从事会计工作满五年。

②取得大学本科学历，从事会计工作满四年。

③取得双学士学位或研究生班毕业，从事会计工作满两年。

④取得硕士学位，从事会计工作满一年。

⑤取得博士学位。

（4）对通过全国统一考试，取得经济、统计、审计专业技术中、初级资格的人员，并具备上文所规定的基本条件，均可报名参加相应级别的会计专业技术资格考试。

（5）取得会计专业高级会计师资格的条件如下：

①资格标准。系统掌握会计理论知识和相关专业知识，基本了解国内外财会理论研究最新动态；熟悉会计及相关的法律、法规，具有较高的政策水平；有制定行业财会制度，主持一个地区、一个行业或一个大中型企业或事业单位会计工作的经历；具有丰富的实务工作经验，精通业务，有解决实际工作中复杂的会计问题的能力，参与本行业或单位管理决策，取得显著的成绩；有较强的会计理论水平，公开发表、出版

有较高水平的论文、著作；有培养会计专业技术人员和指导会计师工作的能力；有运用外语获取信息以及运用计算机处理有关信息的能力；具有良好的职业道德和敬业精神。

②学历、资历要求。必须具备下列条件之一：

博士研究生学历（博士学位），取得会计师资格后，从事本专业技术工作两年以上。

硕士研究生学历（硕士学位），取得会计师资格后，从事本专业技术工作四年以上。

大学本科学历（学士学位），取得会计师资格后，从事本专业技术工作五年以上；或者取得会计师资格后四年以上，且在大、中型企业的财务会计岗位担任主管职务两年以上。

取得大学专科学历后从事本专业技术工作十五年（或取得大学专科学历且累计从事本专业技术工作二十年）以上，取得会计师资格后，从事本专业技术工作五年以上。

省（部）级科技进步奖三等奖（及相应奖项）以上获奖项目的主要完成人（以个人奖励证书为准）；或获市级以上有突出贡献的中青年专家称号。

（二）按照规定参加会计业务培训，接受继续教育

《中华人民共和国会计法》规定，对会计人员的教育和培训工作应当加强。随着社会经济的快速发展，会计工作面临的新情况、新问题层出不穷，会计人员必须不断更新知识，才能应对日益复杂的工作局面。因此，要求会计人员每年必须完成规定培训学时，无正当理由未完成的，予以警告。

（三）注册会计师考试

1. 我国的注册会计师考试

注册会计师是指依法取得注册会计师专业证书并接受委托从事审计和会计咨询、会计服务业务的人员。注册会计师考试实际上是一项执业资格考试。《中华人民共和国注册会计师法》规定，具有高等专科以上学历，或者具有会计或相关专业中级以上技术职称的人，可以报名参加注册会计师全国统一考试。按照规定，考试成绩合格者，颁发由全国注册会计师考试委员会统一印制的全科合格证书，并可申请加入中国注册会计师协会，完成后续教育，成绩长期有效；否则，其全科合格成绩仅在自取得全科合格证书后的五年内有效。

我国从 1991 年开始实行注册会计师全国统一考试制度，1993 年起每年举行一次。注册会计师考试分为两个阶段。第一阶段，即专业阶段，主要测试考生是否具备注册会计师执业所需的专业知识，是否掌握基本技能和职业道德要求。第二阶段，即综合阶段，主要测试考生是否具备在注册会计师执业环境中运用专业知识，保持职业价值观、职业态度与职业道德，有效解决实务问题的能力。考生在通过第一阶段的全部考试科目后，才能参加第二阶段的考试。两个阶段的考试，每年各举行一次。基于第二阶段的考试侧重于考查考生的胜任能力，建议考生在参加第二阶段考试前注意积累必要的实务经验。第一阶段的单科合格成绩五年有效。对在连续五年内取得第一阶段六个科目合格成绩的考生，发放专业阶段合格证。第二阶段考试科目应在取得专业阶段合格证后五年内完成。对取得第二阶段考试合格成绩的考生，发放全科合格证。

注册会计师考试一般由各地财政部门组织，考生可以直接咨询当地财政部门，报

名时间一般安排在当年的 4—5 月份，专业阶段考试可以同时报考 6 个科目，也可以选择报考部分科目。

2. 世界各国注册会计师考试简介

美国纽约州从 1896 年开始，便以考试的方式来测试会计师的资格。随后美国各州亦立法要求以通过考试的方式取得会计师资格。从 1917 年开始，美国会计师协会（American Institute of Certified Public Accountants，AICPA）开始提供统一会计师考试（Uniform CPA Examination），以作为各州核发会计师执照的评量工具。美国会计师（USCPA）考试可以算是会计专业考试的始祖。目前全美共有超过 40 万人取得 USCPA 资格而担任执业会计师或在产业界服务。由于国际高度认可，全球每年约有 12 万人报考。

英国特许公认会计师公会（ACCA）是当今世界上规模最大、发展最快的全球性专业会计师组织，目前在全球 170 多个国家和地区拥有 32.6 万多名学员和 12.2 万多名会员。ACCA 的宗旨是为那些愿意在财会、金融和管理领域一展宏图的能人志士，在其职业生涯的全程提供高质量的专业机会。

在日本，要想获得注册会计师资格必须通过高难度的考试。考试的特点是：①考试分三步（项）进行；②任何人都可以参加第一次考试，这为自学成才的人打开了方便之门；③对过去的注册会计师进行特别考试。三次考试的内容是：第一次考试的目的为判断是否具有参加第二次考试的学历，对考试资格没有特别规定，主要是文化考试，科目为国语、数学和论文。三次考试合格，参加一定时间的实际工作，经注册会计师审查委员会审查通过，并报大藏省以后，方可注册登记。

二、会计职业道德

会计职业道德是会计人员进行会计工作所应遵循的、与会计职业活动密切联系的、具有会计职业特征的道德规范与行为准则。会计人员在会计工作中应当遵守职业道德，具备良好的职业品质，严守工作纪律，努力提高工作效率和工作质量。

会计人员是企业会计工作的主要承担者。企业应加强会计职业道德建设，加强宣传教育，健全监督机制。会计人员应做到：爱岗敬业，忠于职守；熟悉法规，依法办事；实事求是，客观公正；廉洁奉公，不牟私利；精通业务，自强不息；改革创新，搞好服务；保守秘密。

会计职业道德的检查考核部门是财政部门、业务主管部门和各个会计主体单位。会计人员违反职业道德，由所在单位进行处罚。

建立一支适应经济发展需要的高素质的会计队伍，加强会计职业道德教育势在必行。加强会计职业道德建设不仅要靠宣传教育和会计人员的自律，还应不断完善现有的法律法规体系，健全内部和外部监督机制。

三、会计人员承担的法律责任

会计人员在会计核算工作中要承担一定的法律责任。

（1）《中华人民共和国会计法》第四十条规定：因有提供虚假财务会计报告，做假账，隐匿或者故意销毁会计凭证、会计账簿、财务会计报告，贪污，挪用公款，职务侵占等与会计职务有关的违法行为被依法追究刑事责任的人员，不得取得或者重新取得会计从业资格证书。

除前款规定的人员外，因违法违纪行为被吊销会计从业资格证书的人员，自被吊销会计从业资格证书之日起五年内，不得重新取得会计从业资格证书。

（2）《中华人民共和国会计法》第四十二条规定，违反本法规定，有下列行为之一的，由县级以上人民政府财政部门责令限期改正，可以对单位并处三千元以上五万元以下的罚款；对其直接负责的主管人员和其他直接责任人员，可以处二千元以上二万元以下的罚款；属于国家工作人员的，还应当由其所在单位或者有关单位依法给予行政处分：

①不依法设置会计账簿的；

②私设会计账簿的；

③未按照规定填制、取得原始凭证或者填制、取得的原始凭证不符合规定的；

④以未经审核的会计凭证为依据登记会计账簿或者登记会计账簿不符合规定的；

⑤随意变更会计处理方法的；

⑥向不同的会计资料使用者提供的财务会计报告编制依据不一致的；

⑦未按照规定使用会计记录文字或者记账本位币的；

⑧未按照规定保管会计资料，致使会计资料毁损、灭失的；

⑨未按照规定建立并实施单位内部会计监督制度或者拒绝依法实施的监督或者不如实提供有关会计资料及有关情况的；

⑩任用会计人员不符合本法规定的。

有前款所列行为之一，构成犯罪的，依法追究刑事责任。

会计人员有第一款所列行为之一，情节严重的，由县级以上人民政府财政部门吊销会计从业资格证书。

有关法律对第一款所列行为的处罚另有规定的，依照有关法律的规定办理。

（3）《中华人民共和国会计法》第四十三条规定，伪造、变造会计凭证、会计账簿，编制虚假财务会计报告，构成犯罪的，依法追究刑事责任。

有前款行为，尚不构成犯罪的，由县级以上人民政府财政部门予以通报，可以对单位并处五千元以上十万元以下的罚款；对其直接负责的主管人员和其他直接责任人员，可以处三千元以上五万元以下的罚款；属于国家工作人员的，还应当由其所在单位或者有关单位依法给予撤职直至开除的行政处分；其中的会计人员，五年内不得从事会计工作。

（4）《中华人民共和国会计法》第四十四条规定，隐匿或者故意销毁依法应当保存的会计凭证、会计账簿、财务会计报告，构成犯罪的，依法追究刑事责任。

有前款行为，尚不构成犯罪的，由县级以上人民政府财政部门予以通报，可以对单位并处五千元以上十万元以下的罚款；对其直接负责的主管人员和其他直接责任人员，可以处三千元以上五万元以下的罚款；属于国家工作人员的，还应当由其所在单位或者有关单位依法给予撤职直至开除的行政处分；其中的会计人员，五年内不得从事会计工作。

第四节 会计法规

一、会计法规体系

会计法规是指组织会计工作、处理会计实务应遵循的有关法律、规章、制度的总称。健全完善的会计法规应由一系列法律、制度、规章所组成，应成为一个体系。我国的会计法规体系包括会计法、会计行政规章、会计准则和会计制度四个层次。

会计法是从事会计工作的根本大法，是各单位会计行为的最高准则。会计行政规章是国务院根据会计法颁布的关于会计管理的法规性文件。会计准则是进行会计工作的规范，是处理会计事务的准绳。它是根据会计法和会计行政规章制定的，它包括基本准则和具体准则两部分，而基本准则又对具体准则起指导作用。根据基本准则和具体准则，制定会计制度，这是对处理会计实际工作所做的具体规定。

二、会计法

《中华人民共和国会计法》（以下简称《会计法》）是 1985 年 1 月 21 日经第六届全国人民代表大会常务委员会第九次会议通过，并于同年 5 月 1 日开始实施的。1993年 12 月 29 日第八届全国人民代表大会常务委员会第五次会议修改并重新颁布。1999年 10 月 31 日全国人民代表大会常务委员会第十二次会议再次对《会计法》进行了修订，这标志着我国会计工作法制化进入了一个重要阶段。

2017 年 11 月 4 日，《会计法》进行了第三次修订，此次修订涉及的内容全面，体现的理念新颖，反映了会计环境的变化和实践创新，对提高会计质量、促进会计行业健康发展具有重要的促进意义。

2017 年的会计法主要从下列方面进行了修订：（1）强调了从事会计工作的人员应具备所需要的专业能力。（2）担任单位会计机构负责人（会计主管人员），应当具备会计师以上专业技术职务资格或者从事会计工作三年以上经历。（3）因有提供虚假财务会计报告，做假账，隐匿或者故意销毁会计凭证、会计账簿、财务会计报告，贪污，挪用公款，职务侵占等与会计职务有关的违法行为被依法追究刑事责任的人员，不得再从事会计工作。

新修订的会计法旨在进一步完善我国会计制度，规范企业经营行为，提高财务信息透明度，增强金融市场稳定性。新修订的会计法增加了对企业财务报告真实性和准确性的监管力度，加大了对虚假财务报告行为的打击力度。（2）加强企业的信息披露。新修订的会计法要求企业按照相关规定及时、准确地披露财务信息。以提高投资者对企业情况的了解程度。（3）推动会计的国际化标准：新修订的会计法要求企业按照国际会计准则进行财务报告编制，这有助于提高我国企业与国际接轨的能力。

会计行政规章主要指的是由国务院依据《会计法》颁布的一些指导会计管理工作的重要法规性文件，如《总会计师条例》《企业财务会计报告条例》《会计档案管理办法》等。

三、会计准则

会计准则是会计人员从事会计工作的规则和指南。按其使用单位的经营性质，会计准则可分为营利组织的会计准则和非营利组织的会计准则。按其所起的作用，企业准则可分为基本准则和具体准则。

（1）企业会计准则。我国的企业会计准则体系包括基本准则、具体准则、应用指南和解释公告等。

2006年2月15日颁发了38项具体准则，形成了企业会计准则体系。新企业会计准则自2007年1月1日在上市公司施行，并逐步扩大实施范围。这些具体准则的颁布和实施，规范了中国会计实务的核算，大大提高了中国上市公司的会计信息质量和企业财务状况的透明度，为企业经营机制的转换和证券市场的发展、国际间经济技术交流起到了积极的推动作用。

2006年2月颁布的新会计准则，包括1个基本准则、38个具体准则。这38个具体准则又可以分为五个方面：①通用业务准则（准则1~23）；②特殊业务准则（准则24~26）；③特殊行业准则（准则27）；④财务报告准则（准则28~37）；⑤新旧衔接准则（准则38）。2006年10月30日发布的准则指南，包括了两套会计科目和财务报表，分别规范金融企业和非金融企业的账务处理。

2007年1月1日，上市公司开始执行新会计准则，其他大中型企业鼓励执行；自2009年起，所有大中型企业全面执行。小企业依然执行《小企业会计制度》。通过新会计准则的颁布实施，基本构建起一套完整的概念框架体系，基本统一了我国会计规范的法律形式。

为了适应社会主义市场经济发展的需要，规范企业公允价值计量和披露，提高会计信息质量，根据《企业会计准则——基本准则》，财政部先后修订发布了长期股权投资、职工薪酬、财务报表列报、合并财务报表、金融工具列报共5项准则，于2014年制定发布了《企业会计准则第39号——公允价值计量》等4项准则，要求自2014年7月1日起在所有执行企业会计准则的企业范围内陆续施行，鼓励在境外上市的企业提前执行。通过对准则的颁布和修订，我国企业会计准则在实践中得以逐步完善。

随着市场经济的日益发展及交易事项的日趋复杂，国际会计准则相关内容进行了修订，因此，我国的相关会计准则为了准确核算业务的需要，并与国际会计准则趋于一致，财政部2017年对收入准则、金融工具确认和计量准则、金融工具列报准则、政府补助准则、金融资产转移准则、套期会计准则进行了修订，2018年12月对租赁准则进行了修订，2019年对非货币性资产交换准则与债务重组准则进行了修订。

（2）小企业会计准则：2011年10月，财政部发布了《小企业会计准则》，自2013年1月1日起执行。《小企业会计准则》分总则、资产、负债、所有者权益、收入、费用、利润及利润分配、外币业务、财务报表、附则10章90条。小企业一般是指规模较小或处于创业和成长阶段的企业，包括规模在规定标准以下的法人企业和自然人企业。《小企业会计准则》的出台在很大程度上改变了《小企业会计制度》的内容，其在制定方式上借鉴了《企业会计准则》，在核算方法上又兼具小企业自身的特色，尤其在税收规范上，采取了和税法更为趋同的计量规则，大大简化了会计准则与税法的协调。

（3）政府会计准则。政府会计准则由政府会计基本准则、具体准则和应用指南三部分组成。为了适应权责发生制政府综合财务报告制度改革需要，规范政府存货、投资、固定资产和无形资产的会计核算，提高会计信息质量，《政府会计准则——基本准则》、《政府会计准则第 1 号——存货》、《政府会计准则第 2 号——投资》、《政府会计准则第 3 号——固定资产》和《政府会计准则第 4 号——无形资产》，自 2017 年 1 月 1 日起施行。

（4）事业单位会计准则。2012 年 12 月，财政部修订发布了《事业单位会计准则》，自 2013 年 1 月 1 日起在各类事业单位施行。为促进事业单位加强成本核算工作，提升单位内部管理水平和运行效率，夯实绩效管理基础，财政部于 2019 年 12 月发布了《事业单位成本核算基本指引》。

四、会计制度

会计制度是进行会计工作所应遵循的规则、方法、程序的总称。国家统一的会计制度是指国务院财政部门（即财政部）根据《会计法》制定的关于会计核算、会计监督、会计机构和会计人员以及会计工作管理的制度。

根据《会计法》的规定，我国的会计制度，由国务院所属财政部制定；各省、自治区、直辖市以及国务院业务主管部门，在与《会计法》和国家统一会计制度不相抵触的前提下，可以制定本地区、本部门的会计制度或者补充规定。

会计制度是进行会计工作、处理会计事务的具体办法和规定，一般包括会计科目的设置、核算内容和核算方法，以及财务报表的格式及填报方法等。会计制度是在《会计法》和会计准则的指导下制定的。我国新修订的《会计法》规定"国家实行统一的会计制度"，并明确规定"国家统一的会计制度由国务院财政部门根据本法制定并公布"。《会计法》同时规定："国务院有关部门可以依照本法和国家统一的会计制度制定对会计核算和会计监督有特殊要求的行业实施国家统一的会计制度的具体办法或者补充规定，报国务院财政部门审核批准。"这些规定明确了我国实行集中统一的会计制度，是符合我国国情的。

【本章小结】

会计工作组织是对会计机构的设置、会计人员的配备、会计制度的制定与执行等各项工作所作的统筹安排，其组织形式可分为集中核算和非集中核算两种。会计机构是各单位组织管理本单位会计工作，办理会计事务的职能部门。会计人员是从事会计工作的专业技术人员，其进行会计工作时应遵循相关的职业道德规范。我国的会计法规体系包括会计法、会计行政规章、会计准则和会计制度四个层次。

【阅读材料】

会计：一门科学还是艺术？

会计究竟是什么？在 20 世纪 50 年代，美国流行的观点是把会计视为一种"艺术（art）"。例如，美国注册会计师协会（AICPA）所属名词委员会 1953 年 8 月发表的第 1 号"会计名词公报"（ATB NO.1）中指出："会计是对经济活动中的财务方面进行确认、记录、分类、汇总、报告和解释的一种艺术。"美国会计学家詹姆士·库莱瑟（J.

Cullather）于 1959 年提出："会计是一种实践性艺术（practical art），因为会计主要依据执行者的个人判断和解释。"另一位会计学家罗伯特·斯特林（Robert Sterling）于 1979 年指出："会计作为科学的要求是对所观察事物或现象的描述和计量达到较高水平的相同性。然而，在现实的会计实务中，不同的计量方法（如存货计价、固定资产折旧、费用摊销等）并用，而且对这些方法的选择带有较大的主观判断，其客观性程度较低。因为现行实务中会计更趋向于一种艺术而非科学。"

但是，有一些西方会计学者认为："不能因为会计事务中需要应用执行者的判断或选择，或者会计计量程序相对不够严谨而否定会计的科学性。"沃克等人认为，纵使在自然科学中，人们往往也不可能对所观察或计量的事物获得统一的量化结论，而且无论是在自然科学或社会科学中，即使应用了非常严谨的数理模型和精确的计算，对其计量结果的解释仍然需要应用判断或者存在不同的理解。所以沃克认为，尽管会计计量的精确性和严谨性不及其他科学分支，但其仍不失为一门科学。关键在于，会计应通过改进计量程序和方法增进其科学性。

事实上，将会计称为一门艺术，是会计本身的不确定性所造成的。同一企业的经济业务或会计事项，运用不同的计量方法，或由不同的会计师进行计量，所产生的结果往往不一致。尽管会计信息的质量特征要求具有可证实性，但事实上，会计方法的可选择性会使描述或计量的结果具有相当的模糊性。而将会计看成一门科学，是由于会计信息的质量特征即真实性、全面性、可比性、相关性、有用性和时效性，决定了会计是强调精确的科学，尤其是利用先进的科学技术手段对会计对象进行定量分析，使会计信息更加精确。

关于会计是一门科学还是艺术的讨论对西方会计理论和实务产生了积极的影响。相对而言，如果把会计视为一门艺术，则必然强调会计执业人员的判断和创意而非执行既定的规则；如果坚持会计属于一门科学，则要讲求如何限制不同会计计量方法程序的判断取舍范围，不断增进会计计量和报告的可比性。从西方会计实务的发展来看，认为"会计是一门艺术"的观点在 20 世纪 70 年代前占据主导地位，在会计实务中允许有较大的"职业性判断"空间；但是 20 世纪 70 年代之后，认为"会计是一门科学"的观点逐渐具有支配性的影响，如 20 世纪 80 年代以来，西方各国对会计准则的制定或普及，20 世纪 80 年代末开始的国际会计准则"可比性改进项目"，直至 20 世纪 90 年代后期推行的"高质量会计准则"（high quality accounting standards）等，旨在加强对会计实务的人为判断取舍，提高会计方法程序的可比性和会计信息的可靠性，这些都有助于提高会计的科学性。

资料来源：毛洪涛. 会计学原理［M］. 北京：清华大学出版社，2012：22-23.

第十二章

会计电算化与会计信息化基础

【结构框架】

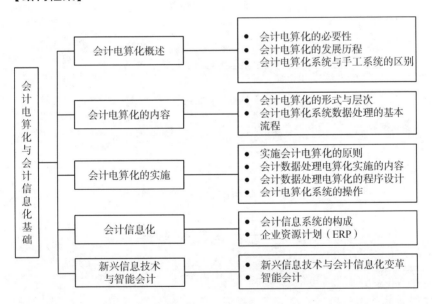

会计电算化与会计信息化基础
- 会计电算化概述
  - 会计电算化的必要性
  - 会计电算化的发展历程
  - 会计电算化系统与手工系统的区别
- 会计电算化的内容
  - 会计电算化的形式与层次
  - 会计电算化系统数据处理的基本流程
- 会计电算化的实施
  - 实施会计电算化的原则
  - 会计数据处理电算化实施的内容
  - 会计数据处理电算化的程序设计
  - 会计电算化系统的操作
- 会计信息化
  - 会计信息系统的构成
  - 企业资源计划（ERP）
- 新兴信息技术与智能会计
  - 新兴信息技术与会计信息化变革
  - 智能会计

【学习目标】

通过本章的学习，学生需要对会计电算化与会计信息化常识有一个基本的了解与认识；初步了解会计电算化的发展历程，理解会计电算化系统与手工系统的区别；了解会计电算化系统数据处理的基本流程、会计数据处理电算化程序设计以及会计电算化系统的操作；了解会计信息系统的构成以及企业资源计划的功能和构成。

【课程思政】

知识点	思政元素挖掘	思政元素浅析	综合能力提升引导
会计电算化	(1) 中国改革开放史与伟大改革开放精神； (2) 创新精神	(1) 会计电算化发展历史与中国改革开放历史同步，穿插讲解伟大改革开放精神； (2) 会计电算化发展体现出会计信息化和智能化，体现出融合信息技术不断创新的精神	(1) 培养学生的动手实践能力，学习会计电算化系统的实际上机操作；
会计信息化	(1) 马克思主义系统观； (2) 会计信息化软件厂商的企业家精神与中国民族企业的责任担当	(1) ERP是企业整体资源计划系统，体现了企业管理中的系统观念，穿插讲解马克思主义的系统观； (2) 用友和金蝶都是会计信息化商品化软件的知名供应商，其创始人的企业家精神和作为民族企业的责任担当值得同学们学习	(2) 培养学生的运用新兴信息技术开展创新创业的能力；
智能会计	(1) 发展数字经济是国家战略； (2) 会计人员职业道德规范教育	(1) 党的十八大以来，我国高度重视发展数字经济，将其上升为国家战略； (2)《会计人员职业道德规范》第三条是"坚持学习，守正创新"，要求会计人员积极学习智能会计新应用	(3) 培养学生对现实问题的分析能力和对国家重大发展战略的认识能力

第一节　会计电算化概述

一、会计电算化的必要性

21世纪是人类社会向信息化社会全面迈进的时代。在我国，信息化已经成为推动经济社会发展的既定国策之一。从基础的技术创新角度理解，信息化首先是以信息资源开发利用为核心，以网络和通信等新技术为依托的一种新技术扩散过程。从更深层次分析，信息化也带来了经济社会组织结构、制度规则和思维文化等全方位的变革与创新。

"信息系统论"认为，会计是一个信息系统，通过会计数据的收集、加工、存储、输送及利用，对企业经济活动进行有效的控制；通过计量、分类和汇总，将多种多样的和大量重复的经济数据浓缩为比较集中的、高度重要的和相互联系的指标体系，以供各方面人员使用。在人类社会步入信息化阶段的过程中，会计信息系统也必然进入信息化时代。具体而言，我们可以从信息增长本身的特点以及经营管理需求的变化两个方面来理解。

1. 会计信息大量性与时效性要求会计数据处理必须电算化

根据相关资料统计，大约生产每增长 1 倍，信息和数据处理量就相应增长 3 倍，即在现代社会中信息量的增长与生产量的增长成正比关系，会计信息也是如此。面对不断增长的会计信息和数据处理工作量，传统的手工会计处理方式已难以胜任，要实现会计数据处理高效率、高质量和实时化，就必须实施会计电算化。

2. 企业管理工作的预测性和决策性要求会计数据处理必须电算化

现代企业管理理论认为，管理的重心在经营，经营的重心在决策。企业为了寻求外部环境、内部条件与经营目标之间的动态平衡，为了提高应变能力和竞争能力，必须对一定时期的生产经营活动进行预测和多方案评价。这种预测性和决策性的管理特征就需要海量数据、实时数据和更复杂的决策模型工具来支撑，就要求会计信息系统转向会计电算化系统来提供支持。

3. 会计电算化可以推动会计工作各个方面发生深刻变化

第一，会计电算化中大量的数据计算、分类、归集、汇总和分析等工作全部由计算机完成，可以降低会计人员的劳动强度，提高会计工作效率；第二，会计软件的技术控制促进会计工作更加规范，也提高了会计工作的质量；第三，实现会计电算化后，会计人员可以从繁杂的基础和重复性事务中解放出来，使他们把主要精力用于经济活动的分析、预测和决策支持上，促进会计工作职能的转变，提高企业管理水平；第四，会计电算化不仅对会计工作人员的工作素质提出了更高要求，也产生了新的技术问题，例如电算化后的会计流程再造、内部控制和审计方法等，这也会促进会计理论研究和实务的发展，促进会计制度的变革；第五，企业会计电算化的发展将为社会整体的管理工作现代化和信息化奠定基础。

二、会计电算化的发展历程

会计电算化是以电子计算机和网络技术为主，将现代信息技术和管理信息系统技术应用到会计的简称，是对手工会计流程和职能的重构，提升了会计信息处理的及时性、精确性、集成性和共享性。其发展过程与电子计算机技术、管理信息系统的发展紧密相关。1954 年 10 月，美国通用电气公司第一次用计算机来计算职工的工资，标志着会计电算化的产生。1978 年前后，我国财政部拨款 500 万元在长春第一汽车制造厂（以下简称"长春一汽"）试点开展会计电算化工作，具体由在中国人民大学和财政科学研究院任教的王景新教授主持。1981 年 8 月，在我国财政部、机械工业部和中国会计学会的支持下，在长春一汽召开了财务、会计、成本核算管理中应用电子计算机专题学术讨论会，正式把电子计算机在会计中的应用简称为"会计电算化"，这标志着我国会计电算化的起步。会计电算化的含义也得到进一步的引申和发展，广义上涵盖了会计电子化及其相关工作，并逐渐演变为"会计信息化"概念。会计电算化在我国的发展经历了如下几个阶段：

1. 自行研发和自行应用的 10 年（1978—1987 年）

这个阶段以部分企业自行开发和应用会计电算化为特征，而且由于处于初始阶段，会计电算化以单项应用为主，最为普遍的就是工资核算的电算化。1983 年，国务院成立了电子振兴领导小组（后改为电子信息系统推广应用领导小组），在全国掀起了计算机应用的热潮，会计电算化也有了较快的发展。1988 年，财政部作了一个较详细的调查，结果显示全国有 14%的单位开展了会计电算化工作。其中按照使用的单项数目统计，已开发 1~2 个单项应用的占 73.54%，3~4 个单项应用的占 19.01%，5 个以上单项应用的占 7.45%；按照应用的项目统计，开发最多的项目仍然是工资核算，占58.52%，其次是报表编制，占 31.41%，再次为账务处理，占 23.79%。单项应用的一个最大缺点是低水平重复开发，同时形成会计系统内的信息交换障碍。总之，这个时期的电算化系统只是对手工系统核算的简单模仿，众多企业各自为政，存在着编码不统一、核算不规范、程序简单等问题。

2. 商品化财务软件大发展的 10 年（1988—1997 年）

1989 年 12 月，财政部发布了《会计核算软件管理的几项规定（试行）》，明确了以财政部为中心的组织开发与推广会计软件的会计电算化宏观管理体系，推动了会计电算化软件开发向通用化、规范化、专业化和商品化发展。在该阶段，许多商品化核算软件专业开发单位和部门相继成立，如先锋、万能、安易软件品牌发展，王文京创立"用友"财务软件，徐少春创立"金蝶"财务软件。1994 年 6 月，财政部相继颁发了《会计电算化管理办法》《商品化会计核算软件评审规则》《会计核算软件基本功能规范》《关于大力发展我国会计电算化事业的意见》等法规和通知，标志着我国会计电算化事业进入法制化阶段。

该阶段与前一阶段相比，实现了会计电算化系统内部的信息一体化，即不同会计模块（账务、报表、工资等）在商品化软件中实现了信息共享和协同。但是依然存在不足，就是该阶段的会计电算化系统主要是手工会计系统的翻版，没有与企业的整体信息系统——管理信息系统有效整合，形成了会计信息的"孤岛"。

3. 会计电算化与企业管理信息系统融合（1998—2010 年）

在企业管理信息系统发展的过程中，人们逐渐把生产、财务、销售、工程技术、采购等各个企业内部子系统集成为一个一体化的系统，并称之为制造资源计划系统（Manufacturing Resource Planning）。为了与物流需求计划（亦缩写为 MRP）相区别，将制造资源计划系统记为 MRP II。随着市场竞争的进一步加剧，企业竞争空间与范围的进一步扩大，MRP II 逐渐向 ERP（Enterprise Resource Planning）——企业资源计划发展。如果说 MRP II 主要侧重对企业内部人、财、物等资源的管理，那么 ERP 系统就是在 MRP II 的基础上把客户需求和企业内部的制造活动和供应商的制造资源整合在一起，形成一个完整的供应链，并对供应链上所有环节如订单、采购、库存、计划、生产制造、质量控制、运输、分销、服务与维护、财务管理、人事管理、实验室管理、项目管理、配方管理等进行有效管理。

在这样的管理发展背景下，商品化会计核算软件开发让位于企业 ERP 一体化软件开发。会计电算化开始纳入企业整体信息化的有机组成部分，成为其中的一个子系统，实现了会计信息与企业经济业务的整合。如用友公司推出 UF-ERP 系列软件，金蝶公司推出 K/3-ERP 软件，ERP 软件和概念在我国也真正开始流行。

在该阶段，会计电算化作为企业管理信息系统的子系统，与其他子系统之间实现了信息交换，解决了信息"孤岛"问题，达到了管理一体化效果。2004 年，国家标准委员会发布了 GB/T 19581-2004《信息技术会计核算软件数据接口》标准。这个标准的贯彻执行，有效解决了各种会计软件之间及其与其他相关软件之间的数据交换问题，为管理一体化创造了条件。但是，由于 ERP 系统十分庞大，企业实施这样的系统成本高昂、时间持久，往往要求企业的管理水平较高，甚至会出现 ERP 软件实施失败的案例。在这一阶段，企业会计电算化的科学实施变得十分重要。

在这十年中，如果说企业内部的会计电算化以 ERP 一体化发展为特征，那么企业间的会计电算化发展还要涉及 XBRL 概念。XBRL（eXtensible Business Reporting Language）直译为"可扩展商业语言报告"，是一种财务报告电子语言，通过对有关财务信息内容增加标记的方法，提供一种编制、发布公司财务报告和其他信息的标准化方法，是一个开放的、平台独立的、具有国际标准的数据描述语言。XBRL 的主要作用在于将财务和商业数据电子化，促进了财务和商业信息的显示、分析和传递，并不取代会计准则和财务报告。企业应用 XBRL 的优势主要有：①提供更为精确的财务报告与更具可信度和相关性的信息；②降低数据采集成本，提高数据流转及交换效率；③帮助数据使用者更快捷方便地调用、读取和分析数据；④使财务数据具有更广泛的可比性；⑤提高资料在未来的可读性与可维护性；⑥适应变化的会计准则制度的要求。

我国的 XBRL 发展始于证券领域。2003 年 11 月上海证券交易所率先实施基于 XBRL 的上市公司信息披露标准；2005 年 1 月，深圳证券交易所颁布了 1.0 版本的 XBRL 报送系统；2005 年 4 月和 2006 年 3 月，上海证券交易所和深圳证券交易所先后加入了 XBRL 国际组织；2008 年 11 月，XBRL 中国地区组织成立；2009 年 4 月，财政部在《关于全面推进我国会计信息化工作的指导意见》中将 XBRL 纳入会计信息化标准；财政部于 2009 年 11 月就"中国 XBRL 分类标准架构规范""中国 XBRL 分类标准基础技术规范""财会信息资源核心元数据标准"三个规范标准征求意见，2010 年 1 月就"XBRL 年度财务报告披露模板（征求意见稿）"征求意见；2010 年 10 月 19 日，国家标准化管理委员会和财政部颁布了可扩展商业报告语言（XBRL）技术规范系列国家标准和企业会计准则通用分类标准。在未来一段时间，开发出适用于大型、中型、小型企业的不同类型的 XBRL 财务报告自动生成系统是大势所趋。

4. 会计电算化向标准化和国际化迈进（2011—2020 年）

在这个阶段，我国的会计电算化软件企业逐渐走出国门，与国际化会计电算化软件产业开展竞争与合作，如以 SAP、ORACLE 为首的国际管理软件公司。从国际视野看，我国的会计电算化工作已进入参与国际竞争的高级阶段。从国内视野看，我国会计电算化工作进入"会计信息化"阶段，向更高层次的管理决策信息化扩展。财政部于 2013 年发布《企业会计信息化工作规范》，废止了 1994 年前后颁布的《会计电算化管理办法》等文件，2014 年 10 月 27 日《财政部关于全面推进管理会计体系建设的指导意见》发布，提出推进面向管理会计的信息系统建设。

这一阶段我国的会计电算化发展呈现出以下特点：①进一步向"价值链一体化"方向扩展，不仅企业内部的人财物、供产销实现集成化管理，而且处于同一价值链上的多个企业或企业集团也出现信息集成化趋势。②单位会计电算化与行业会计电算化相互渗透、相互促进，单位会计电算化是行业会计电算化的基础。经过多年的发展，基层单位会计电算化水平已经大大提高，如今行业内数据大集中、软件大统一成为必然趋势。③会计软件技术呈现跨平台、多种应用系统数据交换、高度集成趋势。跨平台和多种应用系统是指同一套会计电算化系统程序编码可以在多种硬件平台、操作系统和各种应用软件系统上运行，保证企业间数据交换；而系统高度集成是指进入系统的数据能够根据事先的设定以及管理工作的内在规律和内在联系，传递到相关的功能模块中，达到数据处理自动智能、高度共享和高度集成。例如，软件供应商开始在会计软件中集成可扩展商业报告语言（XBRL）功能，便于企业生成符合国家统一标准的XBRL 财务报告。④会计电算化应用不仅推动管理实践持续改进，也导致会计理论向信息化变革，导致会计理论和流程出现再造甚至颠覆性革命。

尤其值得一提的是，大数据和云计算的发展在这一时期给会计电算化带来新的机遇和挑战。2013 年 5 月以"云计算大数据影响会计信息化，进而影响公司治理结构"为主题的中国会计学会第十二届会计信息化年会在北京理工大学召开，会议总结认为会计信息系统中将出现智慧化、云端化，并且实现国际化、多语言，从而构筑会计、金融和财务的共享中心，在远程和云中统一处理一些基本的会计业务是大势所趋。而从大数据出发，非结构化数据纳入会计信息系统，财务数据与业务数据紧密结合也是发展的趋势。未来，电子原始凭证将全部替代纸质原始凭证，电子签名将代替手写签名，企业既可以通过国家公共信息平台进行电子原始凭证验真，也可以直接从公共信息平台获取电子原始凭证。系统自动将电子原始凭证和第三方电子化票据联动自动生成记账凭证，从而实现财务数据和业务数据提取一体化，并最终都可以被会计信息使用者按照需求加以提取和分析。

5. 会计电算化向会计智能化发展（2021 年至今）

人类社会进入数字经济时代以来，以"大数据、人工智能、移动互联、云计算、物联网和区块链"为代表的新兴信息技术与会计信息处理不断融合，促进会计信息系统向自动化、数字化和智能化发展。国际知名的德勤会计师事务所于 2016 年率先宣布推出财务机器人，国内金蝶和用友软件也分别于 2017 和 2018 年推出财务机器人，2018年 8 月 10 日深圳国贸旋转餐厅开出了全国第一张区块链电子发票。这些标志性事件宣告了会计智能化时代的开启，但是，这一时期还属于"弱人工智能"，这些智能机器还不能真正实现推理和解决问题。此后，智慧会计、智能会计和数智会计等术语不断涌现，国内一些高校开始设立智能会计专业或专业方向，上海国家会计学院响应国家政策号召于 2019 年开设了"智能财务师专业能力水平证书"的培训与认证考试。

2021 年 4 月，工业和信息化部会同有关部门起草了《"十四五"智能制造发展规划》，提出推动企业加快数字化、网络化、智能化转型。会计信息系统是企业信息系统的重要组成部分，这就要求加快财会领域智能化改造，以更好地推动企业高质量发展。财政部于 2021 年 12 月 30 日发布《会计信息化发展规划（2021—2025 年）》，也提出要利用新一代信息技术开展会计信息化应用探索，深入推动单位业财融合和会计职能拓展，加快推进单位会计工作数字化转型。2022 年年底，ChatGPT 横空出世。仅仅在2023 年 3 月至 5 月，我国就有约 40 个类似 ChatGPT 的产品发布。ChatGPT 代表的是强人工智能，将会对会计数据处理、报表生成和分析、会计咨询和教育、风险识别和管理等工作产生显著影响。这些重要文件和事件都表明会计电算化正式进入会计智能化发展阶段。

会计的产生与发展历史揭示出会计与经济金融发展共生互动。而会计电算化的发展历程又揭示出，会计信息系统与信息技术发展更是休戚相关。会计电算化发展到会计信息化，再从会计信息化发展到会计智能化，正是会计信息系统不断融合新技术、不断创新和与时俱进的结果。在新时代，数字技术、数字经济是世界科技革命和产业变革的先机，是新一轮国际竞争重点领域，那么，当代大学生要成为社会主义合格建设者和可靠接班人，也必须要具备创新精神，积极学习和掌握新兴数字技术，不断提升本领。

三、会计电算化系统与手工系统的区别

会计电算化系统与手工会计系统相比，不仅带来了处理工具的变化，也带来了会计数据处理流程、处理方式、内部控制方式以及组织结构设置等方面的变化，体现了信息化带来的流程再造（BPR，Business Process Re-engineering）特征。

1. 会计数据采集、存储、处理和传输方式的区别

在会计数据采集方面，会计电算化系统除了人工输入方式，还出现了多种自动化输入方式，提高了处理速度、减少了会计差错并加强了信息的实时性。这些自动化输入方式有：①经济业务活动现场自动化输入设备输入，如超级市场的条形码扫描系统；②ERP软件各子系统自动生成原始凭证甚至记账凭证，如库存管理系统根据出入库登录自动产生凭证传递到账务系统；③远程网络传输，如银行对账单等无纸化外来原始凭证。

在会计数据存储方面，原来的存储主要材料纸张仍然需要，但重要性让位于硬磁盘、光盘等新型存储材料。新的存储材料体积更小、存储量更大、易于保管、易于复制和检查，具有纸质存储无法比拟的优点，同时也大大缩短了数据存储的时间周期。

在会计数据处理和传输方面，在电算化系统中，原始数据进入系统后，会计处理很少需要人工干预，会计人员只需要根据授权完成审核、比对以及电子签章，系统会自动完成证、账、表的各种处理工作，相关处理结果通过企业内部网实现内部共享，并通过国际互联网进行跨地区传输和网络公开披露，并能实现实时查询和打印。

2. 会计核算组织程序的区别

在手工会计系统中，证、账、表的处理围绕如何减少账务处理的转抄工作，特别是登记总账的工作量产生了不同的会计核算组织程序，包括记账凭证核算程序、汇总记账凭证核算程序和科目汇总表核算程序等。其局限性体现为：第一，数据大量重复，记账凭证基本包含了账簿中的所有信息，但是在手工会计系统中，由于记账凭证零散，必须通过账簿体系将数据整理汇总，账簿体系才是手工会计核算处理程序的核心，其实数据登记誊抄是不产生增加值的重复性工作环节；第二，容易产生数据错误，在数据转抄和汇总过程中，容易产生过账错误和计算错误，导致账证、账账不符现象。

而在会计电算化系统中，账簿体系在会计核算组织程序中的核心地位让位于记账凭证，因为一旦记账凭证录入系统，所有信息都已经录入数据库，账簿和报表不过是按照一定规则从数据库中产生的查询或视图。所以，在会计电算化系统中，不需要设计不同的会计核算组织程序，统一使用记账凭证核算程序就可以了。同时，也不需要设计账簿登记频率是逐日逐笔登记还是汇总登记，因为只要记账凭证录入及时，所有的账簿都可以实现逐日逐笔登记、逐日汇总。因为账簿是通过数据库按照设定规则自动生成，也就不会产生账证、账账不符现象。甚至可以认为，在会计电算化系统中已经没有必要再继续沿用手工会计下关于账簿的一些概念和分类方式了。因为它完全改变了手工系统中各种账簿的不同处理方式和核对方法，实现了数出一门（都从凭证上来）、数据共享（同时产生日记账、特种日记账、总分类账、明细分类账、报表等）。

上述变化也导致许多手工系统中的记账规则不复存在，如手工系统下每年年初的账簿设置工作，账页登记中的划线注销、划线更正方法，期末账簿结账的"线结法"等都不再需要。但是，账簿更正中的红字更正法与补充登记法在会计电算化系统中依然存在。

可见，记账凭证在会计电算化系统中具有举足轻重的作用。在目前的会计电算化系统中，外来原始凭证多数仍为纸质凭证，无法在系统中实现数据自动采集，所以根据纸质原始凭证手工录入的记账凭证需要登记比手工状态下更多的信息，如数量、单价、成本中心、项目中心、票据号码、往来单位等，方便会计电算化系统进行辅助核算。可以想象，在未来原始凭证实现无纸化后，记账凭证的核心地位也会消失，将让位于大型的业务原始数据库。

3. 内部控制的区别

在手工会计系统中，通过职能分工与人员授权和牵制形成的内部控制体系以及通过凭证、账簿、报表之间的钩稽关系而形成的内部控制体系相辅相成，适合于手工会计处理方式。会计电算化以后，信息技术本身就是一种内部控制手段，电算化系统中内置了很多控制规则，如人员认证、过程记录、额度控制、赤字控制等，提高了控制水平。但是，会计电算化的新环境也要求内部控制采用新的方式。在会计电算化下，新型内部控制按照实施环境可分为一般控制和应用控制。一般控制是普遍适用于计算机数据处理的控制，包括组织控制、计划控制、文档控制、硬件控制、软件维护控制、软件质量控制等。应用控制则是在运用计算机进行会计数据处理过程中所实施的内部控制，包括输入控制、处理控制和输出控制。从国内外的资料来分析，会计电算化系统对内部控制的要求更严格，范围更广泛，如果不加强会计电算化系统的内部控制，将会造成比手工系统下更大的危害。

4. 会计工作岗位设置的区别

手工会计系统中，企业一般可设置以下主要会计工作岗位：①会计机构负责人或会计主管人员岗位；②出纳岗位；③财产物资核算岗位；④工资核算岗位；⑤成本费用核算岗位；⑥资金核算岗位；⑦债权债务核算岗位；⑧总账与报表岗位；⑨稽核岗位；⑩档案管理岗位等。

在会计电算化环境下，岗位设置与以上岗位设置有所不同。财政部于1996年6月10日发布的《会计电算化工作规范》中将会计电算化后的岗位分为基本会计岗位和会计电算化工作岗位。电算化会计岗位包括：①电算主管；②软件操作；③审核记账；④电算维护；⑤电算审查；⑥数据分析。

可见，在会计电算化系统中出现了新的岗位，但主要还是手工系统传统岗位的消失或归并。这不仅使广大财会人员从繁杂的记账、算账、报账中解脱出来，也大大提高了会计工作效率，使会计人员将工作重心转移到预测、预算、过程控制和分析、数据分析和决策支持等方面，为管理提供全面、及时和准确的会计信息。

最后需要强调的是，虽然出现上述众多显著变化，但是在目前会计电算化的技术水平下，会计电算化系统遵循的会计目标、会计假设和会计原则并没有发生变化，与手工会计执行相同的会计制度，遵守着共同的基本会计理论与会计方法，会计数据处理步骤大体一致，会计档案管理也相同。

第二节 会计电算化的内容

一、会计电算化的形式与层次

按照会计电算化发展的不同阶段以及企业实施信息化的不同程度，会计电算化工作可以分为以下四种形式，这四种形式也构成了递进的层次关系。

1. 账务处理电算化

账务处理电算化也称"甩账"，即通过配备或开发会计电算化软件包中的"总账系统"和"报表系统"，实现会计核算中的"证-账-表"处理电子化，将会计人员从繁琐的账务登记和报表编制中解放出来。具体而言，会计人员在审核原始凭证后，在计算机中录入记账凭证，审核通过后由计算机自动登记形成总账、各级明细账和各种汇总表，最后再由计算机根据固定格式报表的数据计算规律自动生成资产负债表、利润表等规定报表。

因为账务处理和报表编制是财务工作的基础内容，这种形式的会计电算化也就构成了基本层次或初级层次，适合于会计电算化工作的开始阶段或会计工作简单、信息化基础薄弱的小企业。

2. 会计核算工作全面电算化

由于会计工作范围较广，一般可以分为会计核算、会计管理和会计决策三个部分。会计核算工作全面实现电算化是企业会计电算化的第二种形式与层次。会计核算工作全面电算化具体是指在账务处理和报表编制实现电算化的基础上，继续配置或开发相关软件系统，实现应收管理、应付管理、固定资产核算、存货核算、成本核算、工资核算、财务分析等多项会计核算业务的电算化，使会计核算各个方面均能通过计算机以及企业内部网络进行处理。这个层次已经实现会计核算工作全面电算化，适合于会计电算化的初级阶段或信息化基础一般的中小企业。

3. 会计-业务一体电算化

在这个层次，不仅会计核算工作实现全面电算化，企业的供产销和人财物的管理也实现全面电算化，通过企业内部网实现协同管理，也就是通常所说的"ERP"（企业资源计划）系统。会计核算系统与企业实际业务系统有机结合，例如采购管理与应付管理、销售系统与应收管理、库存管理与存货核算、生产管理与成本核算等，实现企业内部网的数据共享和自动化处理，很多会计记账凭证、会计监督工作由计算机自动完成，实现数据实时化处理，许多会计管理和决策工作实现自动化和智能化。

因为这个层次的电算化工作将实现企业管理的全面电算化，并且实现计算机实时控制，所以也可以称之为管理和控制层次。目前，中国的多数企业处于建立和完善该层次的会计电算化系统阶段。

4. 社会经济信息系统一体化

如果说以上几个层次的会计电算化发展还局限于一个企业内部，那么在一个企业实现全面电算化后，下一个层次的发展就开始突破企业的界限。首先，对于一个企业集团，通过互联网实现不同地域甚至不同国家的子公司协同管理；其次，处于原料供应、生产加工、批发、营销与销售、售后服务这样一个价值链条的不同企业，为应对激烈的竞争而联系更加紧密、响应更加及时，于是服务于整条价值链的"URP（Union Resource Planning）"系统开始产生，被认为是超越 ERP 系统、实现价值链多企业协同和共享的电算化系统；最后，随着整个社会的电算化和信息化不断加强，不同经济部门之间也慢慢实现数据实时处理和无纸化传递，例如企业系统与银行系统、税务系统、监管系统、统计系统的网上交互功能越来越丰富和安全，最终将实现整个社会经济信息系统的全面电算化。当然，这个层次的会计电算化还只是当前发展的趋势。

按照上述四个递进层次的分析，可以发现一个企业的会计电算化工作是需要逐步扩展和深入的。企业应当充分重视层级升级问题，加强组织领导和人才培养，不断提高企业应用会计电算化的层次。处于会计核算电算化阶段的企业，应当结合自身情况，逐步实现资金管理、资产管理、预算控制、成本管理等财务管理电算化，并逐渐与企业内部经济业务电算化相协同，形成企业一体电算化；处于财务管理电算化阶段的企业，应当结合自身情况，逐步实现财务分析、全面预算管理、风险控制、绩效考核等决策支持信息化，并与企业外部的相关单位电算化系统进行数据共享和交互，进一步推进经济信息电算化。

二、会计电算化系统数据处理的基本流程

下面以"用友 U8"会计电算化系统为例，介绍会计电算化系统数据处理的基本流程。该软件系统是用友公司为中型企业开发的 ERP 一体化软件包，其中会计电算化部分的数据处理流程可以用图 12-1 表示。

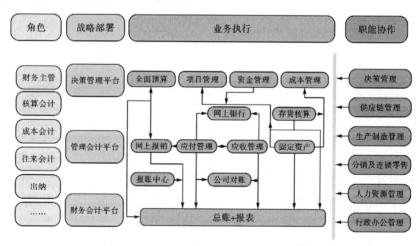

图 12-1　会计电算化部分的数据处理流程图

（一）业务数据汇集传递流程

首先，我们从图 12-1 的最右端"职能协作"部分开始分析。这部分表示企业中与会计电算化系统平行的其他主要业务处理模块，如供产销、人财物的管理。在会计电算化系统中，即图 12-1 中间"业务执行"部分，均与这些业务处理模块建立了数据连接。这样，在企业中每项具体事务的发生，涉及资金的信息将自动采集进入会计电算化系统，实现了业务数据汇集的自动化和实时化。例如，采购管理连接会计电算化系统的应付管理模块、销售管理连接会计电算化系统的应收管理模块、仓库管理连接会计电算化系统的存货核算模块、生产管理连接会计电算化系统的成本核算模块等。随后，经过"业务执行"部分各模块的数据整理与汇总，形成对企业管理决策有用的财务信息。这些信息向企业的高级管理人员传递，用于分析和控制企业经营过程，用于预测和预算企业未来发展，用于制定企业未来的战略部署。

（二）会计核算与管理传递流程

接下来我们重点分析图 12-1 中间部分，"业务执行"表示该部分是会计电算化的内部传递流程。按照会计信息系统的数据处理流程，这部分可以分解为三个层次：第一个层次是财务会计数据传递流程，将自动汇集和手工输入的业务数据转化为会计数据，其作用等同于手工状态下将原始凭证转变成记账凭证，并登记入账编成报表的数据处理流程；第二个层次是利用财务会计数据展开管理会计流程，如进行应收账款分析、最佳存货计算等；第三个层次是决策支持流程，即利用财务会计数据、管理会计数据以及其他职能系统数据开展全面预算、成本优化、持续改进、投资筹资规划等重大决策流程。

具体而言，"业务执行"中的各个模块是会计电算化系统的主要组成部分，通常包括总账处理模块、固定资产管理模块、工资管理模块、应收管理模块、应付管理模块、成本管理模块、报表管理模块、存货核算模块、财务分析模块、预算管理模块、项目管理模块、其他会计管理和决策模块。这些模块以总账处理模块为核心，各自具有相对独立的功能，一个功能模块完成某项管理业务，是组成会计电算化系统的基本单位。与此同时，各个模块之间存在数据传递关系，通过这种联系组成一个有机的整体去实现会计电算化的总体目标。

（三）监督和控制传递流程

最后我们还要分析图 12-1 中的一种反向数据处理流程。如果说上述两个流程构成了从基层业务部门向高层决策部门数据传递的正向流程，体现了会计的核算基本职能，那么在会计电算化系统中还存在一种从高层决策部门向基层业务部门数据传递的反向流程。即将决策者制定的各种预算、成本控制目标、优化改进方案贯彻到具体业务部门，用以控制和考核业务部门行动是否具备合法性与合理性。这也是会计的监督职能。以预算管理为例，全面预算管理模块编制的预算经高管审核批准后，生成各种预算申请单，再传递给账务处理模块、应收管理模块、应付管理模块、固定资产管理模块、工资管理模块，进行责任控制，同时也会传递到具体业务执行模块，例如销售管理、生产制造管理等，用于过程控制。

第三节 会计电算化的实施

一、实施会计电算化的原则

实施会计电算化要依据相关法律法规，遵循一定的会计原则，充分考虑和结合本单位的特点和管理现状，才能使企业实施会计电算化达到预期目标。具体而言，企业在实施会计电算化时应遵循以下几个原则：

（一）合法性原则

实施会计电算化的合法性主要包括会计电算化软件的合法性和会计电算化操作的合法性。会计电算化软件的合法性是指会计电算化软件应符合我国财务会计制度、税收制度和财经法规的要求，必须符合财政部颁发的《会计核算软件基本功能规范》的要求，会计软件的设计说明书、用户操作手册、项目开发、总结报告等软件资料必须符合国际 GB 8567-88《计算机软件产品开发文件编制指导》的相关规定；如果是采购商品化会计电算化软件，该软件还必须经过财政部门的合法评审。

会计电算化操作的合法性主要包括按照财政部《关于大力发展我国会计电算化事业的意见》的有关要求，安排人员参加财政部门组织的各级培训和考试，获得初级、中级或高级资格证书后才能担任会计电算化相应岗位的工作；会计电算化工作人机并行三个月以上，结果一致后，按照财政部《会计电算化管理办法》向当地财政部门递交申请材料，审批通过后才可以甩账，会计电算化系统才可以正式运行。

（二）系统性原则

系统性原则是指从整体观、发展观和最优观等系统观点进行会计电算化的实施工作。具体可以分解成以下两点：

1. 内部与外部相联系

会计部门作为企业管理的重要职能部门，与其他职能部门存在密切联系。因此，在实施会计电算化时，企业应统筹考虑各职能部门的电算化工作，按照信息化要求重新梳理和改革现有业务流程，在软件中既要分清各子系统的界面，又要留好各子系统之间的接口，并在数据结构设计上做到标准一致、信息共享。

2. 局部目标与整体目标相结合

会计电算化系统可以划分为许多子系统，实施会计电算化可能不会一次配备完成所有子系统，也可能会计电算化系统实施的时间与企业其他管理信息系统的实施时间不一致。所以，企业中的会计电算化工作必须分阶段分层次进行。那么，在各子系统实施时，必须有全局的观点，要考虑与其他子系统的对接与互动，使逐个实施的子系统全面完成后能够组成高质量的全面企业信息系统。

（三）可靠性原则

可靠性原则是会计电算化系统能否实施的重要前提。影响系统可靠性的因素众多，主要考虑这样三个方面：首先是数据与信息的准确性，要建立可靠的内部控制系统，保证数据和各个环节操作的准确性；其次是数据与信息的安全性，要求建立一套完善的管理制度与技术方法，防止系统被非法使用、数据丢失或被非法改动，还应建立系统被破坏时的恢复功能；最后是易扩充性，要求实施后的会计电算化系统在运行周期内能够根据外部环境变化或内部管理要求进行升级和二次开发。

（四）易用性原则

易用性也就是易操作性。会计电算化系统应该尽量符合会计人员的手工习惯，具有友好的界面、准确简明的操作提示、简单方便的操作流程、响应及时的售后服务，以及人员再培训、定期的软件升级服务等。

（五）效益性原则

会计电算化实施的最终目的是提高企业的经济效益。所以，在会计电算化实施前应该通过可行性研究，对于各项投入要有预算控制、预期的各项收益和效率改进要有可控的评价指标；在会计电算化实施过程中，要严格按照经费预算、时间计划有序进行，坚持效益性原则，力求降低实施成本，提高实施质量和速度；在会计电算化实施成功后，要进行成本决算，并且考核会计电算系统实施的各项预期目标是否完成，坚持持续改进。

二、会计数据处理电算化实施的内容

目前，越来越多的企业意识到，要想使企业在市场上具有竞争力，就必须建立会计电算化系统和现代企业管理信息系统。那么，基层企业应该怎样组织和实施会计电算化呢？本小节将重点阐述这方面的问题。

（一）全面规划

会计电算化的实施是一个庞大的系统工程，任何一个单位都需要统筹安排、全面规划。首先，应确定系统实施的目标。目标一般有这样几个层次：主要会计业务电算化、全部会计业务电算化、会计全面实施电算化。企业需要将系统目标分解为近期、中期和长期子目标，并制定相应的规划。在规划制定过程中，得到企业主要领导和所涉及部门主管的支持是至关重要的。同时，企业要加强与涉及员工的交流和沟通，让他们充分参与到规划制定中来。所制定规划的内容应包括：实现会计电算化的近期和中长期目标、基本实施步骤、时间安排、部门分工、资金预算、软硬件配置、人员配置、责任与验收等。

企业需要考虑会计工作的规律性，在实施的时间安排上应该选择年初正式投入运行，这样可以使得系统初始化工作量最小。按照规定，系统正式运行前必须与手工核算并行三个月。所以，可以选择的一种方案是当年 10 月份投入试运行，第二年 1 月份甩账运行，4 月份再试运行业务管理系统，7 月份将会计核算电算化系统与业务管理电算化系统整合运行。

（二）软硬件配置

在为会计电算化系统配置软硬件的过程中，最核心的问题是选配会计软件，然后按照所选择会计软件的要求，在会计软件实施顾问的参与下选配计算机和网络硬件以及相关系统软件和其他支撑软件。这里我们仅分析如何选配会计电算化软件。会计电算化软件的取得一般有购买、定制开发、购买与开发相结合等方式。其中，购买通用会计软件的方式最为常用，它的特点是企业投入少，见效快，购置软件质量可靠，运行效率高；但是，这类软件的缺点是通常针对一般用户设计，难以适应企业特殊的业务或流程。企业与外部单位联合开发是第二种常见的获得方式。由本单位财务部门和网络信息部门进行系统分析，外单位负责系统设计和程序开发工作。采用这种方式的优点是能够结合企业的特殊需求，由企业内部人员参与开发，他们对系统的结构和流程更为熟悉；但是这种方式下开发周期较长，开发费用较高，所以这种方式适用于具有特殊性和保密性的行业，如银行等金融机构。除此之外，完全自主开发、完全委托外单位开发也是获得会计电算化软件的方式，但是这两种方式目前已很少使用。

由于大多数企业会采用购买通用会计软件方式，所以这里还要强调一下选择和购买商品化会计电算化软件的考察要点。

1. 会计电算化软件的合法性

商品化会计电算化软件必须符合我国有关财务制度、会计制度和税收制度的要求，必须符合财政部颁发的《会计核算软件基本功能规范》的要求。同时，该商品化软件还必须经过财政部或省级财政部门的合法评审。最后，企业还要考察该商品化软件是否已经将新的会计准则、税法要求、公司法变革等新的制度贯彻到其中。

2. 会计电算化软件的通用性与可扩展性

会计电算化软件的通用性是指软件能够适应不同行业、不同记账方法的企事业单位的核算需要，还能够适应单位本身内外部环境变化的需要。在选择会计软件时，单位应考察其通用性。例如，在初始化中，能够不用改变系统就能选定或设置不同的凭证、科目、账簿和报表的体系、格式；在账务处理过程中，对于期末的一些常用的固定业务，如费用分配、税金计算、提取各项费用、本年利润和汇兑损益的结转等，可以利用系统提供的自定义转账凭证来实现；通用报表处理系统中能够提供自动生成符合会计准则要求的基本报表，同时也可以通过适当定义，生成各类内部报表。

但值得注意的是，通用性并不意味着会计电算化软件不能体现企业的个性化特征，通用性软件还要保持良好的可扩展性。可扩展性是指软件各功能模块都应配置专门的数据接口，整个系统的数据结构清晰，功能扩展容易，方便增加新的子功能模块，并能与原系统各模块并行使用、数据共享。企业应至少从以下三个方面考察商品化会计电算化软件的可扩展性：①会计软件具有二次开发功能，方便企业根据自身需要增加特殊功能；②会计软件可以分模块应用，先使用的模块与以后应用的模块之间可以无缝连接；③会计软件提供标准数据接口，可以与银行、税收系统、其他品牌商品化软件实现数据交换，最好能够自动生成 XBRL 财务报告。

3. 会计电算化软件的操作方便性与安全可靠性

评价会计电算化软件操作是否方便，主要是分析其各种屏幕输入格式是否简洁明了，是否有各种操作提示，各种提示用语是否表达准确并符合会计人员的习惯；还要分析操作过程是否简单方便，是否符合会计人员的习惯或易于被会计人员接受，各种自定义功能是否便于操作和使用等。既先进实用，又易学易懂是衡量会计软件操作方便的重要标准。在操作方便的同时，还要求会计软件应安全可靠。安全性是指会计软件防止会计信息被泄露和破坏的能力，可靠性是指会计软件防错和纠错的能力。可靠性主要考察以下几个方面：会计软件安全可靠性措施是否完备与有效、初始设置的安全可靠性措施是否有效、数据输入和输出的安全可靠性措施是否有效、会计数据处理和存储的安全可靠性措施是否有效。

4. 会计电算化软件实施保障与售后服务的有效性

会计电算化系统的实施是一个复杂的工作，涉及计算机、网络、管理、会计等多种职能的配合，所以购买商品化软件时要考察软件公司实施保障如何，包括在同行业实施成功的案例、实施工程师的资历、实施具体计划与安排等。同时，由于计算机软硬件更新速度快、会计等经济制度也存在变革的可能性，所以选购会计电算化软件还要考察软件公司的售后服务安排，主要包括日常维护和用户培训是否及时、会计软件的产品保修和版本更新是否及时等方面。

（三）人员培训

会计电算化是一个系统工程，不仅需要会计、计算机专门人才，也需要既懂会计又懂计算机的复合型人才。所以，人员培训成为企业成功实施会计电算化工作的关键环节。在电算化系统运行前，企业需要对有关人员进行培训。按照财政部《关于大力发展我国会计电算化事业的意见》对加强会计电算化人才培训的要求，会计电算化知识培训可以划分为初级、中级和高级三个层次：初级培训使广大会计人员能够掌握计算机和会计核算软件的基本操作技能；中级培训使一部分会计人员能够对会计软件进行一般维护或对软件参数进行设置，为会计软件开发提供业务支持；高级培训则使少部分会计人员能够进行会计软件的系统分析、开发与维护。会计电算化培训具体又分为三种形式：财政部组织开展的会计电算化培训、软件公司提供的会计软件培训和单位自行组织的会计电算化培训。

（四）会计数据的整理与准备

在将手工核算的基础数据输入计算机前，为保证数据的正确性及以后电算化系统的正常运行，需要对手工数据进行整理。要做以下几项工作：①按照国家统一会计制度的要求，结合单位具体情况和软件功能说明，建立一套完整的会计科目体系，包括科目名称、编码、类型、性质、编码长度、辅助核算功能等；②编制单位、部门、人员、资产、项目、往来单位、客户单位等标准化代码；③重新确定单位凭证、账簿和报表的名称、内容、格式和具体数据传输路径，充分考虑到计算机的强大功能，有所创新和增加，而不是一味追求符合手工会计习惯；④整理原有的手工单据、凭证、卡片、账簿和报表，并核对无误，保证所有初始数据的正确性。

（五）初始化设置

会计电算化系统在软件、硬件、人员和手工数据等各项工作结束之后，仍不能马上投入运行，还必须为电算化系统建立一个良好的工作环境和账务环境。正像在手工环境下的"建账"工作环节一样，实施会计电算化也必须将原手工会计核算资料输入计算机，称为"初始化工作"。这主要包括以下几项内容：①在系统中设置操作员分工、划分权限以及预设口令；②输入会计核算软件所必需的期初数据及相关资料；③输入各辅助核算项目资料，包括部门、项目、往来、库存等各类信息；④选择会计核算方法和会计政策、定义自动转账凭证等。

为保证实施会计电算化后会计工作的质量，财政部颁发的《会计电算化管理办法》和《会计电算化工作规范》都要求在计算机完全替代手工记账前必须进行计算机与手工会计核算并行三个月以上，这称为实施过程中的试运行阶段。在这一过程中，计算机与手工核算的数据应相互一致，软件运行要安全可靠，打印输出的证账表格式必须正确，签名盖章必须齐全。计算机与手工并行的主要任务是检查已建立的会计电算化核算系统是否充分满足要求，使用人员对软件的操作是否存在问题，对运行中发现的问题是否还应该进行修改，并逐步建立比较完善的电算化内部管理制度。试运行的时间一般选择年初、年末、季初、季末等特殊的会计时期，这样才能更全面地比较手工数据与电算化数据。试运行结束后，企业应向当地财政部门申请替代手工记账的审查验收。

三、会计数据处理电算化的程序设计

实现会计电算化的关键是要有一个能够满足企业管理要求的软件系统。获得会计电算化软件的方式主要有以下几种：单位自行开发、与技术单位联合开发、购买商品化会计电算化软件。如果企业没有特殊要求，购买商品化软件也是企业实现会计电算化的主要途径。商品化软件由专业的计算机软件开发公司在国家相关标准指导下，结合大多数企业的工作实际所开发出的具有通用性和标准化的软件系统。作为知识结构的一个组成部分，我们需要了解会计数据处理电算化程序设计的基础流程。

会计电算化软件按照软件的生命周期规律进行设计开发，包括计划、开发、运行和演进等不同时期，可以描述为图 12-2 所示的瀑布模型。

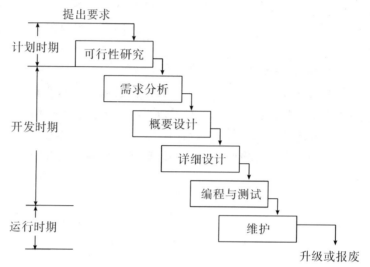

图 12-2   会计数据处理电算化程序设计的生命周期模型

在这样的生命周期中，首先是分析用户的需求与各种制约条件，通过细致的调查来论证开发该系统的可能性。如果可行则制订出初步实施计划，进入开发阶段。在开发阶段，第一步进行系统分析。在了解清楚用户对新系统的全部需求后用软件工具准确无误地画出新系统的逻辑模型，如数据流图、数据字典、加工逻辑说明；第二步是概要设计，也称总体设计，对系统进行分解，由数据流图导出并优化成由模块组成的软件结构图，编写出各模块说明书；第三步是详细设计，设计出每个模块的算法和数据结构，还包括具体的数据库设计、文件设计、界面设计与代码设计；第四步是编程与测试，使用选定的程序语言，按照前面步骤形成指导性文档资料编写程序，编写完成后，依次经过分模块测试、集成测试和验收测试，完成开发的所有工作，才能将软件系统交付运行。在交付给企业运行时，前三个月是试运行，由手工和计算机并行处理一定时期完整的会计业务来验证会计电算化软件是否达到设计要求并及时修改完善。当然，随着企业的发展和环境的变化，原先科学先进的软件也可能被更先进的软件所取代，而更先进的软件也是通过这样的生命周期开发出来的。

四、会计电算化系统的操作

企业可以选择的会计电算化软件系统有很多品牌，甚至可以委托软件公司为企业量身定做，但为了兼顾会计工作人员的手工操作习惯，这些会计电算化系统的操作大同小异。下面以江苏省会计从业资格考试中涉及的会计电算化系统为例，简单说明其操作要点。按照要求，初级会计电算化中应该掌握账务处理、固定资产管理、工资管理、应付管理、应收管理、报表管理等模块的操作应用。

根据会计分期处理的特点，每一个模块的操作流程一般都包括系统初始化、日常处理和期末处理三个环节。系统初始化是系统首次使用时，根据企业的实际情况进行参数设置，并录入基础档案与初始数据的过程；日常处理是指在每个会计期间内，企业日常运营过程中重复、频繁发生的业务处理过程；期末处理是指在每个会计期间的期末所要完成的特定业务，例如各个功能模块的月末结账。下面重点以"初始化设置""账务处理"和"报表管理"模块为例进行分步骤讲解。

（一）初始化设置

初始化设置是会计电算化系统每个子系统操作的第一步工作，就是将通用的会计电算化软件与具体企业的管理要求、业务特点相结合，使通用的软件专用化。

该步骤主要的操作要点是：新建账套、用户权限管理、输入基础资料、设定核算项目和各类参数、设定账套备份与恢复等。

1. 新建账套

使用系统管理员身份运行商品化软件的第一步是"新建账套"或"选择账套"。账套是指存放会计核算对象的所有会计业务数据文件的总称。建立账套是指在会计软件中为企业建立一套符合核算要求的账簿体系。账套中包含的文件有会计科目、记账凭证、会计账簿、会计报表等。一个账套只能保存一个会计核算对象的业务资料，在同一会计软件中可以建立一个或多个账套。

点击新建账套后，输入各项账套参数。值得注意的是，这些参数一旦设定，除"账套名称"外均不能再进行修改。这些参数通常包括账套编号、账套名称、公司名称、公司地址、企业所属行业性质、会计科目级数、会计期间、记账本位币等内容，有时还包括选择将要开启使用的各个具体子系统。

2. 管理用户并设置权限

进入所建立的新账套后，接下来的操作就是增加会计电算化系统的操作人员并分配合适的权限。具体参数包括用户所属组名称（类别）、用户编号、用户姓名、用户登录名及其初始密码、用户角色等。

在增加用户后，一般应该根据用户在企业核算工作中所担任的职务、分工来设置其对各功能模块的操作权限。通过设置权限，用户不能进行没有权限的操作，也不能查看没有权限的数据。例如，设定一个会计人员的如下权限资料：属于会计组、为"录入员"角色，拥有"账务处理——凭证"中除"凭证审核""修改其他用户凭证或单据"以外的所有权限。

3. 设置系统公用基础信息

设置系统公用基础信息包括设置编码方案、基础档案、收付结算信息、凭证类别、外币和会计科目等。其中，编码方案是指企业中部门、职员、客户、供应商、科目、存货分类、成本对象、结算方式和地区分类等所适用的具体的编码规则，包括编码级次、各级编码长度及其含义，通过编码符号能唯一地确定被标识的对象。有了编码方案后，就可以依次输入企业部门档案、职员信息、往来单位信息、项目信息等内容，便于后续核算中使用。

接下来，设置收付结算方式、凭证类别、外币和会计科目。会计科目是后续处理中填制会计凭证、记账、编制报表等各项工作的基础和重要依据。这里详细介绍其操作要点。与手工核算下的多层级的会计科目表相比，会计电算化系统中会计科目设置更为复杂，功能也更加强大。在会计电算化系统中，每一个会计科目的属性有了扩展，不仅包括科目编目、科目名称、科目类型，还需要输入账页格式、余额方向、是否具有外币核算、是否进行数量核算、是否为现金或现金等价物科目、是否开设日记账、是否开设银行账、是否具备其他辅助核算等多项内容。其中，辅助核算是手工会计系统中难以实现的，在手工系统中只能依靠开设下级明细账的方式进行，信息较为零散，而电算化系统下的辅助核算功能较好地解决这一问题。辅助核算的目的是实现对会计数据的多元分类核算，为企业提供专项管理所需的信息。辅助核算一般包括部门核算、个人往来核算、客户往来核算、供应商往来核算、项目核算等。辅助核算一般设置在末级科目上，某一会计科目可以同时设置多种相容的辅助核算，例如"其他应收款"就可以同时进行往来核算、按部门辅助核算、按职员辅助核算。

（二）账务处理模块的操作

"账务处理"是会计电算化系统各功能模块的中心，输入用户名和密码进入其主界面后，可以发现它也有一套自己的菜单系统，包括"初始设置""凭证处理""账簿查询打印""辅助管理""系统服务""月末处理"等。

1. 账务处理模块初始化工作

在账务处理模块中，常见的初始参数设置包括凭证编号方式、是否允许操作人员修改他人凭证、凭证是否必须输入结算方式和结算号、现金流量科目是否必须输入现金流量项目、出纳凭证是否必须由出纳签字、是否对资金及往来科目实行赤字提示等。在这些参数设置好以后，还需要录入会计科目初始数据，包括会计科目的初始余额和发生额等相关数据。如果会计科目设置了数量核算，用户还应该输入相应的数量和单价；如果会计科目设置了外币核算，用户应该先录入本币余额，再录入外币余额；如果会计科目设置了辅助核算，用户应该从辅助账录入期初明细数据，系统会自动汇总并生成会计科目的期初余额。

2. 账务处理模块日常处理

账务处理模块日常处理主要包括凭证处理、账簿查询、出纳管理等日常业务。其中，凭证是账务处理的入口，是关键环节，其他处理都是在此基础上自动控制的，所以这里重点强调凭证处理的操作要点。

应该说，账务处理模块中多数记账凭证是由其他功能模块自动产生而传递到"账务处理"模块的，在账务系统中进行审核登账。但是也有一些业务如借款、报销等需要会计人员直接在"账务处理"模块输入记账凭证。凭证录入的内容包括凭证类别、凭证编号、制单日期、附件张数、摘要、会计科目、发生金额、制单人等。用户应该确保凭证录入的完整、准确。另外，对于系统初始设置时已经设置为辅助核算的会计科目，在填制凭证时，系统会弹出相应的窗口，要求根据科目属性录入相应的辅助信息；对于设置为外币核算的会计科目，系统会要求输入外币金额和汇率；对于设置为数量核算的会计科目，系统会要求输入该会计科目发生的数量和交易的单价。

自动产生和手工录入的记账凭证依次经过审核、登账后形成正式的账簿资料。如果已经登账后的凭证发现有科目错误，系统还提供"红字凭证"进行对冲修改。值得一提的是，会计电算化系统中可以选择一天记一次账、一天记多次或多天记一次账，即使没有记账，在账簿查询时，也可以选择"包含未记账凭证"进行显示，提高信息的实时性。账务系统提供不可逆的记账功能，确保对同类已记账凭证的连续编号，不会提供对已记账凭证的删除和插入功能，不会提供对已记账凭证日期、金额、科目和操作人的修改功能。

3. 账务处理模块期末处理

账务处理模块期末处理是指会计人员在每个会计期间的期末所要完成的特定业务，主要包括会计期末的转账、对账、结账等。在会计电算化系统中，这个处理步骤的最大特点是可以设置"自动转账"进行自动化处理。自动转账是指对于期末那些摘要、借贷方会计科目固定不变，发生金额的来源或计算方法基本相同，相应凭证处理基本固定的会计业务，将其既定模式事先录入并保存到系统中，在需要的时候，让系统按照既定模式，根据对应会计期间的数据自动生成相应的记账凭证。自动转账的目的在于减少工作量，避免会计人员重复录入此类凭证，提高记账凭证录入的速度和准确度。

在账务处理模块期末处理中，常常设置的自动转账包括这样两类：一类是期末汇兑损益调整，在本期所有涉及外币的记账凭证完成过账操作后，月末输入新的当前外币汇率，设置自动转账凭证中汇兑损益科目、凭证摘要等内容，系统则会根据科目设置中事先设定为外币核算、需要期末调汇属性的会计科目生成自动凭证。二是期间损益结转，用于在一个会计期间结束时，将损益类科目的余额结转到本年利润科目中，从而及时反映企业利润的盈亏情况。用户应该将所有未记账凭证审核记账后，再进行期间损益结转，执行此功能后，系统能够自动搜索和识别需要进行损益结转的所有科目（即损益类科目），并将它们的期末余额（即发生净额）转到本年利润科目中。

在上述步骤中产生的自动转账凭证审核记账后就可以进行账务处理系统的"月末结账"工作。如果企业同时使用会计电算化系统中的多个功能模块，最好在其他模块都完成月末结账工作后再进行账务处理系统的月末结账处理。月末结账主要包括计算和结转各账簿的本期发生额和期末余额，终止本期的账务处理工作，并将会计科目余额结转至下月作为月初余额。结账只能每个月进行一次。结账只能由具有结账权限的人进行。在结账前，最好进行数据备份，一旦结账后发现业务处理有误，可以利用备份数据恢复到结账前的状态。

（三）报表管理模块的操作

1. 报表数据来源

报表中有些数据需要手工输入，例如资产负债表中"一年内到期的非流动资产"和"一年内到期的非流动负债"需要直接输入数据。在会计报表中，某些数据可能取自某会计期间同一会计报表的数据，也可能取自某会计期间其他会计报表的数据。会计报表数据也可以源于系统内的其他模块，包括账务处理模块、固定资产管理模块等，这就需要设置取数公式进行数据获取。

2. 公式设置

在会计报表中，由于各报表的数据间存在着密切的逻辑关系，所以报表中各数据的采集、运算需要使用不同的公式，主要有计算公式、审核公式和舍位平衡公式。计算公式是指对报表数据单元进行赋值的公式，是必须定义的公式。计算公式的作用是从账簿、凭证、本表或他表等处调用、运算所需的数据，并填入相关的单元格中。审核公式用于审核报表内或报表间的数据钩稽关系是否正确。审核公式不是必须定义的。审核公式由关系公式和提示信息组成。审核公式把报表中某一单元或某一区域与另外某一单元或某一区域或其他字符之间用逻辑运算符连接起来。舍位平衡公式用于报表数据进行进位或小数取整后调整数据，如将以"元"为单位的报表数据变成以"万元"为单位的报表数据，表中的平衡关系仍然成立。舍位平衡公式也不是必须定义的。

3. 利用报表模板生成报表

报表管理模块通常提供按行业设置的报表模板，为每个行业提供若干张标准的会计报表模板，以便用户直接从中选择合适的模板快速生成固定格式的会计报表。用户不仅可以修改系统提供报表模板中的公式，而且可以生成、调用自行设计的报表模板。最常使用的资产负债表、综合损益表和现金流量表都可以利用报表模板自动生成。

第四节　会计信息化

会计信息化是在会计电算化概念的基础上发展而来的。1999年4月，在深圳市财政局与深圳金蝶软件科技有限公司举办的专家座谈会上率先提出"会计信息化"概念。经过多年的发展，大家逐渐认识到会计信息化就是指企业利用计算机、网络通信等现代信息技术手段开展会计核算，以及利用上述技术手段将会计核算与其他经营管理活动有机结合的过程。相对于较为基础的会计电算化而言，会计信息化是一次质的飞跃，它能够为企业经营管理、控制决策和经济运行提供充足、实时、全方位的信息。

会计信息化概念中的"有机结合"包括两个方面：一是企业应当促进企业内部会计信息系统与业务信息系统的结合，通过业务的处理直接驱动会计记账，减少人工操作，提高业务数据与会计数据的一致性，实现企业内部信息资源共享；二是企业应当根据实际情况，实现本企业信息系统与外部银行、供应商、客户等外部单位信息系统的结合，实现外部交易信息的集中自动处理。在当前技术环境下，会计信息化中这两方面的"有机结合"可以理解为站在企业资源计划（ERP）的高度设计企业的会计信息系统。下面重点分析这两方面的内容。

一、会计信息系统的构成

会计信息系统（Accounting Information System，AIS），是指利用信息技术对会计数据进行采集、存储和处理，完成会计核算任务，并提供会计管理、分析与决策相关会计信息的系统，其实质是将会计数据转化为会计信息的系统，是企业管理信息系统的一个重要子系统。会计信息系统根据信息技术的影响程度可划分为手工会计信息系统、传统自动化会计信息系统和现代会计信息系统；根据其功能和管理层次的高低，可以分为会计核算系统、会计管理系统和会计决策支持系统。

从会计信息使用者的角度分析，现代会计信息系统由相互有数据关联的多个会计核算和管理功能部件组成。经过多年的实践和探索，在吸收了国外现代会计信息系统研究的一些观点后，国内学者对会计信息系统主要功能模块的划分已基本上达成共识，主要包括账务处理模块、工资管理模块、固定资产管理模块、应收应付款管理模块、成本管理模块、报表管理模块、存货核算模块、财务分析模块、预算管理模块、项目管理模块、其他决策支持模块等。这些功能模块之间的关系可以用图 12-3 表示。

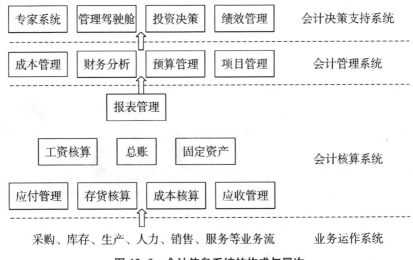

图 12-3　会计信息系统的构成与层次

（一）会计核算系统

从图 12-3 可见，会计核算系统是会计信息系统中的基础层次，负责从企业具体经营业务运作系统中汇集货币运动的数据，通过会计程序加以汇总整理，形成财务信息向外部报告并且向上一层次的信息系统传递。总账模块是这一系统的中心。

具体而言，企业的采购业务导致资金与物料发生变化，资金信息进入"应付管理"模块，票据管理、付款执行、与供应商对账和信用维护均在该系统完成，生成应付款项相关凭证传递到"总账"模块。企业材料、半成品和库存商品入库出库业务发生，相关物料的数量、单价、金额信息进入"存货核算"模块，在该模块中分类登记各类材料、辅料、半成品、完工品的入库、出库信息，生成有关存货的记账凭证传递到"总账"模块，相关物料价值信息要传递到"成本核算"模块。企业根据生产计划在生产环节所发生的各项活动所涉及的资金信息进入"成本核算"模块，在该模块中，按照各类成本中心登记"料、工、费"，通过汇总和分配计算各类成本对象的总成本和单位成本，生成有关生产成本的记账凭证传递到"总账"模块，需要入库的半成品、产成品成本价值信息传递到"存货核算"模块。企业对库存商品进行销售，其资金运动信息进入"应收管理"模块，在该模块中完成单据管理、收款管理、账龄管理、客户信用维护、坏账管理等具体工作，自动生成相关记账凭证传递到"总账"模块。

企业的具体业务过程除了上述经营周期内的流动资金循环之外，还需要配置固定资产和人力资源。使用固定资产中发生的资金运动信息进入"固定资产"模块，在其中完成固定资产增加、减少、变动、按使用部门计算分配折旧、减值和维护，相关记账凭证自动生成并传递到"总账"模块，同时生产使用的固定资产折旧和维修费用也传递到"成本计算"模块。而人力资源管理中涉及工资、福利、考核等资金信息则进入"工资核算"模块，经过工资计算分摊，分别向"成本核算""总账"模块传递数据。

如果企业属于高技术行业，无形资产较为重要，也可以增设"无形资产"模块来处理自主研究开发和并购带来的无形资产资金运动信息，否则就直接在"总账"模块中通过直接输入记账凭证的方式进行管理。同理，如果企业各类对外投资，尤其是有大量对子公司的"长期股权投资"时，也可以单独配置"投资核算"模块，否则就直接在"总账"模块中通过直接输入记账凭证的方式进行管理。最终，"总账"模块在汇总各方面财务数据后形成财务信息，传递到"报表管理"模块生成各种内部报表、外部报表、汇总报表。

（二）会计管理系统

在图12-3中，会计管理系统是较高的第二层次，对应当前会计信息化发展中的"管理会计"信息化层次，通常包括成本管理、财务分析、预算管理和项目管理等模块。

"成本管理"模块直接对应成本核算模块，主要功能是进行成本分析、成本预测、作业成本管理、目标成本设定与差异分析，以满足成本核算中事前预测、事后核算分析的需要。"财务分析"模块则直接对应会计核算层的报表管理模块，从中提取数据，运用各种专门的分析方法，完成对企业财务活动的分析，实现对财务数据的进一步加工，生成各种分析和评价企业财务状况、经营成果和现金流量的结论报告，为决策提供正确依据。"预算管理"模块将需要进行预算管理的集团公司、子公司、分支机构、部门、产品、费用要素等对象，根据实际需要分别定义为利润中心、成本中心、投资中心等不同类型的责任中心，然后确定各责任中心的预算方案，制定预算审批流程，明确预算编制内容，进行责任预算的编制、审核、审批，以便实现对各个责任中心的控制、分析和绩效考核。"项目管理"模块主要是对企业的项目进行核算、控制与管理，主要包括项目立项、计划、跟踪与控制、终止的业务处理，以及项目自身的成本核算等功能。

（三）会计决策支持系统

在图12-3中，会计决策支持系统是最高的第三层次。根据企业管理的实际需要，会计决策支持系统一般包括管理驾驶舱、投资和融资决策支持工具、绩效考核与评价、目标管理与持续改进等模块。"管理驾驶舱"模块可以按照领导的要求从各模块中提取有用的信息并加以处理，以最直观的表格和图形显示，使得管理人员通过该模块及时掌握企业信息。"投融资决策支持"模块利用现代计算机技术、通信技术和决策分析方法，内置各种现代数理决策模型，实现向企业决策者提供及时、可靠的财务和业务决策辅助信息，例如复杂的蒙托卡罗分析、大数据分析等现代管理决策模型的应用。"绩效考核与评价"模块则内置平衡记分卡，动态设定企业总体绩效目标、分解部门绩效指标、评价和考核绩效结果，并做到持续改进。

二、企业资源计划（ERP）

从上面的分析可以看出，现代企业会计信息系统具有较多相互数据通联的功能模块，但是从企业整体的管理信息系统角度分析，它还只是企业整体资源计划的一个子系统。企业资源计划（Enterprise Resource Planning，ERP），是指利用信息技术，一方面将企业内部所有资源整合在一起，对开发设计、采购、生产、成本、库存、分销、运输、财务、人力资源、品质管理进行科学规划，另一方面将企业与其外部的供应商、客户等市场要素有机结合，实现对企业的物资资源（物流）、人力资源（人流）、财务资源（财流）和信息资源（信息流）等资源进行一体化管理（即"四流一体化"或

"四流合一"），其核心思想是供应链管理，强调对整个供应链的有效管理，提高企业配置和使用资源的效率。

（一）ERP 系统的功能与构成

ERP 系统既整合了企业内部所有资源，也整合了企业外部利益相关人的资源，以此作为分类标准可以将 ERP 系统所包含的功能分解为基本功能和扩展功能。ERP 系统的基本功能，强调"内部"价值链上所有功能活动的整合；ERP 系统的扩展功能则是将整合的视角由企业内部拓展到企业的后端厂商和前端顾客，与后端厂商信息系统加以整合的是属于供应链管理方面的功能，加强整合前端顾客信息的则是属于顾客关系管理和销售自动化方面的功能。

1. ERP 系统的基本功能与构成

ERP 系统的基本功能强调将企业"内部"价值链上所有功能活动加以整合，主要包括：①物料管理。协助企业有效地控管物料，以降低存货成本。包括采购管理、仓储管理、发票验证、库存控制、采购信息系统等。②生产规划系统。让企业以最优水平生产，并同时兼顾生产弹性。包括生产规划、物料需求计划、生产控制及制造能力计划、生产成本计划、生产现场信息系统。③财务会计系统。也就是上面提到的现代会计信息系统，企业通过它提供更精确和实时化的财务信息。包括间接成本管理、产品成本会计、利润分析、应收应付账款管理、固定资产管理、作业成本、总账报表。④销售、分销系统。协助企业迅速掌握市场信息，以便对顾客需求做出最快速的反应。包括销售管理、订单管理、发货运输、发票管理、业务信息系统。⑤企业情报管理系统。为决策者提供实时有用的决策信息。包括决策支持系统、企业计划与预算系统、利润中心会计系统。

2. ERP 系统的扩展功能与构成

ERP 系统的扩展功能是将整合的触角由企业内部拓展到企业的后端厂商和前端顾客。一般 ERP 软件提供的最重要的扩展功能块包括：①供应链管理（Supply Chain Management，SCM）。供应链管理是将从供应商到顾客的物流、信息流、资金流、程序流、服务和组织加以整合化、实时化、扁平化的系统。②顾客关系管理（Customer Relationship Management，CRM）与销售自动化（Sales Force Automation，SFA）。这两者都用来管理与顾客端有关的活动。销售自动化系统是指能让销售人员跟踪记录顾客详细数据的系统；顾客关系管理系统是指能从企业现存数据中挖掘所有关键的信息，以自动管理现有顾客和潜在顾客数据的系统。这两个系统都拥有先进的前端数据仓库技术，其通过分析、整合企业的销售、营销及服务信息，以协助企业提供更客户化的服务及实现目标营销的理念，因此可以大幅改善企业与顾客间的关系，带来更多的销售机会。

（二）ERP 系统的先进管理思想

1. 对整个供应链资源进行管理

在知识经济时代仅靠自己企业的资源不可能有效地参与市场竞争，还必须把经营过程中的有关各方如供应商、制造工厂、分销网络、客户等纳入一个紧密的供应链中，才能有效地安排企业的产、供、销活动，满足企业利用全社会一切市场资源快速高效进行生产经营的需求，以期进一步提高效率和在市场上获得竞争优势。换句话说，现代企业竞争不是单一企业与单一企业间的竞争，而是一个企业供应链与另一个企业供应链之间的竞争。ERP 系统实现了对整个企业供应链的管理，适应了企业在知识经济时代进行市场竞争的需要。

2. 精益生产、同步工程和敏捷制造

ERP 系统支持对混合型生产方式的管理，其管理思想表现在两个方面：其一是"精益生产"的思想，它是由美国麻省理工学院提出的一种企业经营战略体系。即企业按大批量生产方式组织生产时，把客户、销售代理商、供应商、协作单位纳入生产体系，企业同其销售代理、客户和供应商的关系，已不再是简单的业务往来关系，而是利益共享的合作伙伴关系，这种合作伙伴关系组成了一个企业的供应链，这就是精益生产的核心思想。其二是"敏捷制造"的思想。当市场发生变化，企业遇到特定的市场和产品需求时，企业的合作伙伴不一定能满足新产品开发生产的要求，这时，企业会组织一个由特定的供应商和销售渠道组成的短期或一次性供应链，形成"虚拟工厂"，把供应和协作单位看成企业的一个组成部分，运用"同步工程"组织生产，用最短的时间将新产品打入市场，时刻保持产品的高质量、多样化和灵活性，这就是"敏捷制造"的核心思想。

3. 事先计划与事中控制

ERP 系统中的计划体系主要包括主生产计划、物料需求计划、能力计划、采购计划、销售执行计划、利润计划、财务预算和人力资源计划等，而且这些计划功能与价值控制功能已完全集成到整个供应链系统中。另外，ERP 系统通过定义事务处理相关的会计核算科目与核算方式，以便在事务处理发生的同时自动生成会计核算分录，保证了资金流与物流的同步记录和数据的一致性，从而可以根据财务资金现状追溯资金的来龙去脉，并进一步追溯所发生的相关业务活动，改变了资金信息滞后于物料信息的状况，便于实现事中控制和实时做出决策。

第五节 新兴信息技术与智能会计

一、新兴信息技术与会计信息化的变革

在数字经济时代，以"大智移云物区"为代表的新兴信息技术正在社会各行各业中广泛应用，对竞争环境和商业模式都产生了变革性影响。会计作为一个信息系统，与这些新兴信息技术深度融合更是势在必行。按照信息系统数据处理的"输入——存储——加工——输出"流程，我们可以简要分析这些代表性新兴信息技术给会计信息化带来的重大变革。

1. 会计信息系统输入环节的变革

区块链是分布式数据存储、点对点传输、加密算法等计算机技术的应用模式，存储于其中的数据具有不可伪造、可以追溯和相互比对验证等特点。在传统会计信息系统中，原始凭证作为业务流程信息的载体，传递到会计人员手中并被转化为记账凭证，与业务过程中的其他参与方和其他信息系统数据存储割裂开来。建立在区块链技术上的原始票据则可以优化会计信息系统的数据输入，以区块链电子发票为例，它可以实现买方、卖方、税务、物流、金融等所有参与方按时间先后顺序共同记账，实现分布式存储，还可以链接和追溯到全流程和每一个关系人，任何节点都不可篡改。

物联网是互联网的延伸与扩展，是将人、机、物共同接入并实现互联互通的"万物互联"。在企业内部，物联网的一个典型应用是升级企业物流的信息化水平。在传统会计信息系统中，实物的流转转化成信息流转，中间需要经过原始凭证和记账凭证环节，并且主要由人工通过人机交互完成。由于实物和信息由不同部门管理，在利用会计信息监督和管控实物资产中，也离不开人、机作为桥梁，例如会计人员定期开展财产清查。在物联网环境下，物流、财流、信息流完全融合，实物流转能够自动生成实时化的会计信息，也能实现自动化和智能化的实物资产监督和管理。

2. 会计信息系统存储与加工环节的变革

大数据与云计算，像是一枚硬币的两面。大数据不同于传统抽样调查所形成的数据，它的数据量规模巨大并且增长率很高，常常被形容为海量数据，这些数据中非结构化数据、半结构化数据和结构化数据并存。于是大数据也就成为超出了传统数据库软件工具能力范围的数据，大数据存储和分析需要特殊的技术，它必须依托云计算的分布式处理、分布式数据库和云存储、虚拟化技术。

大数据与云计算运用到会计信息的存储和加工环节，改了变传统会计系统的记账方法和账簿结构。在传统会计信息系统中，会计人员从"原汁原味"和记载多样化数据的原始凭证中提取货币计量的价值信息，计入价值型、结构化账簿体系，一定程度上还存在会计数据与业务数据的分离。而建立在大数据与云计算基础上会计信息系统，一方面可以打破价值型会计数据壁垒，实现事项级会计数据的记录计量，实现会计数据精细化、多维度和实时化。另一方面，这也推动了财务流程、业务流程、管理流程的有机结合和共享，使企业的管理更加智能化和科学化。

3. 会计信息系统输出和应用环节的变革

人工智能的发展以算法、计算和数据为驱动力，其中，算法是核心，计算和数据是基础，综合运用后可以使计算机完成那些需要人类智力才能完成的工作。在传统会计信息系统中，输出的会计报告主要为固定格式的财务报表，无法针对不同用户形成个性化报表，而将会计信息应用到管理决策还主要依靠管理人员的经验，同时也离不开人机交互处理，财务会计与管理会计还存在一定程度上的分离。而在会计信息大数据之上融入人工智能以后，可以实现会计信息报告的个性化定制和可视化呈现。与此同时，人工智能技术可以挖掘和分析海量的会计大数据，通过数据分析和机器学习等技术，帮助企业预测未来的趋势和结果，实现数据分析与决策支持的智能化。

二、智能会计

新兴信息技术的应用不仅仅是在信息系统单个环节产生革命性变革，还会通过集成形成合力，实现用户体验的改变和商业模式的重塑。新兴信息技术与会计信息系统相结合，促生新会计模式的出现，智能会计是这种新模式的集中概括。

续慧泓和杨周南等学者2021年在《会计研究》上撰文，提出智能会计是在基于新兴信息技术支持的智能化环境产生的，以资源优化配置为目标，以价值运动为对象，连结参与价值运动的主体形成的，具有自适应、自学习能力，满足微观管理和宏观经济调控需求的智能化大会计系统。智能会计的核心是商业智能，是具备自学习、自适应、自组织能力，由机器、人、网络、物、数据组成的智能系统，能够自主"感知环境、科学决策、优化控制"。

智能会计覆盖企业整个经营活动财务流程，大致可以分为三个层次。首先是智能会计的基础层，可以概括为业务与财务完全融合的智能财务会计共享平台，借助财务机器人和财务共享中心等形式，自主感知企业管理活动和价值变化，自动捕获多维度数据并完成信息加工，生成业财完全融合贯通的大数据信息。第二是智能会计的核心层，可以概括为基于商业智能的智能管理会计平台，依据基础层形成的业财完全融合的大数据，以算法为工具，以算力为支撑，结合管理者偏好和意识情感给出具体的管理决策，并自动转化为行动计划，然后借助于智能终端监督和控制执行过程，动态实现对资源的优化配置和政策调整。在这一核心层次，真正实现财务会计和管理会计一体化。第三是智能会计的发展层和扩展层，可以概括为人工智能的智能会计平台，通过这一平台，会计的智能化水平进一步提升，同时会计边界也逐步从企业内扩展到整个价值链、价值生态圈和社会经济信息系统，智能会计平台能够实现生态圈内价值的优化配置和最大化。随着监管要求的提高和大数据应用能力的提升，通过微观管理活动的观测来反映宏观经济活动成为可能，智能会计成为连接微观管理和宏观政策的桥梁和纽带。

会计信息化向智能会计转型，对会计从业人员的素质提出了更高的要求。财政部2023年年初制定印发了《会计人员职业道德规范》，第三条是"坚持学习，守正创新"，这是对会计人员的发展所提出的要求，要求会计人员始终秉持专业精神，勤于学习、锐意进取，持续提升会计专业能力。遵循这一要求，会计从业者就需要不断学习这些新兴信息技术在会计领域的创新应用，做到与时俱进、开拓创新，在提升自身技能水平和服务能力的同时，努力推动智能会计的发展。

【本章小结】

开展会计电算化和会计信息化工作，是促进会计基础工作规范化与提高经济效益的重要手段和有效措施。会计电算化的发展经历了自行研发和自行应用、商品化财务软件、会计电算化与企业管理信息系统融合、会计电算化向标准化和国际化迈进等阶段。企业在实施会计电算化时应遵循合法性、系统性、可靠性、易用性和效益性等原则。实施会计电算化对软件、硬件、替代手工记账和管理制度都提出了要求。会计信息化是在会计电算化概念的基础上发展而来的，是一次质的飞跃。在"大智移云物区"等新兴信息技术不断发展的环境下，会计信息化又进一步向智能会计转型。

【阅读材料】

34年只做一件事！用友的持续创新之道

中国会计电算化发展到会计信息化，再从会计信息化发展到会计智能化，体现出会计信息系统不断融合新技术、不断创新和与时俱进的发展脉络。用友网络科技股份有限公司（以下简称"用友"）的创业发展之路见证并引领了中国会计电算化、信息化和智能化的发展变革。了解用友的持续创新之道，不仅能让我们对中国会计电算化发展有更深入的认识，也能让我们体会到用友创始人王文京的企业家精神和用友作为民族企业的责任担当。

一、开创先河——编号 SY0001

20 世纪 80 年代，在国内还在使用算盘记账的时候，美国已经开始运用计算机编程记账。王文京，用友创始人，目光如炬地看到了这一问题，1988 年毅然舍掉了机关工作的"铁饭碗"，和搭档苏启强一起，在北京海淀南路租下一间 9 平方米的房间创办"用友财务软件服务社"。"和用户做朋友"是企业名称的起源，同时也是企业的顶层设计理念，这一理念贯穿余后 30 多年的峥嵘岁月，如何"做朋友"？用友以不断创新，给用户交出了答卷。

创业伊始，用友仅有启动资金 5 万元，配置了一台长城 0520DH 电脑。王文京一开始就没有走贸易引进之路，而走上了自主知识产权的软件开发之路。1990 年，用友开发了 90 版用友财务软件和 UFO 报表，这种会计电算化软件能够替代会计工作中传统的手工记账、填表、运算和报表，使大批会计人员成为中国会计信息化的受益者，还引领了相同模式新兴科技产业的兴起。3 年后，北京首家自主研发高新技术企业证书颁发到用友手中，编号为 SY0001。

二、逆水行舟——中国企业的使命感

20 世纪 90 年代中后期，会计电算化开始向会计信息化发展。1996 年，创始人王文京走访客户时收到反馈，企业的财务软件已不能满足需求，亟需企业管理信息化的助推提升。由于国外在会计信息化方面的研究起步早，有需求的企业只能采购国外软件，但资金动辄千万元甚至过亿元，国内大型企业也感受到了来自成本的巨大压力。

1997 年 8 月，用友推出了第一批企业管理软件 ERP，为企业管理提供从财务到购、销、存等软件综合应用，解决了大部分企业改革中"上管理、上技术、上水平"的需求。随后几年中，用友通过 ERP 软件服务了 200 多万家企业的信息化建设。这不仅奠定了用友企业管理软件第一的位置，也从此把科技创新的基因蕴藏在用友的骨髓之中，成为用友以后筑梦世界前列的不懈动力和源泉。

经过不断研发和更新升级，用友 ERP 软件逐渐走上全球竞争舞台。2001 年，用友软件股票成功在上海证券交易所成功上市。2004 年，用友提出国际化战略"软件中国造"，将未来发展的重点拓展到外包和为国际客户服务上。春风洗礼"领头雁"，烈火淬炼"掌舵人"，2021 年，全球权威信息技术研究和顾问公司 Gartner 发布 "*Market Share: Enterprise Application Software as a Service，Worldwide，2021*" 报告，用友在 ERP SaaS（即云服务 EPR）市场位列全球第 8 位，是排名前 10 企业中唯一入选的亚太厂商！此外，据 Gartner 研究显示，用友在全球 ERP SaaS 市场亚太区厂商排名第一，是全球应用平台软件 15 强中唯一入选的中国企业级 SaaS 厂商，也是唯一入选 Gartner 全球云 ERP 市场指南、综合人力资源服务市场指南的中国厂商。

这一成绩单的背后，是企业家精神的落地开花，是一家民族企业从上至下常年守正创新的默默奋斗。

三、勇立潮头——用友 BIP 助推中国企业新"智造"

2016 年之后，会计信息化逐渐向会计智能化的发展。2021 年前后，智能会计的时代到来。在多年的耕耘中，用友没有随波逐流进行多元化发展，更明确了专注于为企业服务，让技术和应用深度结合。创始人王文京指出，"技术不停变，应用不停变，但用友只做这一件事"。用友于 2015 年开启"互联网+"转型，形成以"用友云"为核心、云服务与软件融合发展的新战略布局，正式进入"用友 3.0"时代。2020 年，面对数智化、国产化、全球化三浪叠加，用友向用户推出了商业创新平台——用友 BIP，助推中国企业迈向新"智造"。

继财务软件、ERP 软件的成功创新之后，用友 BIP 是公司七年磨一剑的智能化产品。历经预研、原型产品、小规模客户验证、功能完善与跨行业规模化应用的发展历程，2022 年 8 月，用友发布了具有里程碑意义的"用友 BIP 3"。

用友 BIP 拥有超过 600 个核心专利，超过 1 400 个软件著作权，建立了超过 2 300 个企业服务应用模型，日请求数（公有云）超过 13 亿。用友 BIP 推出后，已有 3.3 万多家大中型企业选择和应用，包括众多的央企，已成为中国及全球众多行业领先企业数智化建设的首选平台，被重要央媒誉为企业数智化的"大国重器"。

一次访谈中，用友创始人王文京说："我们这一代人赶上了特别好的时代，改革开放给了我们实现梦想的机会。"王文京还建议道："年轻创业者思想上一定要开放，不能封闭。第二个建议就是专注，选择一个方向就要执着坚持。创业 30 年来我只做了一件事，我相信我自己还会专注在这个领域。"

资料来源：中国新闻网. 34 年只做一件事！用友的持续创新之道［EB/OL］.（2022-07-12）［2023-10-30］. http://yonyou.com/news/2119.html.

附录

基本词汇英汉对照表

account number 账户编号

account payable 应付账款

account receivable 应收账款

account title 会计科目

account 账户

accountant 会计员

accounting assumptions 会计假设

accounting cycle 会计循环

accounting documents 会计凭证

accounting elements 会计要素

accounting entity assumption 会计主体假设

accounting entry 会计分录

accounting equation 会计等式

accounting objective 会计目标

accounting period assumption 会计分期假设

accounting policy 会计政策

accounting statement 会计报表

accounting system 会计制度

accounting 会计

accounts for settlement of claim 债权结算账户

accounts for settlement of claim and debt 债权债务结算账户

accounts for settlement of debt 债务结算账户

accrual basis 权责发生制

accrued payroll 应付薪酬

accumulated depreciation 累计折旧

adjunct accounts 附加账户

adjusting entry 调整分录

adjustment of account 账项调整

administration expense 管理费用

advance money 预付账款

advertising expense 广告费

amortization 摊销

annuity 年金

assets 资产

audit 审计

auditor 审计员

average cost in a month 全月一次加权平均法

average cost step by step 移动加权平均法

average cost 平均成本

average 平均数

bad debt reserves 坏账准备

bad debt 坏账

balance sheet 资产负债表

balance 余额

bank account 银行账户

bank balance 银行结存

bank discount 银行贴现

bank draft 银行汇票

bank loan 银行借款

bank overdraft 银行透支

bankers acceptance 银行承兑

bankruptcy 破产

bill of exchange 汇票

bill 票据

bills discounted 贴现票据

bills payable 应付票据

bills receivable 应收票据

bonds payable 应付债券

bonds 债券

bonus 红利

book of accounts 会计账簿

book of chronological entry 序时账簿

book value 账面价值

bookkeeper 簿记员

bookkeeping methods 记账方法

bookkeeping procedure using categorized account summary 记账凭证汇总表核算形式

bookkeeping procedure using general journal 通用日记账核算形式

bookkeeping procedure using vouchers 记账凭证核算形式

bookkeeping procedures 会计核算形式

bookkeeping 簿记

brought down 接前

brought forward 接上页

budget 预算

business entity 企业个体

business tax payable 应交营业税

capital income 资本收益

capital outlay 资本支出

capital reserve 资本公积

carried down 移后

carried forward 移下页

cash account 现金账户

cash basis 收付实现制

cash budget 现金预算

cash flow 现金流量

cash in bank 银行存款

cash journal 现金日记账

cash on hand 库存现金

cash payment 现金支付

cash purchase 现购

cash sale 现销

cash 现金

cashier 出纳员

cashiers check 本票

certified public accountant 注册会计师

charges 费用

chart of accounts 会计科目表

check 支票

clearing accounts 集合分配账户

closed account 已结清账户

closing account 结账

closing entries 结账纪录

closing stock 期末存货

closing the book 结账

closing 结算

columnar journal 多栏日记账

common stock 普通股

company 公司

compensation 赔偿

compound entry 复合分录

compound interest 复利

construction-in-process 在建工程

construction-in-process depreciation reserves 在建工程减值准备

consumption tax payable 应交消费税

control account 统驭账户

copyright 版权

corporation 公司

correction by drawing a straight ling 划线更正法

correction by using red ink 红字更正法

cost accounting 成本会计

cost of manufacture 制造成本

cost of production 生产成本

cost of sales 销货成本

cost price 成本价格

cost principle 成本原则

cost 成本

credit 贷方

creditor 债权人

cumulative source document 汇总原始凭证

current asset 流动资产

current liabilities 流动负债

current profit and loss 本期损益

current year profits 本年利润

debit 借方

debit-credit bookkeeping 借贷记账法

debit-credit relationship 账户对应关系

debt 债务

debtor 债务人

deferred assets 递延资产

deferred income tax assets 递延所得税资产

deferred liabilities 递延负债

deposit journal 银行存款日记账

deposit received 预收账款

depreciation 折旧

direct cost 直接成本

direct labor 直接人工

direct materials 直接材料

disclosure 披露

discount on purchase 进货折扣

discount on sale 销货折扣

discount 折扣

dividend payable 应付股利

dividend receivable 应收股利

dividend 股利

double entry bookkeeping 复式记账法

double entry bookkeeping 复式簿记

draft 汇票

drawing 提款

enterprise 企业

equipment 设备

estate 财产

estimates 概算

exchange loss 兑换损失

exchange 兑换

expenditure 经费

expense 费用

explanation 摘要

face value 票面价值

fair value 公允价值

finance charge 财务费用

financial accounting 财务会计

financial activities 筹资活动

financial report 财务报告

financial statement 财务报表

financial year 财政年度

finished goods 库存商品

finished parts 制成零件

first-in first-out 先进先出法

fixed asset 固定资产

fixed assets depreciation reserves 固定资产减值准备

fixed cost 固定成本

funds 资金

gain 利益

general account 总分类账户

general ledger 总分类账簿

going concern assumption 持续经营假设

goods 货物

income 收入

income statement 损益表

income tax expenses 所得税费用

income tax payable 应交所得税

increase-decrease bookkeeping 增减记账法

increment tax on land value payable 应交土地增值税

Institute of Internal Auditors 内部审计师协会

Institute of Management Accountants 管理会计师协会

intangible assets 无形资产

intangible assets depreciation reserves 无形资产减值准备

interest receivable 应收利息

internal source document 自制原始凭证

inventories 存货

investing activities 投资活动

investment income 投资收益

journal 日记账

ledger 分类账簿

ledger record 账簿记录

liabilities 负债

liquidation of fixed assets 固定资产清理

long-term account payable 长期应付款

long-term bond investments 长期债券投资

long-term deferred and prepaid expenses 长期待摊费用

long-term equity investments 长期股权投资

long-term investment on bonds 长期债权投资

long-term investments depreciation reserves 长期投资减值准备

long-term liabilities 长期负债

long-term loans 长期借款

loose-leaf book 活页式账簿

low-value consumption goods 低值易耗品

management accounting 管理会计

manufacturing overhead 制造费用

matching accounts 计价对比账户

materials cost variance 材料成本差异

materials in transit 在途物资

monetary unit assumption 货币计量假设

multiple account titles voucher 复式记账凭证

net cash flow 净现金流量

nominal accounts 虚账户

non-business expenditure 营业外支出

non-operating income 营业外收入

operating activities 经营活动

operating costs 主营业务成本

operating revenue 营业收入

other business cost 其他业务成本

other cash and cash equivalents 其他货币资金

other notes receivable 其他应收款

other operating revenue 其他业务收入

other payables 其他应付款

other receivables 其他应收款

owners equity 所有者权益

paid-up capital 实收资本

partnership 合伙企业

paying tax 已交税金

payment voucher 付款凭证

periodic inventory system 实地盘存制

perpetual inventory system 永续盘存制

posting 过账

present value 现值

prime operating revenue 主营业务收入

prior year income adjustment 以前年度损益调整

profit distribution 利润分配

raw materials 原材料

recording rules 记账规则

resources tax payable 应交资源税

retained earning 留存利润

revenue 收入

reversing entry 转回分录

sales allowances 销货折让

sales expenses 销售费用

sales return 销货退回

sales revenue 销货收入

Securities and Exchange Commission 证券交易委员会

service costs 劳务成本

settlement accounts 结算账户

short-term borrowing 短期借款

simple entry 简单分录

single entry bookkeeping 单式记账法

single-record document 一次凭证

sole proprietorship 独资企业

source document 原始凭证

source document from outside 外来原始凭证

special-purpose voucher 专用记账凭证

stable-dollar assumption 稳定货币假设

statement of account 会计报表

statement of cash flow 现金流量表

statement of financial position 财务状况表

stock 股本

stockholders equity 股东权益

stockholders 股东

straight line method 直线法

subsidiary ledger 明细账

substituted money on VAT 销项税额

surplus reserves 盈余公积

suspense accounts 暂记账户

tax accounting 税务会计

tax and associate charge 主营业务税金及附加

tax for maintaining and building cities payable 应交城市维护建设税

tax payable 应交税金

transfer voucher 转账凭证

trial balance 试算平衡

unit cost 单位成本

value added tax payable 应交增值税

voucher 记账凭证

wait deal assets loss or income 待处理财产损溢

withholdings on VAT 进项税额

work in process 在产品

working paper 工作底稿

wrap-page 包装物

written-down value 净值

参考文献

[1] 白艳梅. 最新营改增政策与案例解析 [M]. 成都：西南财经大学出版社，2016.

[2] 陈德刚. 会计学的学科属性：管理学还是经济学？ [J]. 管理世界，2009（6）.

[3] 陈国辉，迟旭升. 基础会计 [M]. 大连：东北财经大学出版社，2016.

[4] 陈晓芳. 会计学原理 [M]. 大连：东北财经大学出版社，2022.

[5] 陈信元. 会计学 [M]. 3 版. 上海：上海财经大学出版社，2008.

[6] 顾远，王明虎. 基础会计学 [M]. 大连：东北财经大学出版社，2022.

[7] 郭道扬. 中国会计通史 [M]. 北京：中国财政经济出版社，2023.

[8] 李海波. 新编会计学原理：基础会计 [M]. 18 版. 上海：立信会计出版社，2017.

[9] 娄尔行. 基础会计 [M]. 上海：上海三联书店，1993.

[10] 罗伯特·N. 安东尼，等. 会计学 [M]. 王立彦，等，译. 北京：机械工业出版社，2002.

[11] 吕志明. 会计信息系统 [M]. 北京：高等教育出版社，2015.

[12] 企业会计准则编审委员会. 企业会计准则案例讲解 [M]. 上海：立信会计出版社，2017.

[13] 企业会计准则编审委员会. 企业会计准则：应用指南 [M]. 上海：立信会计出版社，2007.

[14] 邱道欣. 基础会计 [M]. 北京：机械工业出版社，2017.

[15] 苏新龙，唐予华. 通用会计学原理 [M]. 北京：北京师范大学出版社，2007.

[16] 王俊生. 基础会计学 [M]. 北京：中国财政经济出版社，2004.

[17] 王振武. 会计信息系统 [M]. 大连：东北财经大学出版社，2006.

[18] 徐泓. 基础会计学 [M]. 北京：中国人民大学出版社，2009.

[19] 徐经长，孙蔓莉，周华. 会计学 [M]. 7 版. 北京：中国人民大学出版社，2023.

[20] 徐晔，张文贤，祁新娥. 会计学原理 [M]. 3 版. 上海：复旦大学出版社，2008.

[21] 杨雄胜. 会计学概论 [M]. 2 版. 南京：南京大学出版社，2008.

[22] 赵志钢. 最新企业会计核算实用指南 [M]. 2 版. 北京：经济科学出版社，2008.

[23] 中华人民共和国财政部. 企业会计准则 2006 [M]. 北京：经济科学出版社，2006.

[24] 朱小平，秦玉熙，袁蓉丽. 基础会计 [M]. 11 版. 北京：中国人民大学出版社，2021.

[25] 朱学义，杨学凤. 基础会计学 [M]. 北京：机械工业出版社，2009.